Eroberer der Meere

Krieger, Händler und Entdecker von der Antike bis heute

JANN M. WITT

EROBERER DER MEERE

Krieger, Händler und Entdecker
von der Antike bis heute

THEISS

Die Deutsche Nationalbibliothek verzeichnet diese Publikation in der Deutschen Nationalbibliografie;
detaillierte bibliografische Daten sir.d im Internet über http://dnb.dnb.de abrufbar.

Der Konrad Theiss Verlag ist ein Imprint der WBG, Darmstadt

Lizenzausgabe 2014 für den Konrad Theiss Verlag, Darmstadt
© 2014 Palmedia Publishing Services GmbH, Berlin

Die Herausgabe des Werkes wurde durch die Vereinsmitglieder der WBG ermöglicht.

Umschlaggestaltung: Jutta Schneider, Frankfurt a. M.
Layout und Satz: Felgner & Zierke, Berlin

Covermotiv und alle Abbildungen: © Interfoto, München

Druck und Bindung: GTS, Kranj, Slowenien
Gedruckt auf säurefreiem und alterungsbeständigem Papier

Besuchen Sie uns im Internet: www.wbg-wissenverbindet.de

ISBN 978-3-8062-2597-6

VORWORT

Seit Menschengedenken übt das Meer eine ungeheure Faszination aus. Manche fürchten es, manche lieben es, und jeder, der am, mit oder auf dem Meer lebt, hat Respekt vor dieser Urgewalt der Natur. Zugleich diente es seit Urzeiten auch als Transport- und Kommunikationsweg: Rohstoffe, Handelsgüter, Ideen und Glaubensvorstellungen, aber auch Heere und Krankheiten nahmen den Weg über das Meer. So wurde es ein wichtiger Faktor der Menschheitsgeschichte.

Hatte sich der Fokus der europäischen Seefahrer in der Antike vor allem auf das Mittelmeer beschränkt, kamen im Mittelalter Nord- und Ostsee hinzu. Mit der Entdeckung der Seewege nach Amerika und Indien brach dann nicht nur für die Seefahrt eine neue Epoche an: Viele Historiker sehen die Entdeckung Amerikas durch Christoph Kolumbus im Jahr 1492 als Epochengrenze zwischen Mittelalter und früher Neuzeit an. Mit ihr begann die weltweite Expansion der europäischen Kolonialreiche. Mit Hilfe ihrer Segelschiffsflotten fochten die Kolonialmächte seit dem 18. Jahrhundert ihre Kriege nicht nur in europäischen Gewässern, sondern auch in der Karibik und im Indischen Ozean aus.

Auch im 20. Jahrhundert dienten die Meere in den beiden verheerendsten Kriegen der Menschheit als entscheidender Schauplatz. Im Ersten Weltkrieg fand in der Nordsee zwischen der deutschen und der britischen Flotte die wohl größte Seeschlacht der Geschichte statt. Und im Zweiten Weltkrieg tobte im Atlantik eine Schlacht, in der die deutsche Kriegsmarine versuchte, die von der britischen Royal Navy geschützten Konvois zu vernichten, die Großbritannien mit dringend benötigten Nahrungsmitteln und Nachschub versorgten. Den Krieg im Pazifik von 1941 bis 1945 führten von Beginn an sowohl Japan als auch die USA auf der Grundlage einer ozeanischen Strategie. Heute dienen die Meere glücklicherweise vor allem friedlichen Zwecken. Über 90 Prozent des Welthandels und auch ein Großteil des deutschen Außenhandels werden auf dem Seeweg abgewickelt.

Dieses Buch soll einen Einblick geben in die dramatische und spannende Geschichte der Seefahrt. Gleichwohl ist es keine herkömmliche Seefahrtsgeschichte, in der über Schifffahrtsrouten, Tonnagezahlen und Güterumschlag in Häfen berichtet wird. Ebenso wenig ist es eine reine Seekriegsgeschichte, in der Strategien, Geschützzahlen und Flottenstärken aufgelistet werden. In diesem Buch geht es um Menschen. In den folgenden Kapiteln werden die Lebensgeschichten einiger der bedeutendsten Seefahrer von der Antike bis in das 20. Jahrhundert erzählt. Es sind die Biografien von Entdeckern, Admiralen und Piraten. Unter ihnen finden sich bekannte Namen wie Kolumbus, Magellan oder Nelson, aber auch die Lebensläufe von Personen, die hierzulande eher unbekannt oder in Vergessenheit geraten sind, deren Lebensgeschichten es aber allemal wert sind, (wieder) entdeckt zu werden. Sie alle sind repräsentativ für die Zeit, in der sie lebten, und einige von ihnen haben mit ihren Entdeckungsfahrten oder Kämpfen sogar den Lauf der Geschichte verändert. Ich wünsche viel Vergnügen bei der Lektüre und bei der Reise durch zweieinhalb Jahrtausende der Seefahrtsgeschichte.

Jann M. Witt

Inhalt

3. Helden und Entdecker: Seefahrer in der frühen Neuzeit

4. Kämpfer und Draufgänger: Seefahrer der Moderne

NAVIGARE NECESSE EST: SEEFAHRER IN DER ANTIKE

THEMISTOKLES
Der Sieger von Salamis

PYTHEAS VON MASSILIA
Ein Grieche erforscht den
Norden Europas

MARCUS VIPSANIUS AGRIPPA
Der Admiral des Augustus

Darstellung römischer Kriegsschiffe
aus dem 19. Jahrhundert

THEMISTOKLES
DER SIEGER VON SALAMIS

Die Schlacht ist vorüber. So weit das Auge reicht, treiben Schiffsteile, zerbrochene Riemen und Leichen im Wasser. „Das Meer war nirgends mehr zu sehen, war von Schiffstrümmern voll und von der Männer Mord.‘ Mit diesen Worten beschreibt der griechische Dichter Aischylos, der selbst an dem Gefecht teilgenommen hatte, den Anblick der Bucht von Salamis. Am 29. September des Jahres 480 v. Chr. hatten die Griechen dort in der ersten großen Seeschlacht der Weltgeschichte die Großmacht Persien gedemütigt.

Geistiger Vater des griechischen Sieges war der athenische Politiker und Stratege Themistokles. Er war um 524 v. Chr. geboren worden. Sein Vater Neokles entstammte der angesehenen attischen Adelsfamilie der Lykomiden. Seine Mutter war dagegen keine Athenerin, sie kam vermutlich aus Thrakien oder aus Karien an der Küste Kleinasiens.

Im Jahr 493 v. Chr. wurde Themistokles zum obersten Regierungsbeamten der Stadt gewählt. Als Archon eponymos stand er dem neunköpfigen Archontenkollegium vor und war das nominelle Staatsoberhaupt der Polis. Seine einjährige Amtsperiode fiel allerdings in eine außenpolitisch unruhige Zeit. Im Jahre 500 v. Chr. hatten sich die griechischen Kolonien und Tochterstädte an der Küste Kleinasiens im sogenannten Ionischen Aufstand gegen ihre persischen Herren erhoben. Athen und das auf der Insel Euböa gelegene Eretria hatten die rebellierenden Städte unterstützt. Nun bestand die Gefahr, dass der persische Großkönig Dareios I. mit seinem Heer zu einer Strafexpedition gegen Griechenland ziehen könnte. Auch Themistokles erwartete die persische Invasion. Er war jedoch überzeugt, dass die beste Waffe gegen die Perser eine starke Flotte sei. Als

oberster Archon ließ er daher anstelle der nahe gelegenen, aber ungeschützten Landestelle Phaleron die fünf Meilen von Athen entfernt liegende, gut zu verteidigende Felsenbucht Piräus zum Kriegshafen ausbauen.

Als die Perser schließlich angriffen, wurde Miltiades, als Anführer der konservativen Aristokraten Athens ein politischer Gegenspieler des Themistokles, zur treibenden Kraft bei der Verteidigung Griechenlands. 490 v. Chr. gelang es ihm, mit einer aus Bürgern der Städte Athen und Platäa bestehenden Streitmacht das überlegene persische Heer bei Marathon vernichtend zu schlagen. Die Perser zogen sich zurück, und es schien, als wäre die Gefahr gebannt.

Doch einer blieb misstrauisch: Themistokles. Wie in Athen üblich, war er nach seiner Amtszeit als Archon in den Areopag aufgenommen worden, die oberste Ratsversammlung der Stadt. Themistokles war überzeugt, dass die Perser sich nicht mit ihrer Niederlage abfinden würden. Und es war alles andere als sicher, ob das griechische Heer gegen das gewaltige Aufgebot des persischen Großkönigs seinen Erfolg bei Marathon würde wiederholen können. Seiner Meinung nach lag die einzige Chance der Griechen, eine Eroberung durch die Perser zu verhindern, in der Störung der persischen Nachschubwege. Das riesige feindliche Heer würde ungeheure Mengen an Proviant benötigen. Angesichts des unwegsamen Geländes und der schlechten Straßen würde die Versorgung zum größten Teil per Schiff über See erfolgen. Für Themistokles stand daher fest, dass der einzige Weg zum Sieg über den Bau einer Flotte führte.

Das Problem war, dass die Griechen nicht über genügend Kriegsschiffe verfügten, um es mit den Persern und deren Verbündeten aufzu-

Die Schlacht bei Salamis gilt als das größte Seegefecht der Antike. Diese Illustration von William Rainey (1852–1936) zeigt den Tod eines persischen Admirals.

nehmen. Themistokles regte daher an, die aus 70 Schiffen bestehende athenische Flotte zu verdoppeln oder sogar zu verdreifachen. Sein Vorschlag wurde zurückgewiesen. Die Ablehnung hatte finanzielle und politische Gründe. Der Bau weiterer Kriegsschiffe würde viel Geld kosten, die wohlhabenden Athener müssten also höhere Steuern zahlen. Gleichzeitig würde das politische Gewicht der bislang nicht zum Kriegsdienst herangezogenen ärmeren Bevölkerungsschichten steigen, da sie als Ruderer für die neuen Schiffe benötigt würden. Politische Teilhabe war damals untrennbar mit der Fähigkeit zum Wehrdienst verknüpft: Nur wer zur Verteidigung der Polis beitrug, durfte auch mitentscheiden.

Ungeachtet seiner Intelligenz und seines politischen Weitblicks fehlte Themistokles offenbar das Talent, Menschen für sich einzunehmen. Gleichwohl verfolgte er unermüdlich seine Idee vom Bau einer Flotte. 483 v. Chr. errang er einen bedeutenden politischen Erfolg. In den Minen von Laurion, die der Stadt Athen gehörten, waren reiche Silbervorkommen entdeckt worden. Obwohl er bei den Athenern nicht beliebt war, gelang es Themistokles, sie davon zu überzeugen, diese Erträge nicht wie üblich an die Bevölkerung auszuzahlen, sondern zum Bau von 200 Kriegsschiffen zu verwenden. Eine gewaltige Leistung war zu erbringen: Es mussten Werften gebaut, Material herbeigeschafft, Handwerker abgeworben und schließlich die Besatzungen trainiert und taktisch ausgebildet werden. Aber der Kraftakt gelang.

Kurz zuvor war in Griechenland mit der dreireihigen Triere ein neuer Kriegsschiffstyp entwickelt worden, der den bisherigen Schiffen an Geschwindigkeit, Manövrierfähigkeit und Kampfkraft deutlich überlegen war. Im Gegensatz zu den bisherigen Kriegsschiffen, die von zwei Reihen mit Ruderern angetrieben wurden, besaß die Triere (griechisch für „Dreiruderer") eine dritte Reihe von Riemen, die ähnlich wie bei heutigen Rennruderbooten

in einen über die Bordwand ragenden Ausleger eingelegt wurden. Auf diese Weise konnten Geschwindigkeit und Angriffskraft gesteigert werden, ohne das Schiff zu verlängern, was die Stabilität des Rumpfes erheblich beeinträchtigt hätte. Die wichtigste Waffe der Trieren war der bronzene Rammsporn am Bug.

Die Ausbildung der zusätzlichen Ruderer war noch nicht abgeschlossen, da zeigte sich, wie berechtigt Themistokles' Warnungen gewesen waren: Im Jahr 480 v. Chr. marschierte Xerxes I., der Nachfolger Dareios' I., mit einem gewaltigen, bis zu 360 000 Mann starken Heer, das von einer mächtigen Flotte unterstützt wurde, in Griechenland ein. Mit dabei waren die zum Kriegsdienst verpflichteten persischen Provinzen und die Verbündeten des Großkönigs. So gehörten neben phönizischen Geschwadern auch Schiffe aus den ionischen Städten zur persischen Flotte, die sich allerdings den Persern meist nur widerwillig angeschlossen hatten.

Die Haltung der griechischen Städte war ambivalent. Ein Großteil der nord- und mittelgriechischen Städte unterwarf sich den Persern, einige Stadtstaaten blieben neutral, andere entschlossen sich unter der Führung von Sparta, Athen und Korinth zum Widerstand. Mutig nahmen die Athener „das Wagnis auf sich, dem gegen ihr Land heranziehenden Feind gegenüber zu bestehen". So berichtet es der griechische Geschichtsschreiber Herodot, dessen „Historien" die wichtigste Quelle für die nun folgenden Ereignisse sind. Die Athener ließen sich auch von ungünstigen Weissagungen nicht beirren. Sie hatten die Götter um Rat gebeten und das Orakel zu Delphi befragt. Doch die Prophezeiung war rätselhaft. So kündigte das Orakel einerseits die Zerstörung der Stadt an, gab den Bewohnern aber gleichzeitig den Rat, sich hinter Mauern aus Holz zu verbergen. Es folgten lange Diskussionen, wie die Voraussagen zu deuten seien. Schließlich konnte sich Themistokles mit seiner Auslegung durchsetzen. Er bezog den Spruch des Orakels

auf die Flotte und beschwor die Athener, die Entscheidung nicht an Land, sondern auf See zu suchen. In ihrer Not überwanden sie ihre Abneigung gegen Themistokles. Sie vertrauten sich ihm und seinem Urteil an und ernannten ihn zum Befehlshaber des athenischen Flottenkontingents.

Zu diesem Zeitpunkt waren die 200 Trieren der athenischen Flotte weitgehend kriegsbereit. Auch die Spartaner und ihre Verbündeten konnte Themistokles von seiner Seekriegsstrategie überzeugen, worauf diese weitere 150 Trieren bereitstellten. Zum Oberbefehlshaber der Flotte wurde jedoch nicht Themistokles, sondern der Spartaner Eurybiades ernannt, da einige griechische Städte sich weigerten, unter einem athenischen Feldherrn zu kämpfen.

Die griechischen Flottenführer beschlossen, nicht auf den Feind zu warten, sondern zu versuchen, den Vormarsch der überlegenen feindlichen Flotte nach Kräften zu behindern. Es kam zu mehreren unentschiedenen Gefechten auf See. Dann eilte das Wetter den Griechen zu Hilfe: Ein schwerer Sturm vernichtete einen Teil der persischen Schiffe. Dennoch war die Flotte des Großkönigs den Griechen nach wie vor zahlenmäßig überlegen. Die griechischen Trieren suchten schließlich bei Kap Artemision vor der griechischen Insel Euböa den Kampf, mussten sich aber nach heftigem Gefecht wieder zurückziehen.

Auch an Land waren die Griechen unterlegen. Durch Verrat überwand Xerxes' Heer den strategisch wichtigen Thermopylen-Pass,

Themistokles hätte nach traditioneller athenischer Ordnung kein politisches Amt ergreifen dürfen, denn seine Mutter war keine gebürtige Athenerin. Erst die Kleisthenischen Reformen aus dem Jahr 508 v. Chr. ermöglichten breiteren Bürgerschichten die politische Teilhabe.

den 6000 Kämpfer unter dem Befehl des Spartanerkönigs Leonidas vergeblich zu verteidigen suchten. Ganz Mittelgriechenland fiel daraufhin in persische Hand. Die athenische Bevölkerung verließ auf Rat des Themistokles' schließlich die kaum zu verteidigende Stadt und suchte Zuflucht auf der kleinen, nur etwa zwei Kilometer vom Hafen Piräus entfernt liegenden Insel Salamis. Alle wehrfähigen Männer bemannten die Kriegsschiffe. Gerade noch rechtzeitig gelang die Flucht, denn schon näherte sich Xerxes mit seinem Heer, das die Halbinsel Attika plünderte und – wie es das Orakel von Delphi prophezeit hatte – Athen in Schutt und Asche legte.

Angesichts der anscheinend aussichtslosen Lage fassten die griechischen Flottenführer den Beschluss, die persische Flotte vor dem Isthmus von Korinth, der schmalen Landverbindung zwischen der Peloponnes und dem griechischen Festland, zu erwarten. Doch Themistokles befürchtete, dass die Flotte in diesem Fall auseinanderbrechen könnte. Jedes Flottenkontingent würde vermutlich zunächst seine Heimat schützen wollen. Daher schlug er vor, die Entscheidung bei Salamis zu suchen. Durch die Enge des Gewässers wären die Griechen im Vorteil und die zahlenmäßige Überlegenheit der Perser würde nicht so sehr ins Gewicht fallen. Herodot berichtet, dass Themistokles durch eine mitreißende Rede schließlich sowohl den Oberkommandierenden Eurybiades als auch die Führer der anderen Flottenkontingente von seinem Vorhaben überzeugte.

Doch die Griechen blieben nervös. Und so beschlossen die Spartaner und ihre Verbündeten in einer zweiten Besprechung, den Plan des Themistokles nun doch zugunsten einer Verteidigung am Isthmus von Korinth aufzugeben. In dieser Situation sah sich Themistokles veranlasst, die wankelmütigen Griechen durch eine List zum Kampf zu zwingen. Er schickte einen seiner Vertrauten zu König Xerxes, der diesem die Nachricht überbrachte, dass die Griechen einen Ausbruch vorbereiteten und dass sie untereinander zerstritten seien. Im Falle einer Schlacht würde ein Teil der Griechen zu den Persern überlaufen.

Offenbar schluckte Xerxes den Köder, denn er befahl seiner Flotte das Auslaufen. Er ließ die kleine, zwischen dem Hafen von Piräus und der Insel Salamis liegende Insel Psyttaleia besetzen

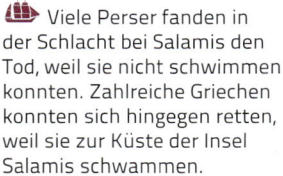 Viele Perser fanden in der Schlacht bei Salamis den Tod, weil sie nicht schwimmen konnten. Zahlreiche Griechen konnten sich hingegen retten, weil sie zur Küste der Insel Salamis schwammen.

und sandte einen Teil der Flotte zur Blockade der westlichen Passage um Salamis herum, der durch die Straße von Megara stoßen und den Griechen in den Rücken fallen sollte. Dem Rest der Flotte befahl er den Angriff.

Als die Griechen vom Aufmarsch der Perser erfuhren, bereiteten sie sich ebenfalls auf die Schlacht vor. Im Morgengrauen des 29. September des Jahres 480 v. Chr. begaben sie sich auf ihre Gefechtspositionen. Sie wurden bereits von den Persern erwartet, die bei Anbruch des Tages nach mehrstündiger Fahrt die Enge zwischen Salamis und Attika erreicht hatten. Beide Flotten näherten sich in Dwarslinie, das heißt, die Schiffe fuhren nebeneinander und in mehreren Reihen hintereinander gestaffelt, wobei die persischen Reihen durch die größere Anzahl an Schiffen wesentlich tiefer waren als die der Griechen. Durch diese Formation wandten die Schiffe ihren Gegnern den Rammsporn zu, während gleichzeitig ihre gefährdeten Seiten durch die anderen Schiffe gedeckt wurden. 380 griechische Schiffe standen vermutlich mehr als 1000 Schiffen auf persischer Seite gegenüber.

Die Griechen bedienten sich einer List. Durch eine vorgetäuschte Flucht lockten sie die Spitze des phönizischen Geschwaders heran, um dann sofort zu wenden und ihre überraschten Gegner zu attackieren, als diese die schmalste Stelle der Meerenge zwischen der Insel Salamis und dem griechischen Festland passieren. Die schweren griechischen Trieren rammen die leichteren ionischen und phönizischen Schiffe oder machen sie durch das Zertrümmern ihrer Ruder manövrierunfähig. Aischylos schilderte den Moment des Angriffs in seiner Tragödie „Die Perser": „Flugs stieß da Schiff in Schiff den Schnabel, erzbewehrt, hinein." In dem erbitterten Kampf wird das phönizische Geschwader vernichtet.

Themistokles hatte den Austragungsort der Schlacht klug gewählt. Die persischen Rudermannschaften waren wegen des langen Anmarschweges bei Beginn des Kampfes bereits ermüdet, während die griechischen Ruderer

Denn da die Hellenen in disziplinierter Ordnung kämpften, während die Barbaren ihre Aufstellung nicht mehr einhielten und gegen jede Überlegung handelten, so war es unausbleiblich, dass die Schlacht für sie einen solchen Verlauf nahm.

Herodot in den „Historien"

frisch und ausgeruht ins Gefecht gingen. Zudem war es aufgrund der Enge des Gewässers für die Perser unmöglich, ihre zahlenmäßige Überlegenheit auszuspielen. Hätten sie in breiter Dwarslinie fahren können, wäre es ihnen sicher gelungen, die schmalere Front der griechischen Flotte zu umfassen und dieser in die Flanke zu fallen. So aber stand den Griechen nur eine etwa gleich große Zahl an Gegnern im direkten Treffen gegenüber, die sie mit ihren kampfkräftigen Trieren leicht überwinden konnten. In gewisser Weise war die feindliche Übermacht für die kleinere, aber wendigere Flotte der Griechen sogar von Vorteil, da sich die persischen Schiffe im Gedränge gegenseitig behinderten, die Riemen abfuhren oder durch Rammstöße versenkten und damit den Griechen den Kampf erleichterten.

Die persische Formation geriet nun immer mehr in Unordnung. Angesichts der drohenden Niederlage kam Panik auf. Auf dem Höhepunkt der Schlacht wandte sich Königin Artemisia von Halikarnassos, die Befehlshaberin des zweiten persischen Geschwaders, zur Flucht. Von den Griechen verfolgt, rammte sie das Schiff des ebenfalls auf persischer Seite kämpfenden Königs Damasithymos von Kalynda in Karien, das daraufhin versank. Wie Herodot berichtet, glaubte der Kommandant des verfolgenden athenischen Schiffes, „das Schiff der Artemisia sei entweder ein hellenisches oder es gehe von den Barbaren zu den Hellenen über, um diesen beizustehen", und ließ sie entkommen.

Nach langem, hartem Kampf konnten die Griechen schließlich den Sieg davontragen: Gegen Ende des Tages gaben die Perser die Schlacht verloren und wandten sich zur Flucht. Die Griechen hatten 40 Trieren, die Perser dagegen 200 Schiffe verloren. Auch die persische

Seekrieg in der Antike

Im Altertum bildeten sich im Mittelmeerraum zwei unterschiedliche Schiffstypen heraus: Das gesegelte Rundschiff diente als Handelsschiff, das geruderte Langschiff dagegen als Kriegsschiff. Die Langschiffe waren leicht und schlank konstruiert und wurden von zahlreichen Ruderern angetrieben. Im Gegensatz zu den Handelsschiffen waren sie allerdings nicht sonderlich seetüchtig, weshalb sie meist in der Nähe der Küste operierten.

Die antiken Kriegsschiffe waren ganz auf Geschwindigkeit gebaut. Ihre Hauptwaffe war ein in Höhe der Wasserlinie am Bug angebrachter bronzener Rammsporn, der dazu diente, gegnerische Schiffe durch einen Rammstoß zu versenken. Weitere Manöver waren der sogenannte Periplous, bei dem ein Kriegsschiff den Gegner umfuhr und dann dessen Breitseite mit einem Rammstoß angriff, und der Diekplous, bei dem ein Kriegsschiff mit eingezogenen Riemen an einem Gegner entlang oder auch zwischen zwei feindlichen Schiffen hindurchfuhr, um die Ruder des Feindes zu zerbrechen. Ursprünglich besaßen die antiken Galeeren nur eine Reihe von Ruderern.

Im Laufe der Zeit wurden jedoch Kriegsschiffe mit zwei Ruderreihen (Biremen) und schließlich um 500 v. Chr. die dreireihigen Trieren (von den Römern als „Triremen" bezeichnet) entwickelt. Später konstruierte man sogar noch größere Schiffe.

Die frühen Kriegsschiffe wurden in der Regel von Gefolgsleuten eines Herrschers oder von Bürgersoldaten eines Stadtstaates bemannt. Später entstanden professionelle Seestreitkräfte, vergleichbar den Marinen heutiger Staaten. So verfügte die Inselrepublik Rhodos seit dem 4. Jahrhundert v. Chr. über eine kleine, aber schlagkräftige Kriegsflotte zum Schutz des Seehandels. Die Besatzungen bestanden aus Berufsseeleuten, die vom einfachen Ruderer bis zum Offizier aufsteigen konnten. Auch in der römischen Marine war es möglich, die Rangleiter vom Ruderer bis zum Kommandanten eines Kriegsschiffs (Triearchus) oder sogar zum Flottillenchef (Navarchus) zu erklimmen.

Dieses Relief aus dem 1. Jahrhundert v. Chr. zeigt eine römische Trireme mit Rammsporn. Auch antike phönizische und griechische Kriegsschiffe waren mit dieser tödlichen Waffe ausgerüstet.

Truppe, die auf der kleinen Insel Psyttaleia gelandet war, wurde niedergemacht.

Obgleich es einem Großteil der persischen Flotte gelang, der Vernichtung zu entgehen, bedeutete die Niederlage in der Schlacht bei Salamis das Ende der persischen Seehoheit. Damit scheiterte auch die Invasion der Perser in Griechenland. Wie Themistokles vorausgesagt hatte, konnten sie ihre Nachschubwege nicht mehr sichern. Der Großkönig musste seine Eroberungspläne aufgeben und sich nach der Überwinterung aus Griechenland zurückziehen. Im Jahr 479 v. Chr. erlitt das persische Heer bei Plataä ebenfalls eine schwere Niederlage, die den persischen Versuchen, Griechenland zu unterwerfen, endgültig ein Ende setzte.

Zum Dank für diesen großen Sieg verliehen die Spartaner ihrem Oberbefehlshaber Eurybiades einen Kranz aus Ölzweigen als Preis für seine Tapferkeit – mit einem weiteren Kranz ehrten sie Themistokles für seine Klugheit. Die Athener zeigten sich allerdings weniger dankbar. Trotz seines Erfolges unterlag Themistokles im Jahr 479 v. Chr. bei der Wahl zum Strategen. Wieder einmal brachte er die Athener mit unbequemen Warnungen gegen sich auf: Ebenso wie er den Krieg mit Xerxes vorausgesehen hatte, prophezeite er nun einen Konflikt mit Sparta um die Vorherrschaft in Griechenland. Damit erregte er in seiner Heimat den Unwillen der spartafreundlichen Fraktion. Auch in der Bevölkerung genoss er nur wenig Rückhalt. Während des Krieges hatten die Athener sich bereitwillig seiner Führung unterworfen, doch da die Bedrohung durch die Perser nun vorüber war, ließen sie ihn fallen. Nachdem sich die von Kimon, dem Sohn des Miltiades, angeführte spartafreundliche Partei in Athen durchgesetzt hatte, wurde Themistokles 473 oder 471 v. Chr. durch ein Scherbengericht für zehn Jahre aus der Stadt verbannt. Wenig später beschuldigten ihn die Spartaner des Verrats und der Konspiration mit den Persern. Als er daraufhin von den Athenern in Abwesenheit zum Tod verurteilt wurde, floh Themistokles um 465 v. Chr. an den Hof des Perserkönigs Artaxerxes I., wo ihn der Sohn und Nachfolger seines alten Feindes Xerxes I. freundlich aufnahm und zum Herren über die Stadt Magnesia in Kleinasien machte. Hier starb der Meisterstratege und erste große Flottenführer der Geschichte etwa 460 v. Chr.

Mit dem Sieg über die persische Flotte in der Seeschlacht von Salamis begann der Aufstieg Athens zur führenden Seemacht Griechenlands. 478/77 v. Chr. wurde der Attisch-Delische Seebund gegründet. Als Haupt dieses ursprünglich

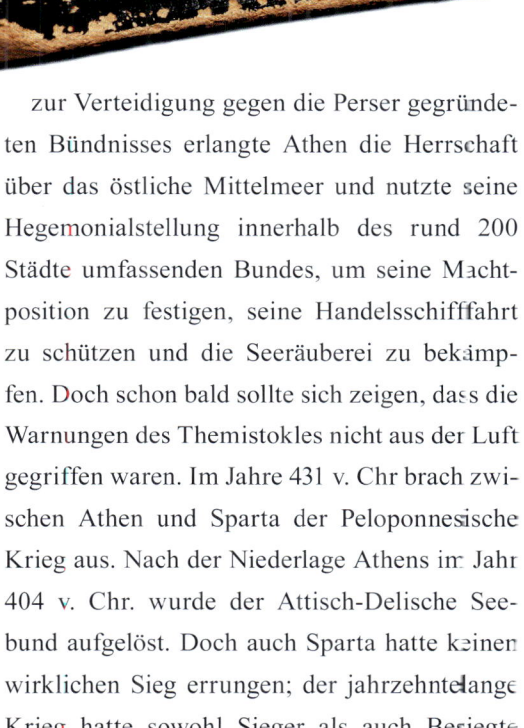

zur Verteidigung gegen die Perser gegründeten Bündnisses erlangte Athen die Herrschaft über das östliche Mittelmeer und nutzte seine Hegemonialstellung innerhalb des rund 200 Städte umfassenden Bundes, um seine Machtposition zu festigen, seine Handelsschifffahrt zu schützen und die Seeräuberei zu bekämpfen. Doch schon bald sollte sich zeigen, dass die Warnungen des Themistokles nicht aus der Luft gegriffen waren. Im Jahre 431 v. Chr brach zwischen Athen und Sparta der Peloponnesische Krieg aus. Nach der Niederlage Athens im Jahr 404 v. Chr. wurde der Attisch-Delische Seebund aufgelöst. Doch auch Sparta hatte keinen wirklichen Sieg errungen; der jahrzehntelange Krieg hatte sowohl Sieger als auch Besiegte so geschwächt, dass Griechenland fortan zum Spielball auswärtiger Mächte wurde, zuerst der Makedonen, später der Römer.

Für die Griechen wurde der Sieg über die Perser bald zum Mythos, zum Sieg der Freiheit über die Tyrannei. Bis in das 20. Jahrhundert hinein wurden die Perserkriege zum welthistorischen Kampf um die Freiheit des Abendlandes gegen „orientalische Despotie" stilisiert – obgleich die Herrschaft der Perser recht milde war. Richtig ist, dass die Griechen durch ihren Sieg bei Salamis ihre politische Unabhängigkeit bewahren konnten. Ihre Kunst, ihre Kultur und ihr Denken wurden so zur Grundlage der westlichen Zivilisation.

Beim Scherbengericht ritzten die Teilnehmer Namen von unliebsamen Personen in Tonscherben. Die am häufigsten genannte Person wurde aus der Stadt verbannt.

PYTHEAS VON MASSILIA
EIN GRIECHE ERFORSCHT DEN
NORDEN EUROPAS

Nicht nur Krieg und Piraterie bewogen die Menschen schon früh, sich aufs Meer hinauszuwagen. Auch um Handel zu treiben, befuhren sie bereits vor Jahrtausenden mit Booten und Schiffen das Mittelmeer. Die zahlreichen Inseln, das oft unwegsame Hinterland und die schlechten Straßenverhältnisse machten damals im Mittelmeerraum den Warentransport über See zu einer Notwendigkeit. Angesichts der geringen Seetüchtigkeit ihrer Fahrzeuge blieben die ersten Seefahrer jedoch meist in der Nähe der Küste oder fuhren von Insel zu Insel; nur in Ausnahmefällen segelten sie außer Sichtweite des Landes. So erschlossen sie mit der Zeit ein Netzwerk von Seehandelsrouten, das die verschiedenen Kulturen an den Küsten des Mittelmeeres miteinander verband. Seit dem 10. Jahrhundert v. Chr. waren die Phönizier, die in mehreren Stadtstaaten an der Küste des heutigen Syriens und Libanons lebten, die bedeutendste See- und Handelsmacht im östlichen Mittelmeer. Sie gründeten an den Küsten des Mittelmeeres zahlreiche Handelskolonien, zum Beispiel auf Sizilien, Zypern oder in Südfrankreich. Ab dem 8. Jahrhundert v. Chr. verloren sie jedoch ihre Vormachtstellung allmählich an die Griechen, die nun verstärkt als Seefahrer in Erscheinung traten. Die griechischen Städte gründeten zudem ebenfalls im westlichen Mittelmeerraum zahlreiche Kolonien, sodass sich ihr Handelsnetz weiter vergrößerte.

Eine dieser Kolonien war die Stadt Massilia, das heutige Marseille. Hier lebte im 4. Jahrhundert v. Chr. der griechische Kaufmann und Abenteurer Pytheas. Über seine Person ist kaum etwas bekannt, dennoch hat er für die Seefahrt seiner Zeit Erstaunliches geleistet. Er gilt als der erste Grieche, der eine Entdeckungsreise in den Atlantik wagte. Um 350 v. Chr. brach er mit einigen Schiffen in den europäischen Norden auf. Den Mittelmeervölkern war diese Region damals noch so gut wie unbekannt. Aber nicht nur die Route war ungewöhnlich, sondern auch seine Beweggründe: Als einer der ersten Seefahrer unternahm Pytheas eine Reise nicht, um neue Handelswege zu erschließen oder Eroberungen zu machen, sondern um neue Erkenntnisse über ferne, unbekannte Weltgegenden zu gewinnen.

Im Mittelmeerraum hatten sich zu jener Zeit zwei unterschiedliche Schiffstypen herausgebildet: Das Langschiff, das durch Ruder angetrieben wurde, diente als Kriegsschiff. Zu Pytheas' Zeiten hatten sich bereits die Trieren im Kampf bewährt, Galeeren, die von drei übereinandergestaffelten Reihen von Ruderern angetrieben wurden. Das gesegelte Rundschiff dagegen diente als Handelsschiff. Der Rumpf eines solchen Schiffes war lediglich dreimal so lang wie breit – aus dieser Form leitet sich auch der Name ab. Diese schweren Schiffe wurden von einem großen Rahsegel angetrieben. Aufgrund ihrer Bauweise waren sie jedoch nicht leicht zu handhaben. Sie konnten nur segeln, wenn der Wind von hinten in die Segel blies, bei widrigen Windverhältnissen mussten sie warten, bis der Wind wieder in eine günstigere Richtung drehte. Ihre maximale Geschwindigkeit dürfte fünf Knoten, also etwa neun Kilometer pro Stunde, kaum überstiegen haben.

Schmelzendes Packeis und schneebedeckte Berge an der Küste Spitzbergens: Der Ort, dem Pytheas den Namen Thule gab, sah vermutlich ähnlich aus. Kein Grieche hatte sich zuvor so weit in den Norden gewagt.

Vermutlich brach Pytheas mit mehreren dieser Rundschiffe von Massilia auf. Sein erstes Ziel war das Ende der Welt. Denn für die Griechen bildete die Meerenge von Gibraltar damals den äußersten Punkt ihrer bekannten Welt: Die griechische Mythologie verortete hier die Säulen des Herakles, auf denen der Sage zufolge der Himmel ruhte. Alles, was darüber hinausging, war den griechischen Seefahrern und Gelehrten unbekannt. Pytheas gab sich damit jedoch offenbar nicht zufrieden. Er wollte das Wissen über die Gewässer jenseits des Mittelmeeres und über die Länder des Nordens mehren.

Pytheas segelte vermutlich zunächst nach Spanien und durch die Straße von Gibraltar. Dort besuchte er die Stadt Gades, das heutige Cádiz. Damit geriet er in den Einflussbereich der Karthager, denn nach dem Niedergang der Phönizier war die Seeherrschaft im westlichen Mittelmeer an Karthago gefallen. Diese im 9. Jahrhundert v. Chr. nordöstlich des heutigen Tunis gegründete Stadt war ursprünglich eine phönizische Kolonie gewesen, hatte sich aber nach der Eroberung Phöniziens durch die Perser im 6. Jahrhundert v. Chr. vom Einfluss ihrer Mutterstadt Tyros befreit. Im Laufe der Zeit wurde Karthago zum Mittelpunkt eines gewaltigen Handelsimperiums, das weite Teile des westlichen Mittelmeeres umfasste. Ein großer Teil Nordafrikas geriet unter karthagische Herrschaft, ebenso entstanden Niederlassungen in Spanien, auf Sardinien, auf Korsika und im Westen Siziliens. Zum Schutz ihres Handels verfügten die Karthager über eine schlagkräfti-

Pytheas erkundete die für die Griechen unbekannte Welt im Norden Europas. Dieser Stich zeigt fälschlicherweise ein Ruderkriegsschiff römischer Bauart. Tatsächlich trat Pytheas die Reise jedoch vermutlich mit einem oder mehreren Rundschiffen an, d. h. mit gesegelten Handelsschiffen.

ge Flotte. Zugleich waren sie dafür berüchtigt, alle fremden Schiffe anzugreifen, die sie in ihrem Einflussbereich antrafen.

Pytheas' Unterfangen, gerade diese Route zu nehmen, war demnach nicht ungefährlich. Aber obgleich er die Seeblockade der Karthager überwinden musste, blieb er unbehelligt und konnte seine Reise ungehindert fortsetzen. Wahrscheinlich folgte er der spanischen und französischen Atlantikküste, bis er die Gegend der heutigen Bretagne erreichte. Von hier aus wandte er sich nach Westen und erreichte über das offene Meer schließlich das Kap Belerion, die westliche Spitze der Hauptinsel des heutigen Großbritannien, also Land's End in Cornwall. Hier besuchte er die im Altertum berühmten Zinnminen – die Halbinsel im Südwesten war damals die Hauptquelle für das zur Herstellung von Bronze erforderliche Metall. Von Cornwall aus wurde Zinn in den gesamten Mittelmeerraum verschifft.

Auf seiner weiteren Fahrt umsegelte Pytheas die Britischen Inseln. Er beschreibt, dass er auch das Landesinnere erkundete. Während der gesamten Reise sammelte er geografische Daten und wertete sie aus. So schätzte er beispielsweise den Umfang der Britischen Inseln auf rund 6400 Kilometer. Das ist erstaunlich präzise, ebenso wie seine Berechnung der Distanz zwischen Massilia und Britannien auf rund 1700 Kilometer; die tatsächliche Entfernung beträgt etwa 1800 Kilometer. Außerdem suchte er nach wirtschaftlich interessanten Rohstoffen und möglichen Handelsgütern. Leider sind heute keine Hinweise mehr erhalten, ob es ihm gelang, Handelskontakte zu knüpfen.

Von Britannien aus segelte Pytheas weiter nach Norden, bis er in ein fernes Land kam, in dem die Sonne jeden Tag nur für zwei bis drei Stunden unterging, wie er selbst berichtete. Denn sechs Tagereisen von Britannien entfernt erreichte Pytheas eine Insel, die er „Thule" nannte und die für ihn das nördlichste von Menschen bewohnte Land darstellte. Seiner

> *Die Barbaren zeigten uns den Ort, wo die Sonne zur Küste geht. Es traf sich nämlich, dass in diesen Gegenden die Nacht ganz kurz war, an einigen Stellen zwei, an anderen drei Stunden, sodass die Sonne nach einer kurzen Zwischenzeit nach ihrem Untergang gleich wieder aufging.*

Pytheas in „Über den Ozean" (zitiert nach Geminos von Rhodos: „Einführung in die Phänomene", 1. Jahrhundert n. Chr.)

Schilderung nach vermischten sich hier Erde, Meer und Luft zu einer Substanz von zäher Konsistenz, die alle Seefahrt unmöglich machte. Allerdings ist unklar, ob Pytheas die von ihm Thule genannte Insel tatsächlich besuchte, und wenn ja, um welchen Ort es sich dabei handelte. Seine Angaben sind so vage und auch widersprüchlich, dass bis heute vermutet wird, er habe lediglich einen mythischen Ort beschrieben – für die Römer war der Ausdruck „Ultima Thule" gleichbedeutend mit dem am weitesten entfernten unbekannten Land, gleichsam dem Ende der Welt. Einige Historiker glauben, er sei nach Island gesegelt, andere, er habe die Küste Norwegens erkundet. Dritte wiederum vermuteten sogar, er sei in die Ostsee vorgedrungen und bis zur Mündung des Flusses Newa gelangt. Pytheas selbst jedenfalls berichtet, dass er von Thule aus weiter nach Osten gesegelt sei, bis er zu einer Insel kam, auf der er Bernstein fand – ein im Mittelmeerraum hoch begehrtes Handelsgut, das damals hauptsächlich aus dem Baltikum stammte. Auf der Rückreise segelte er wahrscheinlich entlang der deutschen Nordseeküste nach Süden. Schließlich kehrte Pytheas nach Massilia zurück, wo er seinen Reisebericht mit dem Titel „Über den Ozean" verfasste. Diese Schilderungen sind nur fragmentarisch als Zitate bei anderen Schriftstellern des Altertums erhalten, auch finden sich bei zahlreichen antiken Autoren Hinweise auf Pytheas und seine Fahrt, beispielsweise in den Texten des griechischen Historikers Polybios (ca. 200–120 v. Chr.).

Vermutlich dauerte Pytheas' Expedition, während der er bis zu 10 000 Seemeilen zurücklegte, mindestens zwei Jahre und war da-

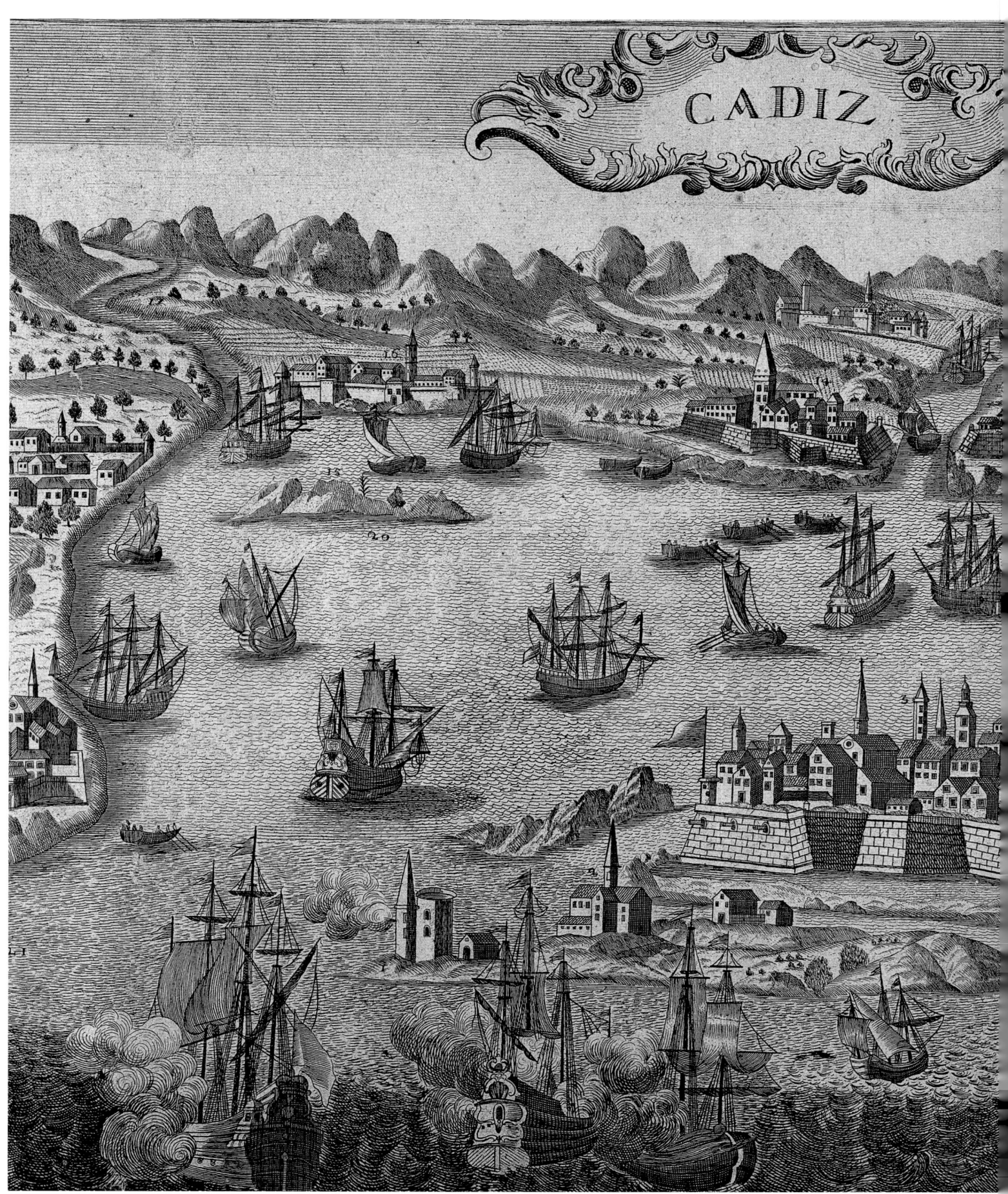

CADIZ

mit die wohl längste Seereise der Antike. Ebenso war er vermutlich der erste Seefahrer, der die nördliche Packeisgrenze erreichte. Bemerkenswert ist aber nicht nur seine nautische Leistung; Pytheas verfügte auch über eine genaue Beobachtungsgabe. So beschrieb er als Erster das im Mittelmeer weitgehend unbekannte Phänomen von Ebbe und Flut. Obwohl ihm die genauen Zusammenhänge verborgen blieben, erkannte er, dass der Mond für die Entstehung der Gezeiten bedeutend war. Aus seinen Schilderungen wird deutlich, dass Pytheas auch über beträchtliche astronomische Kenntnisse verfügt haben muss. So beobachtete er bei seiner Fahrt die Höhe der Sonne und stellte fest, dass die Dauer des Tageslichts und die Sternbilder sich auf dem Weg gen Norden veränderten. Ebenso er fand heraus, dass der Polar- oder Nordstern nicht exakt im Norden stand. Seine astronomischen Messungen nutzte er auch zur Bestimmung der geografischen Breite.

Doch Pytheas war nicht nur ein tüchtiger Navigator, sondern auch ein ausgezeichneter Völkerkundler. Seine Schilderungen der aus Getreide und Honig gebrauten Getränke der Einwohner der nördlichen Länder zeugen von genauer ethnologischer Beobachtung. Er bemerkte auch, dass sie das Getreide in Scheunen droschen – statt unter freiem Himmel wie im Mittelmeerraum üblich.

Pytheas war der erste Grieche, der über diese damals noch weitgehend unbekannten Weltgegenden berichtete. Seine Informationen bildeten die Grundlage für das geografische Wissen der Antike über den Norden Europas. Phytheas' eigener Bericht über die Expedition in den hohen Norden ist zwar nur fragmentarisch erhalten geblieben, doch finden sich bei zahlreichen antiken Autoren Hinweise auf ihn und seine Fahrt.

Der Stich aus dem 17. Jahrhundert zeigt eine Ansicht der Hafenstadt Cádiz. Hier landete Pytheas, nachdem er die Straße von Gibraltar passiert hatte.

MARCUS VIPSANIUS AGRIPPA
DER ADMIRAL DES AUGUSTUS

Die Szene ist unvergesslich: Der liebeskranke Marcus Antonius, verkörpert von Richard Burton, lässt seine brennende Flotte im Stich, um seiner fliehenden Geliebten Kleopatra zu folgen, gespielt von Liz Taylor. So stellte Hollywood in dem Monumentalfilm „Cleopatra" von 1963 einen der wichtigsten Momente der römischen Geschichte dar: Mit dem Sieg in der Seeschlacht von Actium war der Kampf um die Macht im Römischen Reich faktisch entschieden. Octavian, der Neffe Cäsars, würde fortan allein über das gewaltige, von Spanien im Westen bis Syrien im Osten reichende Imperium herrschen. Doch nicht Octavian selbst hatte diesen überwältigenden Sieg erfochten, er verdankte seinen Erfolg vor allem dem Mann, der die Flotte in die Schlacht geführt hatte und der zeit seines Lebens zu seinen loyalsten und treuesten Freunden zählte: Marcus Vipsanius Agrippa.

Agrippa war um das Jahr 63 v. Chr. vermutlich in Rom geboren worden. Obgleich er einfacher Herkunft war und über seinen Vater und seine Familie kaum etwas bekannt ist, zählte er offenbar bereits seit seiner Kindheit zu den engsten Freunden von Octavian, dem Großneffen und designierten Erben Julius Cäsars.

Im März 44 v. Chr. stürzte die Ermordung Cäsars das Römische Reich in ein politisches Chaos. Es war nur eine Frage der Zeit, bis der Kampf um die Macht erneut entbrennen würde. In dieser angespannten Lage wurde Agrippa für Octavian, der selbst kein Soldat war, zum unersetzlichen militärischen Ratgeber.

Die Nachricht von der Ermordung erreichte Octavian und Agrippa auf einer Studienreise in Apollonia im heutigen Albanien. Sofort machten sie sich auf den Weg nach Rom, wo der erst 19-jährige Octavian selbstbewusst sein Erbe einforderte. Dabei geriet er rasch in einen Konflikt mit Marcus Antonius, der ebenfalls Cäsars Nachfolge antreten wollte. Doch geschickt wusste Octavian seine Position zu festigen, indem er skrupellos zwischen den verschiedenen Parteien lavierte, sich zuerst mit dem Senat verbündete, sich dann aber mit seinem Gegenspieler Marcus Antonius auf eine Teilung der Herrschaft über das Römische Reich verständigte. 43 v. Chr. schlossen sich Octavian, Marcus Antonius und Cäsars Reiteroberst Marcus Aemilius Lepidus zum sogenannten Zweiten Triumvirat zusammen und übernahmen die Macht im Staat. Fortan mussten Octavian und Antonius keine politische Rücksicht mehr auf die Senatspartei nehmen und konnten endlich Rache an den Mördern Cäsars üben, die sich in den östlichen Provinzen des Römischen Reiches eine neue Machtbasis geschaffen hatten.

Nachdem Octavian und Antonius ein Heer aufgestellt hatten, zogen sie gegen die Cäsarmörder Cassius und Brutus. Auch Agrippa nahm an diesem Feldzug teil. Vermutlich kämpfte er im Herbst des Jahres 42 v. Chr. in der Schlacht bei Philippi in Makedonien, wo es Octavian und Antonius gelang, Cassius und Brutus eine entscheidende Niederlage beizubringen. Ebenso spielte er eine herausragende Rolle im Feldzug gegen ein Rebellenheer, das sich im Jahre 41 in Italien gegen Octavian erhoben hatte. Es gelang Agrippa, die Aufständischen in der Stadt Perugia einzuschließen und zur Kapitulation zu zwingen. Im Jahre 40 v. Chr. wurde er zum Prätor gewählt, zu dieser Zeit das zweithöchste römische Staatsamt. Die folgenden zwei Jahre verbrachte Agrippa als Statthalter in Gallien, wo er einen Aufstand in Aquitanien niederschlug und die Germanen am Rhein bekämpfte. Nach seiner Rückkehr nach Rom setzte er seine politische Karriere

Auch Kleopatras Schiffe kämpften in der Schlacht bei Actium gegen die römische Flotte unter Octavian und Agrippa. Die Illustration entstammt einem Nachschlagewerk zur Weltgeschichte aus dem 19. Jahrhundert.

fort und wurde für das Jahr 37 v. Chr. als Konsul an die Spitze des römischen Staatswesens berufen.

Wenig später wurde Agrippa von Octavian zum Flottenbefehlshaber ernannt, nachdem dieser zur See eine schwere Niederlage gegen Sextus Pompeius erlitten hatte, den letzten bedeutenden Gegner des Triumvirats. Sextus, der Sohn von Cäsars großem Gegenspieler Pompeius, war einer der größten Seeräuber dieser Zeit. Mit seiner Flotte verheerte er die Küsten Italiens und bedrohte durch das Kapern von Getreideschiffen auch die Versorgung Roms. In dieser Situation bewies Agrippa zum ersten Mal sein überragendes Talent als Flottenführer und -organisator, indem er in kürzester Zeit einen neuen Schiffsverband aufstellte. Da seine schweren Schiffe denen des Pompeius im Hinblick auf Schnelligkeit und Wendigkeit unterlegen waren, ließ Agrippa sie in der Wasserlinie mit einem Gürtelpanzer zum Schutz vor Rammstößen versehen und entwickelte überdies ein neuartiges Entergeschoss, das aus schweren, eisenbeschlagenen Balken bestand und mit Hilfe von Wurfmaschinen verschossen wurde.

Agrippas gründliche Vorbereitungen zeigten ihre Wirkung, als er 36 v. Chr. in den Seeschlachten von Mylae und Naulochos vor der Nordküste Siziliens zwei entscheidende Siege über Sextus Pompeius errang. Dieser floh daraufhin nach Kleinasien, wo er auf Befehl des Antonius ergriffen und im Folgejahr in Milet hingerichtet wurde.

In den Jahren 35 und 34 v. Chr. nahm Agrippa an Octavians Feldzug gegen die Illyrer teil, die damals im Gebiet des heutigen Kroatien und Albanien lebten. Hier lernte er wohl auch die Liburnen kennen, kleine und schnelle Schiffe, die von den Illyrern gern für Piratenüberfälle eingesetzt wurden, aber wegen ihrer Wendigkeit auch ideal als Kriegsschiffe geeignet waren.
Nach der Schlacht von Philippi hatten die Sieger die römische Welt untereinander aufgeteilt. Octavian herrschte über Italien und den Westen,

während Marcus Antonius den Osten mitsamt dem Vasallenstaat Ägypten regierte, dessen Königin Kleopatra seine Geliebte wurde.

Sowohl Octavian als auch Marcus Antonius war klar, dass ihre Übereinkunft lediglich ein Bündnis auf Zeit war. Beide wussten, dass an der Spitze des Römischen Reiches letztlich nur für einen von ihnen Platz sein würde. Die Spannungen verschärften sich, und es wurde immer deutlicher, dass eine finale Kraftprobe zwischen den beiden Kontrahenten unvermeidbar war.

Bereits 36 v. Chr. hatte Octavian Lepidus entmachtet und sich zum unangefochtenen Herrscher im Westen des Reiches aufgeschwungen, während Antonius nach wie vor den Osten regierte. Im Jahre 33 v. Chr. zerbrach das fragile Bündnis mit Antonius, als dieser seine Ehefrau Octavia, die ältere Schwester Octavians, zugunsten seiner langjährigen Geliebten, der ägyptischen Königin Kleopatra, verstieß. Dieser Affront bedeutete Krieg. Agrippa wurde erneut mit dem Oberbefehl über Octavians Seestreitkräfte betraut und machte sich mit der ihm eigenen Energie daran, eine neue Flotte aufzustellen.

Die Streitkräfte der Kontrahenten trafen schließlich in der Nähe von Actium am Golf von Ambrakia an der griechischen Westküste aufeinander. Es gelang Octavian und Agrippa, das von Antonius und Kleopatra befehligte Heer von seinen Kommunikations- und Nachschubwegen abzuschneiden. Aufgrund von Hunger, Krankheiten und Desertionen verfügten Antonius und Kleopatra bald nicht mehr über genügend Truppen, um eine Schlacht an Land zu wagen, und so entschlossen sie sich, die Entscheidung auf See zu suchen. Auch strategisch sprach einiges für eine Seeschlacht. Sollte es Marcus Antonius gelingen, Octavians Flotte zu schlagen, hätte ihm im besten Fall der Weg nach Rom und damit zur alleinigen Herrschaft über das Imperium offengestanden, im schlimmsten Fall, so seine Annahme, könne er nach Ägypten zurückkehren, ein neues Heer aufstellen und den Kampf von Neuem aufnehmen.

Doch Antonius war siegessicher. Er glaubte, dass Agrippas Siege bei Mylae und Naulochos vor allem dessen größeren Schiffen zu verdanken gewesen waren, und hatte daher ebenfalls eine Flotte von Großkampfschiffen anfertigen lassen. Agrippa dagegen hatte seine eigenen Schlüsse aus seinem Erfolg gezogen und eine große Zahl von kleinen, schnellen Liburnen nach illyrischem Vorbild bauen lassen. Statt auf kampfstarke, aber schwerfällige Schlachtschiffe setzte er lieber auf Beweglichkeit und rasche Manöver und vertraute auf das seemännische Geschick seiner gut ausgebildeten und erfahrenen Besatzungen. Auf beiden Seiten waren die Schiffe zusätzlich zu den Ruderern mit zahlreichen Bewaffneten bemannt und verfügten neben dem üblichen Rammsporn vielfach auch über Wurfgeschütze.

Vier Tage lang verhinderte ein starker Sturm die Schlacht, doch schließlich legte sich der Wind. Am Morgen des 2. September 31 v. Chr. war es so weit: Mit einer Flotte von 200 Schiffen lief Antonius den 260 Schiffen des Agrippa entgegen. Angesichts seiner schwindenden Truppenstärke hatte Antonius einen Teil seiner unterbemannten Flotte verbrennen lassen, um auf diese Weise die Besatzungen der übrig gebliebenen Schiffe aufzufüllen. Um eine etwaige Flucht zu erleichtern, führten seine Schiffe Masten und Segel an Bord mit, die sonst vor einem Kampf an Land zurückgelassen wurden.

Stundenlang belauerten sich die beiden Flotten. Jeweils zu drei nebeneinanderliegenden Geschwadern formiert, standen sie sich fast bewegungslos gegenüber. Erst gegen Mittag entbrannte die Schlacht, als es Agrippas Kommandeuren gelang, die feindlichen Geschwader zu einem Angriff zu verleiten. Agrippa hatte beschlossen, es nicht auf einen Enterkampf mit den stark bemannten Schiffen des Antonius ankommen zu lassen, sondern setzte auf die überlegene Manövrierfähigkeit seiner Liburnen. Anstatt die eng geschlossenen feindlichen Reihen anzugreifen, atta-

ckierten seine Kapitäne einzelne Schiffe und versuchten, deren Riemen zu zerstören, um sie dadurch bewegungsunfähig zu machen.

Lange wogte der Kampf ergebnislos hin und her, bis Agrippa seinen Kommandanten schließlich den Einsatz von Brandgeschossen befahl, um die feindlichen Schiffe zu vernichten. Da ihre Brandpfeile und Feuertöpfe weiter reichten als die massiven Geschosse des Feindes, konnten Agrippas Männer aus sicherer Entfernung Antonius' Flotte in kürzester Zeit in ein loderndes Gewirr brennender Schiffe verwandeln. Vielleicht hätte das Eingreifen des von Kleopatra befehligten Reservegeschwaders das Blatt noch zu Antonius' Gunsten wenden können, doch an-

⛵ Dieser Kupferstich aus dem 18. Jahrhundert zeigt Marcus Vipsanius Agrippa mit einer Corona navalis. Diese Auszeichnung erhielt ein Soldat, der als Erster ein feindliches Schiff enterte.

statt ihrem Liebhaber zu Hilfe zu eilen, gab sie die Schlacht verloren und ergriff die Flucht. Mit ihren Schiffen durchbrach sie die feindliche Linie, setzte die Segel und floh in Richtung Ägypten. Als Antonius Kleopatras Flucht bemerkte,

ließ er die Flotte ebenfalls schmählich im Stich, bestieg ein kleineres Fahrzeug und eilte seiner Geliebten hinterher.

Während sich das Herrscherpaar in Sicherheit brachte, vernichteten Agrippas Schiffe seine füh-

rerlose Flotte. Gegen Abend zogen sich die wenigen noch intakten Schiffe in die Sicherheit des
Golfes von Ambrakia zurück; eine Woche später
kapitulierten sie zusammen mit den kläglichen
Überresten von Antonius' Heer. Zum Anden-

ken an seinen triumphalen Sieg über Antonius
und Kleopatra ließ Octavian an der Stelle seines
Lagers die Stadt Nikopolis gründen. Gleichwohl
wusste Octavian sehr genau, dass er seinen Erfolg in erster Linie Agrippa zu verdanken hatte,

Kleopatra VII., die sagen-
umwobene Königin Ägyptens,
versuchte zunächst mit weib-
lichen Waffen, ihr Land vor
dem römischen Imperium zu
schützen: Sie wurde die Geliebte Julius Cäsars, später des
Antonius. Ein Historiengemäl-
de aus dem 19. Jahrhundert
zeigt eines der Bankette, mit
denen Kleopatra Antonius zu
umgarnen versuchte.

der sich abermals als brillanter Flottenführer erwiesen und die Schlacht mit klarem Blick für die taktischen und strategischen Gegebenheiten geplant und durchgeführt hatte.

Mit der Seeschlacht von Actium war der Bürgerkrieg faktisch entschieden, auch wenn Antonius und Kleopatra die Flucht nach Ägypten gelungen war. Bereits im folgenden Jahr zog Octavian mit einem Heer in das Land am Nil. Am 1. August des Jahres 30 v. Chr. kapitulierte die ägyptische Hauptstadt Alexandria; Antonius und Kleopatra begingen Selbstmord. Dies war nicht nur das Ende des römischen Bürgerkriegs, sondern auch der Unabhängigkeit Ägyptens, das nun römische Provinz wurde.

Mit dem Sieg über Antonius und Kleopatra hatte sich Octavian endgültig zum alleinigen Herrscher über das römische Imperium aufgeschwungen. Gleichsam als Anerkennung der neuen Machtverhältnisse verlieh ihm der römische Senat im Jahre 27 v. Chr. den Ehrentitel „Augustus", zu Deutsch „der Erhabene". Gemeinsam mit ihm stieg auch Agrippa zu höchsten Ehren auf. Als Augustus im Jahre 23 v. Chr. schwer erkrankte, übergab er Agrippa, den er offenkundig zu seinem Nachfolger ausersehen hatte, seinen Siegelring, das Symbol seiner Machtstellung. Die Verbindung zwischen ihnen wurde weiter gestärkt, als Agrippa kurz darauf Julia, die Tochter des Augustus, zur Frau nahm.

Von 23 bis 21 v. Chr. regierte Agrippa im Auftrag Octavians die östlichen Provinzen des Reiches und diente von 21 bis 19 v. Chr. wiederum als Statthalter in Gallien und in Spanien. Im Jahre 18 v. Chr. übertrug Augustus seinem Freund besondere Vollmachten und sandte ihn als obersten Statthalter erneut in den Osten, wo Agrippa in den folgenden Jahren nicht nur Frieden mit dem am Schwarzen Meer gelegenen Bosporanischen Königreich und König Herodes dem Großen von Judäa schloss, sondern auch zahlreiche neue Städte gründete. Auf einer Reise nach Pannonien, dem heutigen Ungarn, erkrankte Agrippa schwer und starb am 12. März des

Jahres 12 v. Chr., tief betrauert von Augustus, der persönlich die Grabrede hielt.

Zeitlebens war Agrippa Octavian ein treuer Freund und loyaler Gefolgsmann gewesen. Neben seinen administrativen und militärischen Leistungen hatte Agrippa auch großen Ruhm als Wohltäter erworben, indem er einen Großteil seines Vermögens für die Errichtung von Thea-

tern, Wasserleitungen und Thermen aufwandte. Das bedeutendste Zeugnis seiner Bautätigkeit ist das 25 v. Chr. vollendete und bis heute erhaltene Pantheon in Rom, errichtet als ein allen Göttern geweihter Tempel (Pantheon = griechisch für „alle Götter").

Agrippas wichtigstes Vermächtnis war jedoch die enge Verbindung mit dem julisch-claudischen Kaiserhaus. Eine Tochter aus Agrippas Ehe mit Julia war die Mutter des späteren Kaisers Caligula und die Großmutter des vom „Cäsarenwahn" besessenen und für seine Grausamkeit berüchtigten Kaisers Nero, mit dessen Ermordung die von Augustus begründete Kaiserdynastie im Jahre 64 n. Chr. unterging. Damit fand auch das Haus Agrippa ein unrühmliches Ende.

Die Schlacht bei Actium, dargestellt auf einem Ölgemälde von 1672. Die Niederlage von Marcus Antonius und Kleopatra machte Octavian endgültig zum Herrscher über das römische Imperium.

ZU NEUEN UFERN: SEEFAHRER IM MITTELALTER

Die historische Ansicht aus dem Jahr 1672 zeigt die Wismarer Bucht mit der Stadt Wismar im Hintergrund. Sie zählte im Mittelalter zu den aufstrebenden Hansestädten.

LEIF ERIKSSON
EIN WIKINGER AUF
AMERIKANISCHEM BODEN

Welcher Europäer als Erster amerikanischen Boden betrat, ist bis heute umstritten. Vermutlich gebührt das Verdienst einem grönländischen Wikinger mit Namen Leif Eriksson, der um das Jahr 1000 das nordamerikanische Festland erreichte und dort eine Niederlassung errichtete – so berichten jedenfalls die nordischen Sagas. Die Frage, wer dieser Mann war und was ihn bewog, die weite, gefahrvolle Fahrt übers Meer anzutreten, ist eng verknüpft mit dem Schicksal seiner Vorfahren und der Geschichte seines Volkes.

Um 800 n. Chr. überfielen Männer aus dem Norden, aus den heutigen skandinavischen Ländern Dänemark, Schweden und Norwegen, aus heiterem Himmel friedliche Dörfer und Städte in Europa, um anschließend genauso schnell wieder zu verschwinden, wie sie gekommen waren. Schon bald wurden sie als „Wikinger" bekannt. Das nordische Wort „vikingr" bedeutet „Seekrieger" oder auch „Heerfahrt zur See". Anfänglich zogen sich die Wikinger nach den Überfällen mit ihrer Beute sofort zurück, später begannen sie jedoch zu überwintern und ließen sich dauerhaft in den eroberten Gebieten nieder. Im Nordatlantik erschlossen sie sogar neue Siedlungsräume.

Die Wikinger waren aber nicht nur furchtlose Totschläger, sondern zugleich auch begabte Künstler, tüchtige Kaufleute, geschickte Handwerker und vor allem kühne Seefahrer. Sie verfügten über herausragendes nautisches Können und eine überlegene Schiffbautechnik. Es gelang ihnen, seetüchtige Schiffe zu konstruieren, die für die gefahrvollen Fahrten über den Nordatlantik geeignet und auch groß genug waren, ganze Familien mit all ihrer Habe und ihren Haustieren an Bord zu nehmen. Charakteristisch für den skandinavischen Schiffbau waren die Klinkerbauweise sowie die symmetrischen Vorder- und Achtersteven. Im Gegensatz zu heutigen Schiffen waren die Wikingerschiffe nicht als starre Körper konstruiert, sondern passten sich durch eine elastische Bauweise den Wellenbewegungen an, sodass sie gleichsam auf den Wellen ritten, statt sie zu durchpflügen. Mit Recht kann man diese eleganten Schiffe als frühmittelalterliche Hochtechnologie bezeichnen.

Bis zum Ende des 8. Jahrhunderts hatten die Skandinavier mehrere Schiffstypen für unterschiedliche Verwendungszwecke entwickelt: Neben den schnellen, schlanken Kriegsschiffen, den Lang- oder Drachenschiffen, die gesegelt und gerudert werden konnten, gab es spezielle Handelsschiffe. Dieser auch als Knorr bezeichnete, rundliche Schiffstyp war nicht auf Schnelligkeit, sondern auf Ladekapazität und Seetüchtigkeit ausgerichtet. Ein breites Rahsegel, das an einem feststehenden Mast aufgeriggt war, gab dem Schiff den Antrieb. Diese robusten Frachtsegler waren sogar für Reisen auf dem stürmischen Nordatlantik geeignet. Zwischen hohen Halbdecks vorn und achtern lag mittschiffs der offene Laderaum. Je nach Größe konnten diese Schiffe zwischen 20 und 50 Tonnen Ladung aufnehmen, wobei sie nur eine kleine Mannschaft von vier bis zwölf Mann benötigten.

Im 9. Jahrhundert besiedelten die Skandinavier die Färöer- und die Shetland-Inseln, etwa 860 entdeckten sie auch Island. Um 874 ließ sich Ingolf Arnarson als erster Skandinavier auf Island nieder. Er errichtete sein Haus dort,

Die Schiffe der Wikinger waren für rauen Wind und stürmische See gut gerüstet. Durch ihre Bauweise passten sie sich den Wellenbewegungen des Wassers an. Romantisierende, in den schiffbaulichen Details nicht ganz zutreffende Darstellung aus dem 19. Jahrhundert

wo sich heute die Hauptstadt Reykjavík erhebt. Weitere Siedler folgten, die hier freien Boden für Ackerbau und Viehzucht vorfanden. Bereits um 930 hatte sich auf der Insel ein kleines, aber blühendes Gemeinwesen entwickelt.

Auf Island beginnt die Geschichte Leif Erikssons und seiner Vorfahren. Thorvald Asvaldsson, Leifs Großvater, musste seine Heimat Norwegen verlassen, weil er seinen Nachbarn im Streit erschlagen hatte. Um das Jahr 960 ließ er sich mit seiner Familie auf Island nieder. Offenbar hatte er seine aufbrausende Art an seinen Sohn Erik, genannt „der Rote", vererbt, denn auch dieser geriet auf Island in Schwierigkeiten mit seinen Nachbarn Eyjiolf und Holmgang-Hrafn. Weil die beiden einige seiner Knechte umgebracht hatten, erschlug Erik sie aus Rache. Wegen dieser Mordtat wurde er 982 für drei Jahre aus Island verbannt.

Von einem Seemann namens Gunnbjörn, der bei der Jagd nach Walrossen weit nach Westen abgetrieben worden war, hatte Erik von einer unbekannten Küste gehört. Nun ging er auf Entdeckungsreise. Und in der Tat: Er fand das neue Land und erkundete es drei Jahre lang. Als er nach Island zurückkehrte, berichtete er von diesem „Grünen Land", also Grönland, in der Hoffnung, so Männer und Frauen zu finden, die sich dort gemeinsam mit ihm und seiner Familie eine neue Heimat schaffen wollten. Tatsächlich folgten ihm um 985 etwa 400 bis 500 wagemutige Siedler. Von den 25 Schiffen, mit denen Erik aufgebrochen war, erreichten jedoch nur 14 ihr Ziel. Die Überlebenden ließen sich in zwei Kolonien, der Ostsiedlung („Estribygd") und der Westsiedlung („Vestribygd"), nieder, um dort, wo es möglich war, Ackerbau, vor allem aber Viehzucht zu betreiben.

Erik der Rote hatte inzwischen drei Söhne. Einer von ihnen, Leif, war allem Anschein nach ein wagemutiger und unternehmungslustiger Mann. Bei einer Reise nach Norwegen trat er zum Christentum über und erhielt vom norwegischen König Olaf I. Tryggvasson den Auftrag, die Bewohner Grönlands zum neuen Glauben zu bekehren. Seine Mutter ließ sich ebenfalls taufen und errichtete auf dem heimischen Hof Brattahlid die erste Kirche Grönlands. Dem Wunsch seiner Frau entsprechend, konvertierte auch Erik der Rote kurz vor seinem Tod zum Christentum.

Leif nun hörte auf Grönland folgende Geschichte: Der Kaufmann Bjarni Herjolfsson hatte seinen Eltern, die mit Erik dem Roten nach Grönland gezogen waren, einen Besuch abstatten wollen. Da wurde sein Schiff durch widrige Winde in südwestlicher Richtung vom Kurs abgetrieben. Als er endlich Land sichtete, war es jedoch nicht die erwartete Felsenküste Grönlands, sondern eine dicht bewaldete Gebirgslandschaft, weshalb Bjarni Kurs nach Norden nahm, bis er erneut an die Küste eines unbekannten, kargen Landes kam. Von hier aus segelte er nach Osten und erreichte schließlich Grönland.

Bjarnis Bericht von einer fernen Küste im Westen ließ Leif nicht mehr los – offenbar hatte sein Vater ihm die Neugier des Entdeckers mit in die Wiege gelegt. Und so beschloss er, nach dem unbekannten Land zu suchen. Im Jahr 1000 rüstete er ein Schiff für diese Zwecke aus und suchte Gefährten für die Reise ins Ungewisse. Leifs Vater Erik wollte trotz seines für damalige Verhältnisse hohen Alters von rund 50 Jahren ebenfalls an der Fahrt zu den unbekannten Gestaden im Westen teilnehmen. Doch kurz vor dem Auslaufen stürzte er vom Pferd. Das galt als böses Omen, weshalb er sich entschloss, in Grönland zu bleiben. Erik der Rote starb um 1003 auf seinem Hof Brattahlid.

Welche Route Leif Eriksson wählte, lässt sich heute nicht mehr genau ermitteln. Offenbar segelte er jedoch zunächst die Westküste Grönlands entlang, bis er in eine öde Gegend gelangte. Ihr gab er den Namen Helluland (zu Deutsch: Steinland). Mit dem Beiboot ging er an Land und war damit wahrscheinlich der erste Europäer, der nordamerikanischen Boden betrat. Heute vermu-

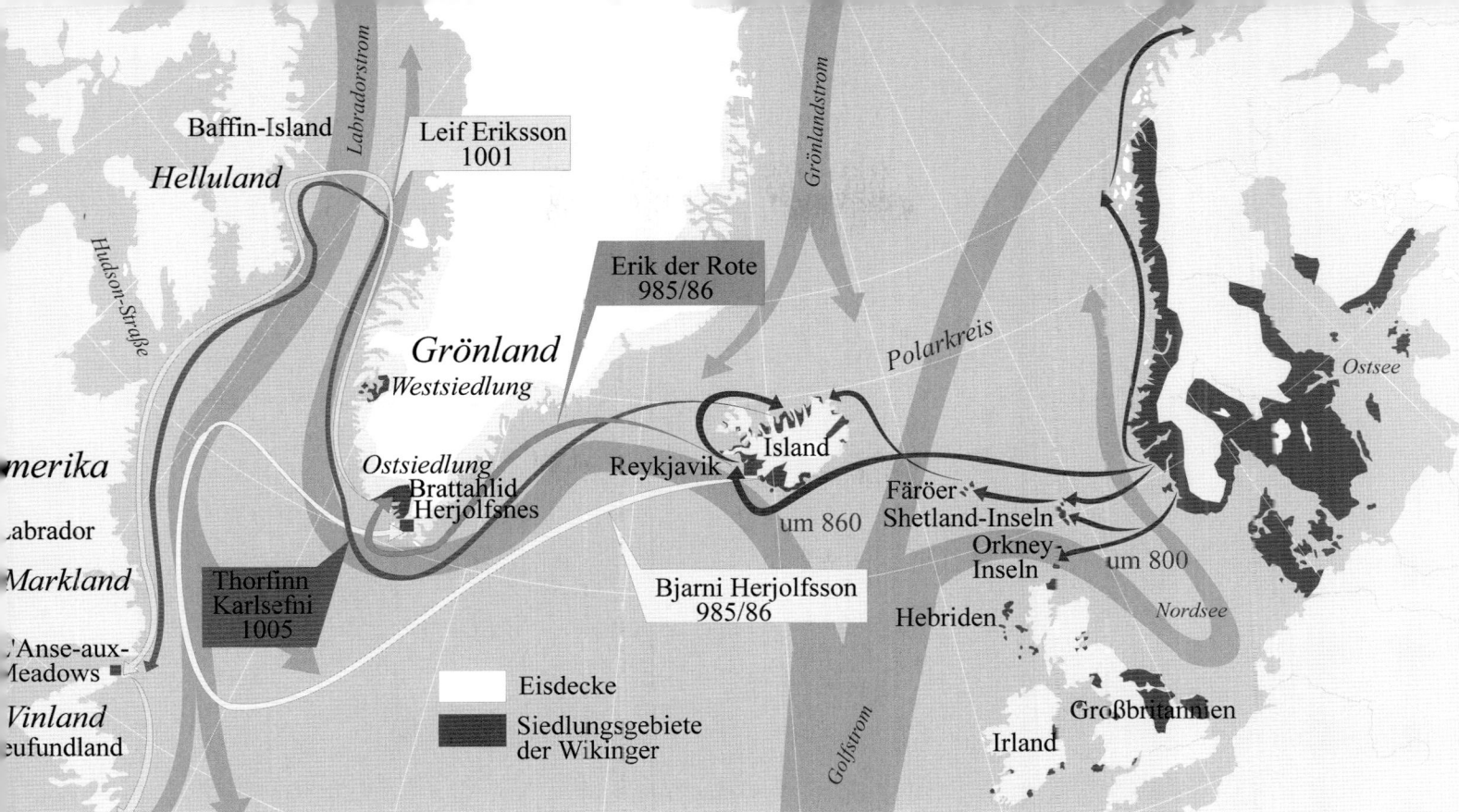

Map labels:

Baffin-Island
Helluland
Leif Eriksson 1001
Labradorstrom
Grönlandstrom
Hudson-Straße
Erik der Rote 985/86
Grönland
Westsiedlung
Polarkreis
Ostsee
merika
Ostsiedlung
Brattahlid
Herjolfsnes
Reykjavik
Island
Färöer
Shetland-Inseln
Orkney-Inseln
um 860
Labrador
Markland
Thorfinn Karlsefni 1005
Bjarni Herjolfsson 985/86
Hebriden
um 800
Nordsee
'Anse-aux-Meadows
Vinland
eufundland
Eisdecke
Siedlungsgebiete der Wikinger
Golfstrom
Großbritannien
Irland

⛵ Wikingerfahrten im Nordatlantik

tet man, dass es sich dabei um den nordöstlichen Teil Kanadas handelte, vielleicht um Labrador oder Baffinland. Von hier aus nahm Leif Eriksson Kurs nach Süden, bis er erneut eine unbekannte Küste erreichte, die er als Markland (Waldland) bezeichnete. Historiker identifizieren heute dieses Gebiet als die Halbinsel Nova Scotia.

Anschließend segelte Leif Eriksson zwei Tage weiter nach Süden, bis er schließlich eine fruchtbare und grüne Gegend erreichte. Anschaulich beschreibt die „Grönlandsaga" die Ankunft der Wikinger in dem neuen, unbekannten Land: „Sie gingen an Land und sahen sich um. Das Wetter war schön. Tau lag auf dem Gras, und als Erstes rissen sie etwas davon aus und führten es zum Mund. Es schien das Süßeste zu sein, was sie je geschmeckt hatten! Dann gingen sie zum Schiff zurück und segelten in die Meerenge, die zwischen der Insel und der zum Norden hin vorspringenden Landzunge lag." Leif taufte das Land Vinland. Bis heute diskutieren Forscher darüber, was der Name bedeutet. Einige übersetzen ihn als „Weinland", es spricht jedoch einiges dafür, dass die Deutung als Gras- oder Weideland zutreffender ist, da „vin" mit einem kurzen „i" im Altnorwegi-

schen so viel wie „Gras" oder „Wiese" bedeutet. Auch die genaue Lage Vinlands ist unbekannt, sicher ist nur, dass es auf dem amerikanischen Festland lag, vermutlich irgendwo zwischen Nova Scotia und Neuengland.

Leif Eriksson und seine Männer bauten Häuser und erkundeten die Umgebung. Sie waren damit vermutlich die ersten Europäer, die sich zumindest zeitweilig in Amerika niederließen. Das Land war fruchtbar, die Flüsse voller Fische, und es herrschte ein angenehmes Klima. Nachdem sie in Vinland überwintert hatten, machten sie sich mit einer Ladung Holz, woran im baumlosen Grönland großer Mangel herrschte, auf die Heimreise. Wieder auf Grönland angekommen, erfuhr Leif Eriksson, dass sein Vater inzwischen gestorben war, sodass er den elterlichen Hof Brattahlid übernehmen musste. Hier starb er um das Jahr 1020.

Aber das holzreiche, fruchtbare Land ließ die Familie nicht los. An Leifs Stelle unternahm sein jüngerer Bruder Thorwald eine zweite Fahrt nach Vinland. Er geriet dort jedoch in Streit mit den Einheimischen und wurde erschlagen. Auch sein zweiter Bruder Thorstein segelte nach Vinland. Er sollte es jedoch nie

erreichen, denn während der Reise starb er an einer Krankheit. Gleichwohl unternahmen die wagemutigen Grönländer weitere Fahrten in das neu entdeckte Land. Gudrid, die Witwe Thorwalds, hatte inzwischen den isländischen Kaufmann Thorfin Karlsnefi geheiratet. Gemeinsam segelten sie mit drei Schiffen sowie 60 Män-

nern, fünf Frauen und zahlreichen Haustieren nach Vinland, um sich dort dauerhaft niederzulassen. Sie errichteten auch eine Siedlung, doch schon bald kam es zum Streit mit der einheimischen Bevölkerung, sodass Gudrid und Thorfin die Kolonie schließlich aufgaben und nach Grönland zurückkehrten.

Nun unternahm Eriks uneheliche Halbschwester Freydis Eriksdottir aufs Neue den Versuch, eine Niederlassung in Vinland zu gründen. Doch auch dieses Unternehmen endete in einer Katastrophe. Offenbar hatte Freydis das aufbrausende Temperament ihres Großvaters und Vaters geerbt. Es kam zum Streit unter den Siedlern, und Freydis stachelte ihren Mann an, die anderen Anführer der kleinen Siedlung zu töten, während sie selbst die Frauen mit einer Axt erschlug. Die Überlebenden kehrten Vinland den Rücken.

Damit endete auch der letzte Versuch der Wikinger, Vinland zu besiedeln. Im Laufe der Zeit verblasste die Erinnerung an dieses ferne, unbekannte Land. Als im Jahr 1121 Bischof Erik Gnupsson von Grönland aus das sagenhafte Vinland besuchen wollte, war das Wissen um die richtige Route bereits in Vergessenheit geraten.

Zwei isländische Sagas haben die Geschichte der Entdeckung Vinlands und seiner gescheiterten Besiedlung bis heute überliefert. Doch während diese ursprünglich mündlichen Erzählungen, die erst im 13. Jahrhundert von Mönchen aufgezeichnet wurden, nur bedingt als historische Quellen taugen, haben sich auf Neufundland archäologische Beweise erhalten, die von der Anwesenheit der Wikinger in Nordamerika zeugen.

In der ersten Hälfte des 11. Jahrhunderts ebbten die Raubzüge der Skandinavier allmählich ab. Die Wikinger waren Christen geworden, und der Religionswechsel dämpfte vermutlich ihren Drang zu plündern. Noch wichtiger für das Ende der Wikingerzüge war die Verfestigung der Königsmacht im Norden. Zu Beginn des 11. Jahrhunderts hatte sich in Dänemark, Schweden und Norwegen die Monarchie durchgesetzt. Die nordischen Länder waren jetzt Teil eines geeinten christlichen Europas. Zugleich blieben die in der Wikingerzeit geknüpften Handelsbeziehungen bestehen.

Grönland dagegen wurde im Laufe der Zeit zu einem weit entfernten, halbvergessenen Außenposten des christlichen Europas. Aufgrund einer Klimaverschlechterung gingen die skandinavischen Siedlungen auf Grönland in den folgenden Jahrhunderten nach und nach zugrunde. Bis zum Ende des 14. Jahrhunderts hatten die meisten Siedler ihre Höfe aufgegeben, die übrigen verhungerten oder starben in Kämpfen mit den einheimischen Inuit. Zu Beginn des 15. Jahrhunderts fand eine norwegische Schiffsexpedition nur noch verlassene Häuser ohne jede Spur von den Bewohnern.

1930 wurde in Reykjavík auf Island ein Leif Eriksson-Denkmal errichtet. Die Statue war ein Geschenk der Vereinigten Staaten von Amerika.

KLAUS STÖRTEBEKER, GÖDEKE MICHELS UND DIE VITALIENBRÜDER

Die Hände gebunden, schreitet Klaus Störtebeker zur Hinrichtungsstätte auf dem Hamburger Grasbrook. Als sein Kopf im Jahr 1400 oder 1401, das genaue Datum ist unbekannt, unter dem Beil des Henkers fällt, endet seine Karriere als Seeräuber – und eine Legende wird geboren.

Das Kapern von Schiffen, also die gewaltsame Aneignung fremder Güter auf hoher See, ist fast so alt wie die Seefahrt selbst. Doch Kapern und Kapern waren Zweierlei, und so wurde bereits im römischen Recht zwischen der Seeräuberei, das heißt Überfällen auf fremde Schiffe aus reiner Habgier, und der Kaperei im staatlichen Auftrag unterschieden. Ersteres war ein todeswürdiges Verbrechen, Letzteres dagegen eine durch Kriegsbrauch und -recht legitimierte Form des Handelskriegs zur See.

Wie viele andere Piraten hat auch Klaus Störtebeker seine berufliche Laufbahn als Kaperfahrer begonnen, in seinem Fall auf Seiten der Mecklenburger Herzöge im Kampf gegen Königin Margarethe von Dänemark. Weil der dänische König Waldemar IV. Atterdag bei seinem Tod 1375 keinen männlichen Erben hinterlassen hatte, kam es danach zum offenen Streit zwischen seinen Töchtern: Ingeborg war mit Herzog Heinrich III. von Mecklenburg, dem Bruder des schwedischen Königs Albrecht, verheiratet, ihre jüngere Schwester Margarethe mit dem norwegischen König Haakon VI. Waldemar hatte noch zu Lebzeiten den Sohn Ingeborgs als seinen Nachfolger ausersehen. Durch geschicktes Taktieren gelang es Margarethe jedoch, den dänischen Adel für sich zu gewinnen und ihren fünfjährigen Sohn Olaf am 3. Mai 1376 zum dänischen König wählen zu lassen.

Obwohl die Mecklenburger diese Entscheidung mit Waffengewalt anfochten, konnte sich die Wahl Olafs letztlich durchsetzen.

Im Jahr 1380 starb König Haakon VI. Nun bestieg der mittlerweile zehnjährige Olaf auch den norwegischen Thron – unter der Vormundschaft Margarethes. Doch 1387 starb auch er, noch vor Erreichen der Volljährigkeit. Allerdings hatte Königin Margarethe ihre Position so geschickt zu sichern gewusst, dass die dänischen und norwegischen Reichsräte sie zur Reichsverweserin bestimmten, statt die Mecklenburger ins Land zu holen, die nach dem Erbrecht ebenfalls zu Thronansprüchen berechtigt waren. Als künftigen König wählte Margarethe ihren fünfjährigen Großneffen Bogislaw von Pommern-Stolp, der nun den nordischen Namen Erik annahm. Die Antwort der Mecklenburger lautete abermals Krieg. Der jedoch verlief für sie alles andere als günstig. 1388 riefen die schwedischen Adligen, die sich mit König Albrecht überworfen hatten, Margarethe ins Land und huldigten ihr als Regentin. Damit nicht genug, geriet König Albrecht im Frühjahr 1389 nach einer Schlacht auch noch in die Gefangenschaft seiner Erzfeindin. In dieser prekären Lage verfielen die militärisch unterlegenen Mecklenburger auf die Idee, nach freiwilligen Hilfstruppen zu rufen und diese auf Kaperfahrt gegen die Dänen und Schweden zu schicken.

Die Mecklenburger waren weder die ersten noch die letzten mittelalterlichen Herrscher, die zu einem solchen Mittel griffen. Für die Fürsten war dies der einfachste Weg, rasch zu einer Kriegsflotte zu kommen. Denn nur die wenigsten Staaten waren damals organisatorisch und finanziell in der Lage, auch in Friedenszeiten

Seestreitkräfte zu unterhalten. Im Falle eines Krieges behalf man sich gewöhnlich damit, in aller Eile eine Anzahl Kauffahrer zu Kriegsschiffen umzurüsten. Oftmals griffen die Fürsten auch auf professionelle Hilfe zurück, indem sie einfach einige der Piraten in Dienst nahmen, die damals die europäischen Gewässer unsicher machten. Eine weitere Möglichkeit bestand darin, Privatleuten zu gestatten, auf ei-

gene Kosten und auf eigenes Risiko Jagd auf feindliche Schiffe zu machen. Im Mittelalter wurde das als „Ausliegen" bezeichnet, später nannte man es Kaperei.

Ab 1389 öffneten die Mecklenburger ihre Ostseehäfen allen, die bereit waren, auf eigene Faust mit ihren Schiffen gegen die Handelsschifffahrt der drei nordischen Reiche Krieg zu führen. Damit sollte der Feind geschädigt und

die leere Kriegskasse wieder gefüllt werden. Für eine Beteiligung an der hoffentlich reichen Beute wurden die Seeleute mittels eines speziellen Dokuments, des sogenannten Kaperbriefs, ermächtigt, im Auftrag und Namen der Mecklenburger feindliche Handelsschiffe zu kapern.

Der Aufruf der Mecklenburger war ein durchschlagender Erfolg: Von der Aussicht auf raschen Gewinn angelockt, sammelten sich zahllose unternehmungslustige Abenteurer aus allen Schichten in den mecklenburgischen Häfen: „van hoveluden, van borgeren ute velen steden, van amptluden, van Buren" („Adlige, Bürger aus vielen Städten, Amtleute, Bauern"), wie es in einer Quelle heißt. Viele der Kaperfahrer gehörten zum Bodensatz der mittelalterlichen Gesellschaft. Unter ihnen waren auch zwei Männer namens Klaus Störtebeker und Gödeke

Zur Zeit der Vitalienbrüder war Lübeck der Hauptort der Hanse (Holzschnitt aus der Schedelschen Weltchronik).

Die Hanse

Die Hanse ist eines der faszinierendsten Phänomene der europäischen Geschichte. Nie zuvor und auch niemals danach konnte ein derart lockerer Zusammenschluss von Handelsstädten eine vergleichbare wirtschaftliche und politische Macht auf sich vereinigen.

Der Ursprung der Hanse lag in Zusammenschlüssen deutscher Fernkaufleute, die sich seit Beginn des 12. Jahrhunderts zu „Hansen" (mittelniederdeutsch für „Schar") vereinigten, um gemeinsam den Gefahren der Handelsreisen in fremde Länder zu begegnen und dort Handelsprivilegien zu erwerben. Diese Kaufmannshansen legten den Grundstein für das spätere hansische Handelsgefüge. Die Eckpunkte des Handels bildeten die vier Hansekontore in London, Brügge, Bergen und Nowgorod, zwischen denen die Warenströme hin und her flossen. Aus dem Westen kamen hochwertige Manufakturwaren wie Wein oder Tuche aus Flandern, aus dem Ostseeraum Getreide und andere Rohprodukte. Haupttransportmittel war die Kogge, die bis heute das Symbol der Hanse ist.

Mitte des 14. Jahrhunderts wurde die frühe Form der Kaufmannshanse von einer neuen Form, der Städtehanse, abgelöst. 1358 war zum ersten Mal von den „Steden van der Dudeschen Hense" die Rede. Zugleich verlagerte sich auch die Beschlussfassung innerhalb der Hanse von den Auslandsniederlassungen auf die Heimatstädte. Als Höhepunkt der Hanse gilt der Friede von Stralsund von 1370. Mit ihrem Sieg über König Waldemar IV. von Dänemark wurde die Hanse zu einer nordeuropäischen Großmacht. Kurz darauf begann mit dem Eindringen neuer Konkurrenten, vor allem der Niederländer, jedoch ihr allmählicher Niedergang. Zudem verlagerten sich durch die Entdeckung der Seewege nach Indien und Amerika die europäischen Fernhandelsströme im 16. Jahrhundert in den Atlantik. Dadurch wurde der Ostseeraum zu einer Randzone, während die im Zentrum der neuen Handelswege gelegenen Niederlande zur führenden Wirtschaftsmacht Europas aufstiegen. Allerdings blieb Lübeck bis in das 17. Jahrhundert hinein die bedeutendste Handelsstadt im Ostseeraum.

Der zeitgenössische Kupferstich Israel van Meckenems zeigt ein Hanseschiff aus dem 15. Jahrhundert.

Michels, über die es heute allerdings nur wenige gesicherte Erkenntnisse gibt. Beide stammten vermutlich aus Wismar und machten ab 1394 als Piratenhauptleute die Ostsee unsicher.

Für die mecklenburgische Sache wurde der Kaperkrieg zunächst durchaus zu einem Erfolg. Es gelang den Kaperfahrern sogar, die dänische Blockade zu durchbrechen und das den Mecklenburgern treu gebliebene und von den Dänen belagerte Stockholm mit Lebensmitteln oder „Viktualien" zu versorgen, weshalb sie fortan unter dem Namen „Vitalienbrüder" berühmt und berüchtigt wurden. Aber auch Königin Margarethe stellte bereitwillig Kaperbriefe aus, und so zogen die Vitalienbrüder und auch dänische Freibeuter in den folgenden Jahren wie ein Heuschreckenschwarm über die Ostsee und kaperten Schiffe ohne Rücksicht auf ihre Herkunft. Die Städte Visby und Malmö sowie viele andere Orte wurden von den Kaperfahrern geplündert, und die Schifffahrt in der Ostsee kam fast völlig zum Erliegen.

Nun beherrschten zu dieser Zeit aber nicht nur die Fürstentümer, die gegeneinander Krieg führten, die politische Bühne des Ostseeraums. Seit dem Sieg über Waldemar IV. Atterdag im Jahre 1370 war auch die Hanse zu einer Großmacht aufgestiegen. Und für die vom Seehandel abhängigen Hansestädte hatte der ungebändigte Kaperkrieg katastrophale Folgen. Daher verwundert es kaum, dass sie die Kaperfahrer, sofern sie ihrer habhaft werden konnten, oftmals wie gewöhnliche Piraten behandelten und sie, ungeachtet ihrer Kaperbriefe, nach dem biblischen Motto „Auge um Auge" mit aller Härte bestraften. So erzählt der Lübecker Chronist Reimar Kock von einem beispielhaften Vorfall: Der Besatzung eines Stralsunder Handelsschiffs gelang es im Jahre 1391, einen Angriff der Vitalier zurückzuschlagen und viele von ihnen gefangen zu nehmen. Allerdings reichte der Platz an Bord nicht aus, um die zahlreichen Gefangenen unterzubringen. Da entsannen sich die Stralsunder eines unter den Kaperfahrern

beliebten Mittels zum Gefangenentransport: Sie steckten die Vitalienbrüder kurzerhand in Tonnen, in deren Böden sie Löcher für die Köpfe geschlagen hatten. Noch in den Tonnen steckend, wurden die Kaperer nach der Ankunft in Stralsund enthauptet.

Innerhansische Konflikte verschärften die Situation in der Ostsee. So widersetzten sich die Hansestädte Rostock und Wismar der Weisung, den Vitalienbrüdern den Zugang zu ihren Häfen zu verweigern. Sie fühlten sich gegenüber ihrem mecklenburgischen Landesherrn zur Loyalität verpflichtet. Dabei dürfte allerdings die Tatsache, dass die Rostocker und Wismarer als gewiefte Kaufleute gute Geschäfte mit der Kaperbeute machten, nicht ohne Einfluss auf ihre ablehnende Haltung gewesen sein.

Angesichts der äußerst angespannten Lage entschlossen sich die übrigen Hansestädte unter der Führung Lübecks 1392 zum Eingreifen. Sie versuchten zunächst, den Seehandel durch die Ergreifung mehr oder weniger geeigneter Abwehrmaßnahmen zu schützen: Sie ließen die Handelsschiffe in Konvois fahren oder entsandten eigene Kriegsschiffe, paradoxerweise „Friedeschiffe" genannt, die die dänischen und mecklenburgischen Kaperfahrer aktiv bekämpften. Zugleich begannen die erfahrenen hansischen Diplomaten, sich vermittelnd in den Konflikt zwischen den skandinavischen Reichen und den Mecklenburgern einzuschalten. Unter Einsatz ihres beträchtlichen wirtschaftlichen und politischen Einflusses gelang es den Hansestädten im Jahre 1395 tatsächlich, die zunächst zögerlichen kriegführenden Parteien zu einer Waffenruhe zu bewegen. Laut Vereinbarung der Waffenstillstandsverhandlungen gab Margarethe Albrecht für drei Jahre frei, nach Ablauf dieser Frist sollte er entweder ein Lösegeld zahlen, in die Gefangenschaft zurückkehren oder Stockholm, das er als Garantie seines Wohlverhaltens treuhänderisch den Hansestädten ausgehändigt hatte, an Margarethe übergeben.

Der Konflikt endete mit der vollständigen Niederlage der Mecklenburger. 1397 wurde noch vor Ablauf der Frist Margarethes Großneffe Erich vor einer gemeinsamen Versammlung des geistlichen und weltlichen Adels Dänemarks, Schwedens und Norwegens in Kalmar zum König gekrönt. Er sollte über die nach dem Krönungsort benannte Kalmarer Union der drei skandinavischen Reiche regieren. Somit war Albrecht III. nicht allein bei dem Versuch gescheitert, die dänische und die norwegische Krone zu erringen, sondern er hatte auch noch sein schwedisches Reich verloren.

Die mecklenburgischen Adeligen zogen sich nun von der Kaperfahrt zurück. Die Vitalienbrüder aber dachten nicht daran. Ihnen wurde mit dem Ende des Krieges zwar die rechtliche Grundlage für die Fortführung des Kaperkrieges genommen, zugleich aber auch die Lebensgrundlage entzogen. Daher beschlossen sie, ihr Geschäft – gleichsam als Freiberufler und auf eigene Rechnung – fortzuführen. Ihre Anführer waren Männer wie Gödeke Michels und Klaus Störtebeker. Sie hatten während des Kaperkrieges ihr Metier von der Pike auf gelernt und waren allmählich zu Schiffshauptleuten aufgestiegen.

Nach alter Tradition verlegten sie sich also bei Kriegsende auf gewöhnlichen Seeraub – zunächst sehr erfolgreich. Dabei kam ihnen vor allem die Uneinigkeit der Ostseeanrainer zugute. So erfolgten anfangs nur vereinzelte Aktionen gegen die Vitalienbrüder. Ihre Gegner behinderten sich auch gegenseitig, wie ein Beispiel aus dem Jahr 1396 zeigt: Eine dänische Flotte traf auf der Jagd nach den Piraten zufällig auf ein hansisches Geschwader. Da die hansischen Flottenführer die Dänen für Vitalienbrüder hielten, griffen sie sofort an. Erst nach einem blutigen und für die Dänen wenig erfolgreichen Seegefecht ließen sich die Hanseaten endlich überzeugen, dass sie es tatsächlich mit dänischen und nicht mit Piratenschiffen zu tun hatten.

Das politische Durcheinander im Ostseeraum ausnutzend, konnten die Vitalienbrüder 1397 sogar das strategisch günstig gelegene Gotland erobern. In der Folgezeit bauten sie die Insel zu einem Piratenstützpunkt aus. Doch als gewöhnliche Piraten ohne politischen Rückhalt hatten sie kaum eine Chance, sich auf Dauer in der Ostsee zu behaupten. Um den Seehandel der preußischen Städte und sein machtpolitisches Interesse gegenüber Dänemark zu sichern, übernahm es schließlich der Hochmeister des Deutschen Ordens, Konrad von Jungingen, das Problem des Piratennests auf Gotland auf seine Weise zu lösen. Mit einem brillant geplanten und durchgeführten Feldzug überraschte er im Frühjahr 1398 die Vitalienbrüder in ihren Winterquartieren. Nur wenige Seeräuber konnten dem Gemetzel entkommen und sich an Bord ihrer Schiffe retten.

Dieser Schlag und die in den nächsten Jahren verstärkt in der Ostsee kreuzenden Kriegsschiffe aus Lübeck und Preußen konnten die Ostsee bis zum Jahr 1400 von der Seeräuberplage befreien. Einem Teil der Vitalienbrüder, darunter auch Gödeke Michels und Klaus Störtebeker, war es jedoch gelungen, sich in die Nordsee zurückzuziehen. Dort trieben sie weiter ihr Unwesen. Dabei operierten sie vor allem zwischen Dollart und Jadebusen, wo sich ihnen geradezu ideale Bedingungen boten: In diesem Bereich gab es keine Hansestädte, und die in unentwegte Fehden verstrickten friesischen Häuptlinge boten den Vitalienbrüdern, die als kampfkräftige Verbündete begehrt waren, bereitwillig Unterschlupf.

Die Hansestädte waren jedoch nicht gewillt, die jetzt in die Nordsee verlagerte Belästigung ihrer Schifffahrt noch weiter hinzunehmen. Daher beschloss der Hansetag im Jahre 1400, ein großes, aus elf Koggen bestehendes Geschwader auszurüsten. Zugleich gingen die Hansestädte Hamburg und Bremen auch auf eigene Faust gegen die Bedrohung ihrer Schifffahrt vor und schickten eigene Schiffe auf Piratenjagd. So gelang es den Hamburger Ratsherren Hermann Lange und Nikolaus Schoke, wahrscheinlich im Jahr 1400, Klaus Störtebeker vor Helgoland zu stellen. In dem Gefecht wurden etwa 40 Vitalier getötet und 70 weitere, darunter auch Störtebeker, gefangen genommen und kurze Zeit später in Hamburg auf dem Grasbrook enthauptet. Nur ein Jahr später gelang es den Hamburgern, auch Gödeke Michels und weitere Kumpanen gefangen zu nehmen und hinzurichten. Der Spuk hatte nun endgültig ein Ende.

Ein Vierteljahrhundert hatte die Bedrohung der hansischen Seewege in Nord- und Ostsee durch die Vitalienbrüder gedauert. In ihrer historischen Bedeutung dürfen sie daher nicht unterschätzt werden. Aber obwohl die Existenz von Störtebeker und Michels durch zeitgenössische Quellen bewiesen ist, bleiben ihre Herkunft und ihre Persönlichkeiten im Dunkel. Unberührt von den nur spärlichen gesicherten Fakten hat sich vor allem die Legende der Vitalienbrüder bemächtigt.

Klaus Störtebeker stieg zum berühmtesten deutschen Piraten auf – obwohl Michels laut Quellen wohl der bedeutendere Vitalier war. Um Störtebeker ranken sich denn auch bis heute zahllose Sagen. Manche Romanschriftsteller und Historiker sahen in ihm gar einen Sozialrevolutionär, einen „Robin Hood zur See", und in den Vitalienbrüdern, die auch „Likedeeler"

genannt wurden, weil sie ihre Beute angeblich zu gleichen Teilen unter sich aufteilten, einen Gegenentwurf zur hierarchisch gegliederten mittelalterlichen Gesellschaft.

Die wenigen zeitgenössischen Quellen stützen eine solche Deutung allerdings nicht. Auch das bekannte Zitat: „Gottes Freund und aller Welt Feind", das gern als Beleg angeführt wird, zeugt eher vom Übermut und von der Überheblichkeit

Dieser Schädel wurde auf dem Hamburger Grasbrook gefunden, vermutlich gehörte er einem der hingerichteten Vitalienbrüder.

der Vitalienbrüder als von einer gesellschaftskritischen Haltung. Weder teilten sie ihr Raubgut untereinander zu gleichen Teilen, noch beschenkten sie die Armen. Wie die Quellen belegen, hatten Störtebeker und seine Halsabschneider nur ein Motiv für ihre Kaperzüge: nackte Habgier. Sie waren keine Sozialrevolutionäre, sondern ganz gewöhnliche Kriminelle.

ZHENG HE
DER CHINESISCHE KOLUMBUS

Es muss ein atemberaubender Anblick gewesen sein: So weit das Auge reicht, bedecken Schiffe das Meer. Einige sind so gewaltig, dass man sie für schwimmende Inseln halten könnte. Während in Europa die Portugiesen zaghaft damit beginnen, mit ihren winzigen Karavellen Schritt für Schritt die unbekannten Küsten Afrikas zu erkunden, schickt China die größte Flotte auf Reisen, die die Welt bis dahin gesehen hat.

Zwischen 1405 und 1433 unternahm der chinesische Admiral und Diplomat Zheng He mit seiner Dschunkenflotte sieben ausgedehnte Entdeckungsfahrten, die seither die Fantasie der Menschen beflügelt haben – bis hin zu Überlegungen, ob chinesische Seefahrer möglicherweise auch Afrika umrundet und Europa entdeckt haben könnten. Aber auch ohne solche vagen Spekulationen bleibt die Geschichte Zheng Hes spektakulär genug.

Erst relativ spät wandte sich China der Seefahrt und dem Seehandel zu. Jahrhundertelang blieben chinesische Seefahrer auf reine Binnen- und Küstenschifffahrt beschränkt. Dazu nutzten sie Flussboote, die mit flachem Boden ohne Kiel und mit fast senkrechten Seitenwänden in der sogenannten Planken- oder Kastenbauweise gezimmert wurden. Später jedoch entwickelte sich daraus die Dschunke, das klassische chinesische Segelschiff mit einem oder mehreren Masten, die bald in zahllosen regionalen Varianten gebaut wurde.

Ihre erste große Epoche erlebte die chinesische Seeschifffahrt während der Zeit der Qin- und der Han-Dynastie zwischen 221 v. Chr. und 220 n. Chr. Die Seehandelsrouten der Chinesen verliefen zu dieser Zeit durch das Gelbe Meer nach Korea und Japan. Bis zum 9. Jahrhundert n. Chr. drangen chinesische Kaufleute bis nach Südostasien und Indien vor. Um 1000 n. Chr. gab es in China bereits eine Vielzahl von Schiffstypen für die Küsten- und Hochseeschifffahrt. In der Zeit der Song-Dynastie zwischen 960 und 1279 entwickelte sich auch die Seeschifffahrt im Südchinesischen Meer. Die chinesischen Kaufleute handelten mit Porzellan, hochwertigen Textilien, vor allem aus Seide, sowie Metallprodukten und tauschten sie gegen Edelsteine, Gewürze, Getreide und Baumwolltextilien ein.

Unter den mongolischen Kaisern der Yuan-Dynastie (1271–1368) segelten chinesische Handelsflotten bis nach Sumatra, Ceylon und Südindien. Aus dieser Zeit stammt auch die erste Beschreibung chinesischer Schiffe aus der Feder eines Europäers. Der aus Venedig stammende Kaufmann Marco Polo (1254–1324) berichtete in seiner Reisebeschreibung von großen, viermastigen Handelsseglern mit 300 Mann Besatzung und Unterkünften für bis zu 60 mitreisende Kaufleute. Marco Polo kannte diese Schiffe aus eigener Anschauung, denn er hatte auf seiner Heimreise nach Europa im Jahr 1292 einen Teil der Strecke auf einer chinesischen Dschunke zurückgelegt. Die Schiffe waren aus Kiefern- oder Tannenholz gebaut und wurden von eisernen Verankerungen zusammengehalten. Ihr Rumpf war doppelt beplankt, sie besaßen bereits ein Heckruder sowie Schotten, die den Rumpf in wasserdicht abgeschlossene Bereiche aufteilten, wie sie an Bord von europäischen Schiffen erst im 19. Jahrhundert üblich wurden. Im Falle eines Lecks verhinderten diese Schotten, dass das ganze Schiff voll Wasser lief und sank.

Zu dieser Zeit verfügten die Dschunken auch bereits über die typische Takelage: An jedem Mast wurde längs zum Schiff ein großes

Nur wenige Denkmäler erinnern in China heute noch an den großen Seefahrer Zheng He wie hier im Zheng He Park in Nanjing in der Provinz Jiangsu.

Luggersegel gesetzt, eine Art Rahsegel, dessen Rah achtern länger war als vorn. Die Segel bestanden aus Matten, die mit Bambusrohren versteift und mit Tauschlingen am Mast befestigt waren, sodass der Zug des Segels gleichmäßig auf die gesamte Stenge verteilt wurde. Die elastischen, oft asymmetrisch, das heißt außerhalb der Mittschiffslinie aufgestellten Masten mussten nur mit wenigen Stagen und Wanten abgestützt werden, und das Segel konnte, anders als auf europäischen Schiffen, ohne größere Schwierigkeiten rund um den Mast geschwenkt werden. Dadurch waren die Dschunken leicht zu handhaben und konnten zudem dicht am Wind gesegelt werden. Alle Segel wurden direkt vom Deck aus bedient.

Mit diesen Dschunken beherrschte China die Meere von Korea und Japan im Norden bis nach Vietnam und Thailand im Süden, als Zheng He um 1371 als Sohn eines Muslims in Kunyang in der Provinz Yunnan im Südwesten Chinas geboren wurde. Seine Familie stammte angeblich von einem frühen mongolischen Gouverneur der Provinz ab. Ebenso soll König Mohammed von Buchara zu seinen Vorfahren gezählt haben. Als er zehn Jahre alt war, wurde Yunnan durch ein Heer der neugegründeten Ming-Dynastie erobert. Zheng He wurde gefangen genommen, kastriert und als Soldat in die Armee geschickt. Da Eunuchen damals selbst in höchsten Staatsämtern eingesetzt wurden, bot sich ihm damit die Chance zum Aufstieg. Bis 1390, als seine Einheit dem Befehl des damals 30-jährigen Prinzen Zhu Di, des Fürsten von Yan, unterstellt wurde, hatte der tüchtige Zheng He bereits den Rang eines Offiziers erreicht. Ebenso hatte er sich als talentierter Diplomat erwiesen und auch einflussreiche Freunde bei Hofe gewonnen.

Im Jahre 1400 erhob sich Zhu Di gegen Kaiser Jianwen, seinen Neffen. Nach einem blutigen Bürgerkrieg bestieg der Prinz zwei Jahre später unter dem Namen Yongle den chinesischen Thron. Als Usurpator musste Yongle seine Herrschaft jedoch zunächst legitimieren und festigen. Daher ließ er die Hauptstadt von Nanking nach Peking verlegen und dort die Verbotene Stadt errichten. Er führte Feldzüge gegen die Mongolen im Norden sowie gegen Vietnam im Süden. Zugleich ließ er eine große Flotte bauen, um seine Macht auch zur See zu demonstrieren. Vertrauen schenkte er vor allem seinen Eunuchen, die keine Familie besaßen und daher ihm allein verpflichtet waren. Auch der ihm treu ergebene Zheng He stieg nun am Hof bis in die höchsten Ämter auf. 1403 wurde er zum Admiral ernannt und mit dem Befehl über die Flotte betraut, mit der er die Meere Südostasiens erkunden sollte. Das eigentliche Ziel der Expedition war jedoch, eine machtvolle Botschaft an die Nachbarn Chinas zu senden und damit alle Zweifel an Yongles Legitimität als Kaiser zu zerstreuen.

Im Jahr 1405 ging Zheng He mit 62 großen und 255 kleineren Schiffen auf seine erste Reise. Die größten Dschunken wurden als „Schatzschiffe" bezeichnet, sie waren rund 120 Meter lang, 50 Meter breit und besaßen eine Wasserverdrängung von 1500 Tonnen. Zum Vergleich: Die *Santa Maria*, das Flaggschiff von Christoph Kolumbus bei der Entdeckung Amerikas im Jahr 1492, war vermutlich nicht mehr als 25 Meter lang und etwa 7 Meter breit. Der Rumpf der gewaltigen Schatzschiffe besaß einen v-förmigen Querschnitt und war im Vergleich zur Länge sehr breit, sodass die Schiffe ruhig und stabil im Wasser lagen. Die Bordwände waren bunt bemalt und reich verziert und die Unterkünfte für die kaiserlichen Gesandten luxuriös ausgestattet. Neun Masten mit roten Segeln trieben die riesigen Dschunken voran. An Bord befanden sich auch Kanonen und Soldaten, die Besatzung bestand aus mehr als 1000 Mann.

Insgesamt waren die Schiffe der Flotte mit fast 28 000 Personen bemannt; neben Seeleuten und Soldaten gehörten dazu auch Kaufleute, Handwerker, Priester und Astrologen. Die Schiffe hatten Seide und Porzellan geladen, die unterwegs gegen Gewürze, edle Hölzer, Edelsteine und wilde Tiere eingetauscht wurden.

Die erste Reise von 1405 bis 1407 führte von Nanking über Vietnam, Java, Malakka und Ceylon bis nach Calicut in Indien, wo die Chinesen Seide und Porzellan gegen Pfeffer einhandelten. Auf der Rückreise bekämpften Zheng He und seine Männer Seeräuber, die den Handel mit Indien störten.

An der zweiten Reise der Schatzflotte nahm Zheng He nicht teil, dafür aber wieder an der dritten, die mit 48 Schiffen und etwa 30 000 Mann Besatzung 1409 erneut nach Indien aufbrach. Auf Ceylon, dem heutigen Sri Lanka, wurden sie wenig freundlich empfangen. Alagonakkara, der König Ceylons, benahm sich feindselig gegenüber den Chinesen. Die nahmen ihn daraufhin gefangen

und brachten ihn 1411 nach Nanking. Auf der Rückfahrt besuchten sie die Insel Sumatra.

1413 lief Zheng He mit 63 Schiffen und 28 560 Mann Besatzung zur vierten Reise der Schatzflotte aus, die ihn bis nach Hormuz am Persischen Golf führte. Ein Teil der Flotte fuhr entlang der Ostküste von Afrika bis nach Mosambik, während ein anderer Mekka und Ägypten besuchte. 1415 kehrte die reich beladene Flotte nach Nanking zurück. Mit an Bord waren die Gesandten aus mehr als 30 Ländern Süd- und Südostasiens, die dem chinesischen Kaiser ihren Respekt erweisen wollten.

Bronzestatue des Kaisers Yongle: Unter seiner Herrschaft begann Zheng He mit seinen Entdeckungsreisen.

Die fünfte Reise dauerte von 1417 bis 1419 und führte wiederum zum Persischen Golf und zur Ostküste Afrikas. Die sechste Reise, die ab 1421 über Südostasien, Indien und den Persischen Golf bis nach Afrika führte, hatte den Hauptzweck, die ausländischen Botschafter wieder nach Hause zu bringen. 1422 kehrten die Schiffe nach China zurück.

1424 starb Kaiser Yongle. Sein Sohn und Nachfolger Hongxi befahl sogleich, die Reisen der Schatzflotte einzustellen, und ernannte Zheng He zum Militärkommandanten Nankings, das er wieder zur Hauptstadt gemacht hatte. Doch schon 1425 starb Hongxi. Sein Nachfolger Xuande ließ die Schatzflotte wieder instand setzen und gab Zheng He im Jahr 1431 den Auftrag, mit 100 Schiffen und 27 500 Mann erneut auf die Reise zu gehen. Ziele waren wiederum die Länder Südostasiens, Indien, der Persische Golf sowie die ostafrikanische Küste. 1433 kehrten die Schiffe zurück.

Entweder während der Reise oder kurz nach seiner Rückkehr nach China verstarb Zheng He. Die Berichte über seinen Tod sind widersprüchlich. Die Fahrten der Schatzflotte hatten ihn bis nach Indien, Ostafrika und in das Rote Meer geführt. Mit seinen Dschunken war er rund 50 000 Kilometer weit gesegelt. Im Gegensatz zu den Expeditionen europäischer Entdecker waren die Beweggründe für diese Reisen aber weder die Eroberung fremder Länder noch wissenschaftliches Interesse noch der Wunsch nach neuen Handelskontakten gewesen. Es ging den Chinesen vielmehr vor allem darum, den Ländern rund um den Indischen Ozean die Macht und die Herrlichkeit des chinesischen Reiches zu demonstrieren. Es gibt jedoch auch Spekulationen darüber, dass die maritimen Expeditionen Zheng Hes in erster Linie dazu dienten, den hochrangigen Beamten in eine Art maritimes Exil zu schicken. Möglicherweise war er in einen Staatsstreich verwickelt und sollte daher außer Landes gebracht werden.

Doch unabhängig von der Frage nach den wahren Motiven für die Expeditionen stießen die Reisen des Zheng He von Anfang an auf das tiefe Missfallen der mächtigen konfuzianischen Konservativen am Hofe. Nach dem Tod von Kaiser Xuande im Jahr 1435 wurden die Entdeckungsfahrten daher endgültig eingestellt, und die Ming-Kaiser nahmen die traditionelle chinesische Politik der Selbstisolation wieder auf. Die Aufzeichnungen Zheng Hes wurden vernichtet, und China schottete sich erneut von der Außenwelt ab. Einmal mehr zog sich das Land fast völlig von der See zurück. Nach dem Willen der Ming-Kaiser sollten ihre Untertanen China nicht verlassen und Fremde nicht einreisen dürfen. Die Seefahrt wurde eingeschränkt und der Bau mehrmastiger Schiffe schließlich sogar verboten. Die chinesische Flotte schrumpfte bis 1500 auf ein Zehntel ihrer einstigen Größe. Als 1513 die ersten portugiesischen Schiffe die chinesische Küste erreichten, war von der einstigen See- und Flottenmacht kaum etwas geblieben. 1557 durften sich die Neuankömmlinge in Macao niederlassen, das sich bald zum Zentrum des portugiesischen Handels in Ostasien entwickelte. Lange Zeit blieb dies der einzige chinesische Außenhandelshafen. Während sich China weitgehend von allen äußeren Einflüssen abschottete, errichteten die Europäer in Asien ihre Kolonialreiche. Dabei unterwarfen sie die Länder, die Zheng He einst besucht hatte.

Gleichwohl hatten die Reisen Zheng Hes etwas bewirkt: China hatte mehr von der Welt erfahren, und die Auswanderung nahm zu. Vor allem Kaufleute aus den Südprovinzen verließen ihre Heimat. Sie ließen sich in den Ländern Südostasiens nieder und errichteten Handelsnetzwerke, die bis in das 19. Jahrhundert erhalten blieben.

Nur wenig erinnert heute in China noch an den großen chinesischen Seefahrer Zheng He. Nahe Nanking befindet sich ein Sarkophag, der offiziell als sein Grab gilt, obwohl er leer ist. Ebenso existieren noch drei der Trockendocks, in denen einst die gewaltigen Schatzschiffe gebaut worden waren.

Dieses Modell einer chinesischen Dschunke stammt aus dem frühen 20. Jahrhundert. Seit der Zeit des großen Seefahrers Zheng He hat sich die Bauweise der Schiffe kaum verändert.

ANDREA DORIA
DER ADMIRAL KARLS V.

Fünf Tage vor seinem 94. Geburtstag drehte sich Andrea Doria am 25. November 1560 zur Wand und starb. Es grenzte an ein Wunder, dass diesem Krieger ein friedlicher Tod vergönnt war. Denn der Mann, dessen Name heute allenfalls durch den Untergang des nach ihm benannten Passagierschiffs 1956 oder durch Udo Lindenbergs Hit „Alles klar auf der Andrea Doria" bekannt ist, war einer der bedeutendsten Flottenführer des 15. und 16. Jahrhunderts. In seinem langen, ereignisreichen Leben diente er der Republik Genua, dem König von Frankreich und Kaiser Karl V.

Damit spiegelt sich in seiner Biografie auch die komplizierte politische Lage im Europa jener Jahre wider. Byzanz hatte lange Zeit als einzige Großmacht den Mittelmeerraum beherrscht. Doch im 7. Jahrhundert trat mit dem Islam ein neuer, mächtiger Gegner auf den Plan. Jahrhundertelang wurde die Region daraufhin vom Konflikt zwischen Christen und Muslimen dominiert.

Dennoch kam die Schifffahrt im Mittelmeer nicht zum Erliegen – im Gegenteil. Es herrschte ein lebhafter Handels- und Passagierverkehr in alle Richtungen. Vor allem die italienischen Seerepubliken wurden durch diesen Handel reich. Venedig und Genua schufen sich darüber hinaus mit Hilfe ihrer starken Flotten seit dem 13. Jahrhundert große Kolonialreiche im östlichen Mittelmeer. Die wachsende Rivalität zwischen beiden Städten führte jedoch bald zu einem anhaltenden Konflikt. Schließlich musste Genua im Turiner Frieden von 1381 die Vorherrschaft Venedigs im östlichen Mittelmeer anerkennen. Zugleich geriet die Stadt in der Folgezeit immer mehr unter den Einfluss fremder Mächte. Ab 1396 stand Genua nacheinander unter der Herrschaft Mailands,

Neapels, Frankreichs und der Markgrafschaft Montferrat.

Zur selben Zeit dehnten auch die osmanischen Türken ihr Herrschaftsgebiet immer weiter aus. Das brachte nicht nur das finanziell und militärisch zerrüttete Byzantinische Reich, sondern auch die Venezianer in Bedrängnis, deren Vorherrschaft im östlichen Mittelmeer nun zu schwinden begann. 1453 eroberten die Osmanen Konstantinopel. Damit endete das Byzantinische Reich. Gleichzeitig verschob sich die Machtbalance zur See im östlichen Mittelmeer endgültig zugunsten der Türken. Im westlichen Mittelmeer wiederum bot die Vertreibung der Muslime von der Iberischen Halbinsel und das Ausgreifen Spaniens nach Nordafrika den Anlass für einen jahrhundertelangen Kaperkrieg muslimischer Korsaren gegen die christlichen Mächte.

In diese Zeit der politischen Wirren und Umbrüche wurde am 30. November 1466 Andrea Doria in Oneglia im Herzogtum Mailand als Spross einer alten Genueser Adelsfamilie geboren. Seit dem 12. Jahrhundert gehörten die Dorias zu den dominierenden Familien der Stadt und hatten viele politische und militärische Führer gestellt. Früh verwaist, ergriff der junge Doria eine militärische Karriere und verdingte sich als Condottiere, also als Söldnerführer, im Dienst von Papst Innozenz VIII. und anderer italienischer Fürsten, darunter König Ferdinand I. von Neapel und dessen Sohn Alfons II. Damals führten die italienischen Staaten fast kontinuierlich Krieg gegeneinander, sodass an Beschäftigung für einen tüchtigen Soldaten wie Andrea Doria kein Mangel herrschte.

Aber obwohl er sich zunächst bei fremden Fürsten verdingte, blieb Doria seiner Heimat Genua verbunden. 1501 trat er in den Dienst

Der manieristische Maler Agnolo Bronzino stellte seinen Zeitgenossen Andrea Doria als Neptun dar, als Beherrscher des Meeres und der Flüsse. Das Gemälde lässt erahnen, welche Macht der Genueser Condottiere zu seinen Lebzeiten auf sich vereinigte.

der Stadt, die schon bald von seinen Talenten profitieren sollte. Von 1503 bis 1506 half er seinem Onkel Domenico, einen Aufstand gegen die Herrschaft der Genueser auf der Insel Korsika niederzuschlagen. Außerdem rüstete er acht Galeeren aus und wurde 1513 zum Admiral der genuesischen Galeerenflotte ernannt. 1519 gelang ihm ein bedeutender Sieg über die Türken bei Pianosa. Dieser und andere Erfolge im Kampf gegen die Osmanen und die nordafrikanischen Barbareskenkorsaren, die damals das Mittelmeer unsicher machten, stärkten nicht nur Dorias Reputation als militärischer Führer, sondern machten ihn auch zu einem wohlhabenden Mann.

Der Aufstieg der Barbaresken hatte mit den Brüdern Haruk und Hayr Yaqub begonnen, die den Beinamen Barbarossa trugen. Sie entstammten einer griechischen Familie, die zum Islam übergetreten war. In seiner Jugend war der 1473 geborene Haruk von Christen gefangen genommen worden und hatte mehrere Jahre als Galeerensklave dienen müssen. Nachdem er seine Freiheit zurückerlangt hatte, wurde er Seeräuber. Sein jüngerer Bruder Hayr Yaqub schloss sich ihm an. Beide waren hervorragende Seeleute und furchtlose Kämpfer. Ihre überraschenden Angriffe machten sie bald zu den gefürchtetsten Piraten des Mittelmeeres. 1516 schwang sich Haruk zum Herrn über die Stadt Algier auf, fiel aber 1518 in einem Gefecht gegen die Spanier, worauf sein Bruder Hayr Yaqub seinen Platz an der Spitze der algerischen Korsaren einnahm.

Hayr Yaqub war nicht nur ein gefürchteter Korsar, sondern auch ein kluger Politiker. Er unterwarf sich dem Sultan in Istanbul und verschaffte sich so nicht allein politische Legitimität, sondern auch Nachschub an Kanonen, Munition und Soldaten. Zugleich verlieh ihm der Sultan den Ehrentitel Chaireddin (Vertreter der besten Religion). In den folgenden Jahren baute Chaireddin die Stadt Algier zu einem gut geschützten Stützpunkt aus, von dem aus er mit seinen Schiffen das westliche Mittelmeer kontrollierte. Um 1530 standen bereits mehr als 40 Schiffe unter seinem Befehl. Auf diese Weise wurde er zum direkten Gegenspieler des genuesischen Admirals: Immer wieder sollten Chaireddin und Andrea Doria in den folgenden Jahrzehnten die Klingen kreuzen.

Seit den Tagen des Themistokles und des Agrippa waren geruderte Galeeren die bevorzugten Kriegsschiffe im Mittelmeer. Die Konstruktion hatte sich jedoch in den Jahrhunderten grundlegend geändert. Anstelle mehrerer übereinander angeordneter Ruderreihen besaßen die Galeeren im 15. Jahrhundert nur noch eine Ruderreihe mit langen, schweren Riemen, die von mehreren Männern bewegt wurden. Doch statt freier Männer wie auf den griechischen und römischen Kriegsschiffen dienten nun zunehmend Sklaven als Ruderer – auf christlichen Galeeren schufteten muslimische Gefangene, auf muslimischen Ruderbänken christliche Häftlinge.

Wer damals das Pech hatte, auf See dem Feind in die Hände zu fallen, wurde entweder bis zur Zahlung eines Lösegelds festgehalten oder als Sklave verkauft. Wer als Sklave ungeeignet war oder kein Lösegeld einbrachte, wurde getötet. Damit sie sich nicht gegen ihre Peiniger erhoben, waren die Rudersklaven an Bord an ihre Ruderbank gekettet. Auf ihren Duchten vegetierten sie im Schmutz und ohne Schutz vor der Witterung. Zwischen 10 und 20 Stunden mussten die Galeerensklaven täglich an den Riemen Schwerstarbeit leisten. Wer nicht hart genug ruderte, wurde gnadenlos ausgepeitscht. Wer den Strapazen erlag, dessen Leiche wurde ohne viel Federlesens über Bord geworfen.

Ebenso wie ihre antiken Vorgänger waren die schnellen und wendigen Galeeren des Mittelalters nur beschränkt seetüchtig und operierten daher meist in Küstennähe. Wie die antiken Trieren konnten sie bei günstigem Wind auch gesegelt werden, besaßen aber statt der viereckigen Rahsegel große, dreieckige Lateinersegel an langen, schräggestellten Rahen. Sie trugen am Bug Kanonen, die aber nur in Längsschiffsrichtung schießen konnten. Das Gefecht wurde jedoch meist nicht durch Artilleriebeschuss, sondern durch den blutigen Kampf Mann gegen Mann entschieden. In der Regel versuchten die auf den Galeeren eingeschifften Soldaten daher, die feindlichen Schiffe zu entern und deren Besatzung niederzumachen.

Mit seinen Galeeren kämpfte Andrea Doria viele Jahre gegen die Barbareskenkorsaren und die osmanische Flotte. Doch 1522 trat ihm ein neuer, mächtiger Gegner entgegen: Karl V., König von Spanien und Kaiser des Heiligen Römischen Reiches Deutscher Nation, fiel in Italien ein, eroberte Dorias Heimatstadt Genua und vertrieb die profranzösische Partei aus der Stadt. Dorias vordringlichstes Ziel jedoch war die Unabhängigkeit seiner Heimatstadt. Daher trat er in den Dienst von dessen Erzfeind, König Franz I. von Frankreich, der ihn zum Oberbefehlshaber der französischen Mittelmeerflotte ernannte.

In dieser neuen Funktion versuchte Doria, mit seinen Schiffen den Nachschub der kaiserlichen Truppen zu stören, die unterdessen auch in die Provence eingefallen waren. 1524 zwang er sie, die Belagerung der Stadt Marseille aufzuheben. Franz I. war jedoch in der Schlacht von Pavia dem kaiserlichen Heer unterlegen und in Gefangenschaft geraten, und so bot Doria Papst Clemens VII. seine Dienste an. Fürs Erste musste er seine Hoffnung, Genua von den kaiserlichen Truppen zu befreien, aufgeben.

Doch bereits 1527 änderte der Frieden von Madrid erneut die Lage. Franz I. wurde aus der Gefangenschaft entlassen und nahm den Kampf gegen Karl V. wieder auf. Doria schloss sich ihm erneut an, und kurz darauf gelang es ihm mit französischer Hilfe, die kaiserlichen Truppen aus Genua zu vertreiben und eine nominell unabhängige Republik unter französischer Schutzherrschaft zu errichten. In Doria regte sich allerdings Misstrauen gegenüber dem französischen König. Er fühlte sich von Franz I.

🚢 Chaireddin Barbarossa galt als der gefürchtetste Korsar seiner Zeit. Er stammte von der Insel Lesbos und zog um 1500 herum gemeinsam mit seinem älteren Bruder Haruk nach Nordafrika, wo sie sich in den folgenden Jahren ein eigenes Herrschaftsgebiet eroberten.

Im ausgehenden 16. Jahrhundert schuf Cristoforo Grassi diese Ansicht des Genueser Hafens. Handel und Schifffahrt waren damals für die Stadt überlebenswichtig.

ungerecht behandelt: Dieser hatte den versprochenen Sold nicht bezahlt und die vereinbarte Übergabe der Stadt Savona, auf die Genua Ansprüche erhob, verzögert.

Im Jahr darauf nahm Andrea Doria an der Belagerung Neapels teil, das seit 1503 unter der Herrschaft der spanischen Habsburger stand. Die Franzosen schlossen die Stadt zu Lande ein, während die genuesische Flotte unter Dorias Befehl Neapel von See aus blockierte. Auch eine spanische Hilfsflotte konnten die Genueser zurückschlagen. Dies jedoch war Dorias letzte Tat im Dienste der Franzosen. Nicht zuletzt weil er eine französische Dominanz über Genua fürchtete, wechselte er die Seiten. Er schloss sich seinem früheren Gegner Kaiser Karl V. an. Zugleich rief er die genuesische Galeerenflotte aus Neapel zurück. Im

September 1528 vertrieb er die Franzosen aus seiner Heimatstadt, die er nun dem Schutz des Kaisers unterstellte. Nach mehr als 100 Jahren war es Doria damit gelungen, die Unabhängigkeit Genuas wieder herzustellen. Die Genueser bereiteten ihm einen begeisterten Empfang. Und auch von Karl V. wurde Doria reich belohnt. So ernannte ihn der Kaiser zum Großadmiral der kaiserlichen Flotte und zum Fürsten von Melfi. Für Karl V. war Andrea Doria in den folgenden Jahren ein unersetzlicher Verbündeter in seinen Konflikten mit Frankreich. Ebenso bediente er sich seiner Dienste, um seine Herrschaft über ganz Italien auszudehnen.

Auch wenn er kein offizielles Staatsamt innehatte, besaß Doria von nun an in Genua großen politischen Einfluss, den er bis zu seinem Tod bewahren konnte. Als neuer Herrscher der Stadt beseitigte er die unterschiedlichen Parteien, deren Machtkämpfe die Republik erschüttert hatten, und schuf eine neue, oligarchische Verfassung. Fortan hielten die führenden Adelsfamilien der Stadt die Macht fest in den Händen. Das von Doria geschaffene Regierungssystem hatte bis zur Besetzung Genuas durch französische Truppen unter Napoleon Bonaparte im Jahr 1797 Bestand.

Zugleich diente Doria auch immer wieder als Flottenführer im Kampf gegen die muslimischen Mächte des Mittelmeeres. Auch hier war er erfolgreich: 1532 unternahm er einen Plünderungszug entlang der Küste Griechenlands, das damals zum Osmanischen Reich gehörte, und eroberte die Städte Koron und Patras.

Seine Siege sorgten bald für Aufsehen, und zwar nicht nur bei den christlichen Mächten, sondern vor allem in Konstantinopel. Darum hob der Sultan zum Gegenschlag an. Er beorderte Chaireddin zu sich, ernannte ihn zum Kaputan Pascha, zum oberster Admiral, und schickte ihn 1534 mit einer neu erbauten Flotte von Istanbul aus zu einer Kaperfahrt in das westliche Mittelmeer. Karl V. bemühte sich vergeblich, das weitere Vordringen des Osma-

zur See eine empfindliche Niederlage beibringen konnte, gelang es dem Korsaren zu entkommen. Bereits im folgenden Jahr verheerten seine Galeeren die Balearen.

Dann zog sich Chaireddin wieder nach Algier zurück, von wo aus er seine erfolgreichen Kaperzüge fortsetzte. 1538 gerieten die Widersacher jedoch erneut aneinander. In der Seeschlacht von Preveza gelang es Chaireddin, an der griechischen Westküste eine spanisch-genuesisch-venezianische Flotte unter dem Befehl von Andrea Doria zu besiegen. Es ist bezeichnend für Dorias Ruf als verschlagener Söldner, dass viele seiner Zeitgenossen ebenso wie manche Historiker der Überzeugung waren, er habe die Schlacht absichtlich verloren, um sich an den Venezianern, den traditionellen Feinden Genuas, zu rächen.

Im Jahr 1541 unternahm Kaiser Karl V. erneut einen Feldzug nach Nordafrika. Doch sein Versuch, die Korsarenstadt Algier zu erobern, scheiterte. Ein Sturm zerstörte einen Teil der Flotte. Unter Verlust von 14 Kriegs- und 150 Transportschiffen gelang Karl V. schließlich der Rückzug. Andrea Doria hatte im Vorfeld dringend von diesem Unternehmen abgeraten, sich aber dennoch daran beteiligt. Vor allem seine geschickte Verteidigung während des Rückzugs bewahrte das kaiserliche Heer vor der vollständigen Vernichtung.

Kaiser Karl V. stand nun fast allein im Kampf gegen die Türken, denn Franzosen und Osmanen taten sich immer häufiger zusammen. 1542 unterstützte eine Flotte unter dem Befehl Chaireddins das französische Heer sogar bei der Eroberung Nizzas. 1544 jedoch führte Chaireddin zum letzten Mal seine Flotte zu einem Plünderungszug, diesmal entlang der Küsten von Kalabrien und Katalonien. Die Jahre, die ihm noch blieben, verbrachte er in Konstantinopel. Bis zu seinem Tod 1546 gehörte Chaireddin dort zu den einflussreichsten Personen am Hof des Sultans.

Als Karl V. und Franz I. im Jahr 1544 Frieden schlossen, war Doria 78 Jahre alt. Dennoch zog er sich nicht in den Ruhestand zurück. Ob-

Tizian schuf dieses Gemälde von Karl V. im Jahr 1548. Der Kaiser sah eine seiner vordringlichsten Aufgaben darin, das christliche Abendland vor den muslimischen Osmanen zu beschützen.

nischen Reiches zu verhindern: Noch im selben Jahr eroberte Chaireddin die Stadt Tunis.

Vor allem die Kriege zwischen Frankreich und Spanien verhinderten damals ein gemeinsames Vorgehen der christlichen Staaten. Der gemeinsame Feind Spanien bewog Frankreich und das Osmanische Reich 1535 sogar dazu, ein Bündnis einzugehen. Doch Karl V. war nicht bereit, die Eroberung von Tunis durch Chaireddin hinzunehmen. Er zog Truppen sowie eine Flotte von 500 Schiffen zusammen und bereitete eine Landung in Nordafrika vor. Unter aktiver Beteiligung von Doria und seiner Flotte eroberte das kaiserliche Heer die Stadt zurück und vertrieb Chaireddin. Obgleich Doria seinem Erzfeind

gleich er um einige Jahre älter war als sein Gegenspieler Chaireddin, verfügte er offenbar über unerschöpfliche Energiereserven. Und so stand Doria weiter an der Spitze der genuesischen Flotte. Seine politische Führungsrolle in Genua blieb dagegen nicht unangefochten. Er hatte sich zahlreiche Feinde unter den frankreichfreundlichen Familien in der Stadt gemacht. Immer wieder wurde er das Ziel von Intrigen.

Im Jahr 1547 schmiedete sein Kontrahent Giovanni Luigi Fieschi ein von König Franz I. und Pier Luigi Farnese, dem Herzog von Parma, unterstütztes Komplott. Sie planten, Doria zu stürzen. Am 2. Januar schlugen die Verschwörer zu. Sie besetzten die Stadttore sowie die Galeeren im Hafen und erschlugen Andrea Dorias Neffen Giannettino, den Fieschi verdächtigte, der Liebhaber seiner Frau zu sein. Andrea Doria selbst gelang es, aus der Stadt zu entkommen. Fieschi hingegen ertrank bei dem Versuch, eine der im Hafen liegenden Galeeren zu entern. An den übrigen Verschwörern nahm Doria später blutige Rache. In seinem Schauspiel „Die Verschwörung des Fiesco zu Genua" setzte Friedrich von Schiller diesen dramatischen Ereignissen 1783 ein literarisches Denkmal. Bereits ein Jahr nach dem ersten Komplott schlug Doria eine weitere Verschwörung mit entschlossener Brutalität nieder. Es folgten weitere Konspirationen gegen ihn und seine Familie, doch sie scheiterten alle.

1550 führte Andrea Doria wieder eine Flotte gegen die Barbareskenkorsaren und 1553 eine Streitmacht gegen die Franzosen nach Korsika, wo er zwei Jahre kämpfte. Seine Unternehmungen waren aber nicht mehr im selben Maße von Erfolg gekrönt wie früher. Nach einem letzten Feldzug gegen die Franzosen gab Andrea Doria 1555 seine militärischen Ämter im hohen Alter von 88 Jahren auf und zog sich ins Privatleben zurück. Er verbrachte seinen Lebensabend zurückgezogen als sehr wohlhabender Mann und starb kurz vor seinem 94. Geburtstag am 25. November 1560.

Andrea Doria gilt als einer der größten und brillantesten Admirale seiner Zeit. Er war das Musterbeispiel eines Renaissance-Condottiere. So besaß er herausragende taktische und strategische Fähigkeiten, die ihn zu einem bedeutenden militärischen Führer machten, aber zugleich einen höchst widersprüchlichen Charakter. Einerseits mutig, einfallsreich und unermüdlich, war er andererseits gierig, rachsüchtig und grausam. Als machiavellistischer Machtmensch schien er jederzeit bereit, die Seiten zu wechseln, sei es, weil ihm ein besseres Angebot gemacht wurde, sei es, weil es ihm gerade so gefiel. Seine einzige und wahre Loyalität galt seiner Heimatstadt Genua, deren Freiheit von ausländischen Mächten er erkämpfte und der er nach langen Jahren innerer Konflikte eine neue, stabile Verfassung gab.

Giovanni Luigi di Fieschi gefiel es nicht, dass Andrea Doria die Stadt unter den Schutz Karls V. stellte, nachdem er sich vom französischen König losgesagt hatte. Die von ihm angeführte Revolte gegen Dorias Herrschaft bezahlten er und seine Mitverschwörer mit ihrem Leben.

SØREN NORBY
ADMIRAL EINES
ENTTHRONTEN KÖNIGS

Mit der Vertreibung der Vitalienbrüder war die Zeit der großen Kaperzüge in der Ostsee vorbei, auch wenn Piraten und Auslieger nach wie vor die Seewege unsicher machten. Doch rund 120 Jahre nach den Hinrichtungen von Klaus Störtebeker und Gödeke Michels trat mit Søren Norby ein legitimer Nachfolger in das Rampenlicht der Geschichte. Wie einst die Vitalienbrüder nutzte auch er die Uneinigkeit der Ostseeanrainer zu seinem Vorteil und brachte den Seehandel auf der Ostsee zeitweilig fast zum Erliegen.

Søren Norby, der auch unter der latinisierten Form seines Vornamens als Severin Norby bekannt ist, wurde vermutlich um 1480 als Spross einer adligen Familie auf der dänischen Insel Fünen geboren. In einer Zeit der politischen und ökonomischen Umwälzungen diente er den dänischen Königen Johann (1481–1513) und Christian II. (1513–1523) als Admiral und Heerführer.

Der dominierende Konflikt im Norden Europas war damals der Streit um den Fortbestand der Kalmarer Union. 1397 waren die drei skandinavischen Königreiche Dänemark, Norwegen und Schweden unter einer Krone vereint worden. Doch die von Dänemark dominierte Union war brüchig: Während die dänischen Unionskönige in Norwegen die Zügel fest in der Hand hielten, begannen sich die Schweden schon bald gegen die dänische Vorherrschaft zu wehren und nach Unabhängigkeit zu streben. Nur mit Mühe – und oft genug allein mit Waffengewalt – konnten die dänischen Könige die Union der drei nordischen Reiche aufrechterhalten.

Auch für die Hansestädte war es kaum möglich, in diesem Konflikt neutral zu bleiben. Sowohl Dänemark als auch Schweden versuchten, Lübeck und die Hanse als Bündnispartner zu gewinnen. Dies konnte eine Zeit lang darüber hinwegtäuschen, dass sich die Hanse seit dem Ende des 14. Jahrhunderts politisch und wirtschaftlich im Niedergang befand. Der Aufstieg der Territorialstaaten und der damit verbundene Machtzuwachs der Fürsten bedrohte in zunehmendem Maße die traditionelle Vormachtstellung Lübecks im Ostseeraum. Neue Konkurrenten, insbesondere die Niederländer, boten den skandinavischen Königreichen die willkommene Möglichkeit, sich von der ökonomischen Dominanz der Hanse zu befreien. Zudem wurde der innere Zusammenhalt der Hanse durch eine wachsende Uneinigkeit zwischen den Mitgliedstädten weiter geschwächt.

Zum ersten Mal machte Søren Norby auf sich aufmerksam, als er im Jahre 1509 die finnische Provinz Åland von den aufständischen Schweden eroberte. 1510 führte die wiederholte Verletzung der hansischen Handelsprivilegien durch Dänemark zum Ausbruch des sogenannten dänisch-lübischen Seekrieges, in dem es den Dänen mit ihrer neu geschaffenen Flotte zum ersten Mal gelang, den Lübeckern die Seeherrschaft in der Ostsee streitig zu machen. 1511 nahm Søren Norby an einer unentschieden verlaufenen Seeschlacht mit der lübischen Flotte teil. 1512 endete der Krieg mit dem Frieden von Malmö, in dem die Lübecker erstmals den freien Zugang der konkurrierenden Niederländer zur Ostsee offiziell anerkennen mussten. Immer deutlicher zeichnete sich ab, dass die Tage der Vorherrschaft Lübecks in der Ostsee gezählt waren.

Offenkundig war Norby ein fähiger Mann, und er machte rasch Karriere. 1514 wird er als

Inhaber der Lehnsherrschaft Haraldsborg bei Roskilde erwähnt; ein Jahr später als „Höfvitsman" (königlicher Statthalter) auf Island. 1517 wurde Søren Norby zum Oberbefehlshaber der dänischen Flotte und zum königlichen Statthalter der damals unter dänischer Herrschaft stehenden Insel Gotland ernannt.

In diesen Jahren flackerte auch der seit Langem schwelende Konflikt um die Kalmarer Uni-

on wieder auf. Ebenso wie seine Vorgänger versuchte auch der seit 1513 regierende dänische König Christian II., Schweden seiner Herrschaft zu unterwerfen. Bereits 1512 hatten die Schweden den Adligen Sten Sture den Jüngeren, der einen Ausgleich mit Dänemark ablehnte, zum Reichsverweser oder Statthalter des Königs gewählt. Im Sommer 1517 fiel Christian II. in Schweden ein, erlitt jedoch eine schwere Niederlage im

Kampf gegen ein schwedisches Aufgebot unter Sten Sture. Der dänische König ließ sich jedoch durch diesen Misserfolg nicht entmutigen und setzte den Krieg in den folgenden Jahren weiter fort. Dabei wurde Christian II. von Søren Norby tatkräftig unterstützt: 1519 eroberte der dänische Admiral die schwedischen Inseln Øland und Borgholm und blockierte ab Mai 1520 mit seiner Flotte den Hafen von Stockholm.

Das Jahr 1520 brachte die Entscheidung: Mit einem von seinen Zeitgenossen bewunderten Winterfeldzug fiel Christian II. erneut in Schweden ein. In Västergötland gelang es ihm, das schwedische Heer unter Sten Sture zu stellen und vernichtend zu schlagen, wobei dieser tödlich verwundet wurde. Damit brach der schwedische Widerstand zusammen: Im März 1520 erkannte der schwedische Adel Christi-

Dieser Kupferstich zeigt den Einzug Christians II. in Stockholm am 7. September 1520. Seine Herrschaft über die Schweden sollte allerdings nur drei Jahre währen, dann wurde er vertrieben.

an II. offiziell als Herrscher an, doch erst nachdem sich Anfang September auch die schwedische Hauptstadt ergeben hatte, ließ dieser sich am 4. November 1520 in Stockholm zum schwedischen König krönen.

Als typischer Renaissancefürst betrieb Christian II. eine rücksichtslose Machtpolitik. Dabei schreckte er auch nicht vor Gewalt zurück. Nur drei Tage nach seiner feierlichen Krönung ließ der rachsüchtige König am 7. November 1520 mehr als 80 seiner schwedischen Gegner aus fadenscheinigen Gründen hinrichten. Diesem berüchtigten „Stockholmer Blutbad" folgten zahlreiche Exekutionen im ganzen Land, was Christian II. in Schweden den Beinamen „der Tyrann" einbrachte.

Das „Stockholmer Blutbad" markierte den Anfang vom Ende der Herrschaft Christians II. Wenig später brach in Schweden ein erneuter Aufstand unter der Führung von Gustav Wasa, dem Neffen Sten Stures, aus, der von Lübeck unterstützt wurde.

Nach wie vor stand Søren Norby treu zu seinem König: Er kämpfte gegen die Aufständischen in der schwedischen Provinz Dalarna und vertrieb die Schweden aus Finnland und von den Åland-Inseln. Doch trotz dieser Erfolge entwickelte sich der Krieg für Christian II. alles andere als günstig. Dank seines unnachahmlichen Talents, sich überall nach Kräften unbeliebt zu machen, war es ihm schließlich gelungen, seine Gegner Lübeck und Schweden, die durch seine adelsfeindliche Politik aufgebrachten dänischen Magnaten sowie seinen Onkel, den schleswig-holsteinischen Herzog Friedrich I., gegen sich zu vereinigen. 1523 geriet Christian II. in eine militärisch so aussichtslose Lage, dass er in die Niederlande floh, die damals zum Herrschaftsbereich seines Schwagers, des deutschen Kaisers Karl V., gehörten.

Die politische Landschaft Nordeuropas wurde nun völlig neu geordnet. Gustav Wasa wurde zum schwedischen König gewählt, während Christians Onkel als Friedrich I. den dänischen und norwegischen Thron bestieg. Damit war die Union der drei nordischen Königreiche Dänemark, Schweden und Norwegen endgültig zerbrochen.

Nur auf Gotland saß mit Søren Norby noch ein letzter Getreuer des vertriebenen dänischen Königs. Seit den Tagen der Vitalienbrüder im ausgehenden 14. Jahrhundert war die Ostseeinsel eine beliebte Operationsbasis für Seeräuber und Kaperfahrer, die von hier aus bequem alle wichtigen Handelsrouten stören konnten.

Auch Norby nutzte die strategisch günstige Lage Gotlands für ausgedehnte Raubzüge in der Ostsee. Zugleich verfügte er mit der Stadt Visby über einen gut befestigten und nur schwer einzunehmenden Stützpunkt. Zwar waren die Kapereien Norbys allen Ostseeanrainern ein Dorn im Auge, doch wurde ein gemeinsames Vorgehen gegen das Piratennest Gotland durch den Umstand erschwert, dass nicht nur Dänemark und Schweden, sondern auch Lübeck ein lebhaftes Interesse an der Herrschaft über die Insel hatte. Die sich dadurch abzeichnenden Konflikte zwischen den Ostseemächten boten einem geborenen Unruhestifter wie Søren Norby ein geradezu ideales Betätigungsfeld, um durch geschicktes Taktieren die gegnerischen Mächte gegeneinander auszuspielen und so die ohnehin schon komplizierte politische Situation in der Ostsee noch undurchsichtiger zu machen.

Als es im Mai 1524 zu einer von Lübeck inoffiziell unterstützten schwedischen Invasion auf Gotland kam, begannen die Dänen daher sofort, diplomatischen Druck auf Schweden auszuüben, die ihrerseits auf lübischen Beistand hofften. Da aber die Lübecker keinen Krieg mit Dänemark riskieren wollten und aus diesem Grund dem schwedischen König Gustav Wasa ihren Beistand aufkündigten, mussten sich die schwedischen Truppen schließlich wieder zurückziehen. Vom lübischen Verhalten mehr als enttäuscht, begannen die Schweden nun, ihre engen Beziehungen zu ihrem

Seekrieg zur Hansezeit

Angriffe von Seeräubern und feindlichen Kriegs- und Kaperschiffen bedeuteten eine ständige Gefahr für die reich beladenen hansischen Handelssegler. Die Hansestädte versuchten, sich dagegen zu schützen, indem sie ihre Handelsschiffe zu Konvois zusammenfassten und ihrerseits Kriegsschiffe ausrüsteten, was allerdings sehr hohe Kosten verursachte.

Kam es zum Krieg, waren die Hansestädte in der Lage, schnell große Flotten aufzustellen: Sie rüsteten einfach eine Anzahl Handelsschiffe zu Kriegszwecken um. Zugleich verfügten die hansischen Seeleute häufig über beträchtliche Kampferfahrung durch Piratenüberfälle oder die Abwehr feindlicher Kriegsschiffe. Hinzu kamen im Kriegsfall Aufgebote der wehrpflichtigen Stadtbürger. Seit dem 13. Jahrhundert kämpften aber auch in wachsender Zahl Söldner auf hansischen Kriegsschiffen.

Anders als in späteren Jahrhunderten dienten Schiffe im Mittelalter lediglich als Transportmittel und Kampfplattform, nicht als Waffensystem. Seegefechte waren damals Landkämpfe, die auf die schwankenden Planken der Schiffe verlagert wurden. Es galt, das feindliche Schiff zu entern und dessen Besatzung im Handgemenge niederzumachen. Dabei versuchte man, bereits vorher einen Teil der gegnerischen Mannschaft auszuschalten: Geschosse hagelten von den Kampfplattformen in den Masten und den Aufbauten auf den Feind nieder. Einige Schiffe führten auch überdimensionale Armbrüste oder Wurfmaschinen, sogenannte Bliden, an Bord mit.

Seit dem 15. Jahrhundert wurde auch an Bord von Schiffen in zunehmendem Maße die neuartige Pulverartillerie eingesetzt. Um 1500 hielt schließlich die Stückpforte Einzug, eine wasserdicht verschließbare Luke im Rumpf des Schiffes, durch die eine Kanone feuern konnte. Dadurch ließen sich schwere Geschütze aufstellen, die nicht nur die feindlichen Besatzungen töten, sondern auch deren Schiffe zerstören konnten.

Modell eines lübischen Kriegsschiffs aus dem 16. Jahrhundert: Der Dreimaster ist achtern mit einigen kleinkalibrigen Kanonen bewaffnet.

bisherigen Verbündeten Lübeck zu lösen und stattdessen die Beziehungen zu ihrem vormaligen Gegner Dänemark zu vertiefen.

Ungeachtet ihrer Streitereien untereinander versuchten die drei Ostseemächte nun, die Auseinandersetzung um Gotland unter Einbindung von Søren Norby auf dem Verhandlungsweg zu lösen. Man einigte sich schließlich, die Entscheidung über die Zugehörigkeit Gotlands dem Schiedsspruch Lübecks und der mit der Travestadt verbündeten Hansestädte zu überlassen.

Doch obwohl Søren Norby zugesagt hatte, sich von Gotland zurückzuziehen und sich zunächst auch mit Kaperungen zurückhielt, be-

gann er schon bald wieder ein neues Ränkespiel. Noch während er mit Dänemark und Lübeck über eine Amnestie verhandelte, nahm Norby erneut Kontakt mit Christian II. auf und begann zugleich, in Schweden Verbindungen mit oppositionellen Kräften anzuknüpfen. Anfang März 1525 ging Søren Norby in die Offensive und marschierte in das damals noch dänische Schonen ein, doch schon am 28. März wurde er von dänischen Truppen unter der Führung Johann Rantzaus bei Lund besiegt und musste sich einmal mehr nach Gotland zurückziehen.

Jetzt sah Lübeck die ersehnte Gelegenheit gekommen, um unter dem Vorwand, das Problem Søren Norby ein für alle Mal zu lösen, selbst die Herrschaft über Gotland zu erringen. In einem Versuch, Dänemark vor vollendete Tatsachen zu stellen, landeten die Lübecker im April 1525 überraschend eigene Truppen auf Gotland. Dänemarks Antwort war eine kaum verschleierte Kriegsdrohung: Sollte Lübeck nicht gewillt sein, Gotland an Dänemark zu übergeben, wäre man auch durchaus bereit, Gewalt anzuwenden, um die dänische Herrschaft über die Insel zu sichern, denn „men wuste wol weghe... dar men villichte to grypen worde, wenner dat et jo nicht beter werden wolde" („man wüsste wohl Wege... zu denen man vielleicht greifen würde, sollte dies nicht besser werden").

Doch da die mit Lübeck verbündeten Hansestädte nicht bereit waren, wegen des lübischen Interesses an Gotland einen Krieg mit Dänemark zu riskieren, und deshalb ihre Hilfe verweigerten, blieb der Travestadt nichts anderes übrig als nachzugeben. Allein auf sich gestellt, machten die Lübecker jetzt die bittere Erfahrung, dass der vermeintliche Triumph über Christian II. die politischen Machtverhältnisse im Norden Europas endgültig zum Vorteil der nordischen Königreiche verschoben und die

Zeitgenössisches Porträt König Christians II. von Dänemark, Norwegen und Schweden. Søren Norby hielt dem glücklosen Herrscher bis zuletzt die Treue.

traditionelle Großmachtstellung der Travestadt im Ostseeraum schwer erschüttert hatte.

Trotz hartnäckiger Verhandlungen musste Lübeck schließlich eine diplomatische Niederlage einstecken: Im Januar 1526 verpflichtete sich Lübeck, die Insel Gotland an Dänemark zu übergeben, erhielt aber, quasi als Entschädigung, wenigstens für 50 Jahre die Herrschaft über die strategisch eher unwichtige Insel Bornholm zuerkannt.

Zugleich hatte der neue dänische König Friedrich I. Søren Norby ein Lehen zugesprochen, in der Hoffnung, dass der notorische Querulant nun endlich Ruhe geben würde. Doch von Friedrich enttäuscht, nahm Norby schon bald erneut Kontakt mit Christian II. auf und begann sein altes Geschäft zum Ärgernis aller aufs Neue. Dänemark, Schweden und Lübeck waren nun mit ihrer Geduld am Ende und entschlossen sich, der Anregung des dänischen Feldherrn Hinrich Rantzau über Søren Norby folgend, „dat et nicht alzo, dan anders beter were, den bosewicht ummetobringen" („dass es das Beste wäre, den Bösewicht umzubringen"), zum gemeinsamen Handeln.

Um sich des Unruhestifters endgültig zu entledigen, sandten die verbündeten Mächte eine Flotte aus, die im August 1526 den größten Teil der Schiffe Norbys auf den Grund der Ostsee schickte – Norby selbst gelang die knappe Flucht nach Russland. Über Umwege gelangte er 1529 nach Italien, wo er sich der kaiserlichen Armee anschloss und 1530 bei der Belagerung von Florenz fiel – ein durchaus passendes Ende für einen alten Streithahn wie Søren Norby.

Die Bewertung Norbys durch die Nachwelt ist zwiespältig. In den Quellen wird er ebenso oft als Admiral wie als Seeräuber bezeichnet – ein deutlicher Hinweis darauf, dass im Mittelalter die Grenzen zwischen legaler Kaperei und illegalem Seeraub durchaus fließend waren. Oft genug war die Unterscheidung zwischen Kaperei und Piraterie lediglich eine Frage des Standpunktes.

HELDEN UND ENTDECKER: SEEFAHRER IN DER FRÜHEN NEUZEIT

Die Schlacht vor Trafalgar.
Gemälde des britischen Malers
William Turner (1775–1851).

CHRISTOPH KOLUMBUS
DER ENTDECKER AMERIKAS

Der Titel eines Spielfilms über die Entdeckung Amerikas könnte nicht treffender gewählt sein: „1492 – Die Eroberung des Paradieses". Was früher als das „großartigste Ereignis seit der Erschaffung der Welt" bezeichnet wurde, wird heute wesentlich differenzierter betrachtet. „Der Amerikaner, der den Kolumbus entdeckte, machte eine böse Entdeckung." Mit diesen bissigen Worten kommentierte bereits der für seine sarkastischen Aphorismen berühmte Göttinger Physiker und Schriftsteller Georg Christoph Lichtenberg (1742–1799) diesen welthistorisch bedeutenden Moment. Die Ankunft der Europäer in der „Neuen Welt" kostete Millionen amerikanischer Ureinwohner das Leben; ganze Zivilisationen wurden zerstört. Und dennoch bleibt Kolumbus' erste Fahrt vor allem als eine der wagemutigsten und bewundernswertesten Seereisen aller Zeiten im Gedächtnis der Menschheit.

Christoph Kolumbus wurde 1451 als Sohn eines Wollwebers in der italienischen Hafenstadt Genua geboren. Vermutlich hatte er zunächst im väterlichen Betrieb gearbeitet, bevor er sich im Alter von etwa zwölf Jahren entschloss, den Seemannsberuf zu ergreifen. 1476 ging er nach Lissabon, wo sein jüngerer Bruder Bartolomé als Kartograf tätig war. Kolumbus trat in portugiesische Dienste und heiratete 1479 Felipa Perestrello, die Tochter des Gouverneurs der Insel Porto Santo bei Madeira. Doch anstatt seine vielversprechende nautische Karriere weiter zu verfolgen, ging Kolumbus wieder nach Lissabon, wo er versuchte, Unterstützung für seine Idee von einem alternativen Seeweg nach Indien zu finden.

Im Gegensatz zu den Portugiesen, die die Route rund um Afrika erkundeten, wollte Kolumbus Indien erreichen, indem er über den offenen Ozean nach Westen fuhr. Bei seinen geografischen Studien war er zu dem Schluss gelangt, dass der kürzeste Weg nach Ostasien quer über den Atlantik führte. Dabei war er stark von Beobachtungen antiker Philosophen beeinflusst, deren Erkenntnis, dass die Erde die Form einer Kugel besaß, im Mittelalter zeitweise in Vergessenheit geraten war, zu seiner Zeit aber weithin als wissenschaftliche Tatsache anerkannt wurde. Rastlos las Kolumbus Reiseberichte und studierte die Werke antiker Philosophen, christlicher Theologen sowie arabischer Gelehrter. Was seine Theorie unterstützte, übernahm er, alles andere verwarf er. Zudem berechnete er die Entfernung zwischen Westeuropa und Ostasien wesentlich geringer, als sie tatsächlich ist. Immer wieder versuchte der tief religiöse Kolumbus, seine Theorien durch Bibelzitate zu belegen. Zugleich korrespondierte er mit dem berühmten italienischen Geografen Paolo dal Pozzo Toscanelli und kannte vermutlich auch dessen heute verschollene Karte, die eine Passage westwärts über den Atlantik zeigte. Bereits 1474 hatte Toscanelli dem portugiesischen König vergeblich vorgeschlagen, statt rund um Afrika über den Atlantik nach Asien zu segeln.

1484 unterbreitete Kolumbus König Johann II. von Portugal erneut den Plan einer Expedition zur Suche eines westlichen Seewegs nach Indien. Doch auch sein Vorschlag wurde abgelehnt; zum einen, weil die Portugiesen auf ihrer Suche nach einem Seeweg rund um Afrika bereits weit vorangeschritten waren und daher kein Interesse an einer alternativen Route hatten, zum anderen aber aufgrund seiner als überzogen empfundenen Forderungen, wie der Erhebung in den Adelsstand und der Ernennung zum Vizekönig der von ihm neu entdeckten Länder. Tatsächlich waren Kolumbus' Motive nicht nur von Forscherdrang bestimmt: Der Wunsch nach Reichtum und sozialem Aufstieg war für ihn und seine hochfliegenden Pläne ebenso bestimmend wie religiöser Eifer und das Bestreben, den christlichen Glauben in die Welt zu tragen. Wie Kolumbus selbst schrieb, wollte er nicht zuletzt nach Indien segeln, „um unseren allerheiligsten Glauben daselbst zu verbreiten".

Von dieser Zurückweisung enttäuscht verließ Kolumbus Portugal und ging nach Spanien. Doch auch hier wurde sein Plan zunächst abgelehnt, obgleich er die Unterstützung mehrerer einflussreicher Persönlichkeiten genoss und 1486 sogar von Königin Isabella I. von

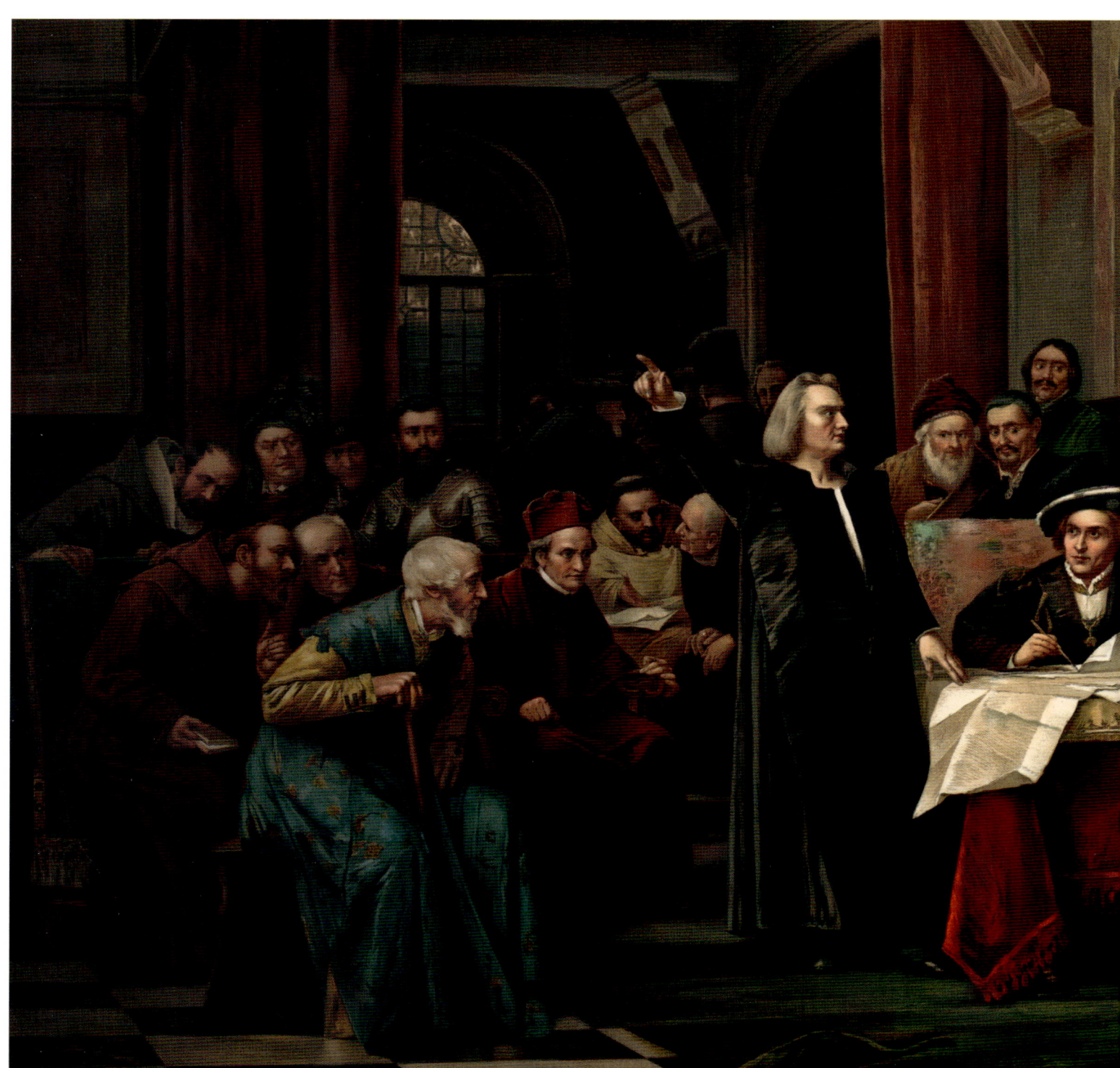

Kastilien empfangen wurde. Das Interesse des spanischen Königspaares galt in diesen Jahren aber vor allem dem Kampf gegen die Mauren, sodass sie dem ehrgeizigen Vorhaben eines genuesischen Seefahrers nur wenig Gehör schenkten. Zu dieser Zeit lernte der in der Zwischenzeit verwitwete Kolumbus seine spätere zweite Frau Beatriz Enriquez kennen.

Ebenso nutzte er die Zeit, um ein Netzwerk aus Freunden und Gönnern aufzubauen. Zu seinen Fürsprechern gehörten unter anderem der spanische Schatzmeister Luis de Santángel sowie die Franziskanermönche aus dem Kloster von La Rábida nahe Huelva, wo Kolumbus im Sommer 1491 eine Zeit lang gewohnt hatte. Einer der Mönche, Bruder Juan Pérez, war einer der

Königin Isabella I. von Portugal und ihr Gemahl Ferdinand von Aragon ließen sich nur zögerlich von Kolumbus' Vorhaben einer Westpassage nach Indien überzeugen. Zahlreiche Audienzen und die Fürsprache einflussreicher Gönner waren dazu nötig. Das Gemälde stammt aus dem Jahr 1884.

12. Oktober 1492: Christoph Kolumbus betritt zum ersten Mal Amerika. Die Insel, auf der er landet, wird von den Einheimischen Guanahani genannt, Kolumbus gibt ihr den Namen San Salvador. Der kolorierte Kupferstich aus dem Jahr 1596 zeigt im Hintergrund die Schiffe *Santa Maria*, *Niña* und *Pinta*.

Beichtväter der Königin und verhalf ihm möglicherweise zu der entscheidenden Audienz.

Im Jahre 1492 war Kolumbus' Stunde endlich gekommen: Nach dem Fall Granadas, der letzten muslimischen Bastion auf der Iberischen Halbinsel, gelang es ihm, Königin Isabella und ihren Gemahl, König Ferdinand von Aragon, für sein Vorhaben zu begeistern, Indien auf der atlantischen Route zu erreichen. Zu verlockend war der Gedanke, es den Portugiesen gleichzutun und für ihr armes Land nicht allein neue Quellen des Reichtums zu erschließen, sondern zugleich auch den christlichen Glauben zu verbreiten. Und so gingen sie auch

auf seine Bedingungen ein und versprachen, ihn im Erfolgsfall in den Adelsstand zu erheben und zum Vizekönig aller neu entdeckten Territorien zu ernennen. Die Majestäten befahlen den Pinzóns, einer Reeder- und Kaufmannsfamilie aus Palos, zwei Karavellen, die *Niña* und die *Pinta*, auszurüsten. Als Flaggschiff wurde die Nao *Santa Maria* gechartert, die von Kolumbus persönlich befehligt wurde, während ihr eigentlicher Kapitän Juan de la Cosa als Erster Offizier an der Reise teilnahm.

Am 3. August 1492 stach Kolumbus mit seiner kleinen Flotte in See und nahm Kurs auf die Kanarischen Inseln. Von hier aus wollte Kolumbus dem 28. nördlichen Breitengrad nach Westen folgen, wobei er entweder auf Japan oder eine andere dem asiatischen Kontinent vorgelagerte Insel zu treffen hoffte. Am 6. September 1492 verließen die drei Schiffe die Kanaren und segelten gen Westen. Doch die Wochen verstrichen, ohne dass Land in Sicht kam. Am 10. Oktober meuterte die Mannschaft und nötigte Kolumbus das Versprechen ab, auf Gegenkurs zu gehen, wenn sie nicht innerhalb der nächsten drei Tage auf Land stoßen würden. Kurz vor Ablauf der Frist, gegen Mittag des 12. Oktober 1492, sichtete die Flotte eine kleine Insel, die von Kolumbus San Salvador getauft und im Namen der spanischen Krone in Besitz genommen wurde. Vermutlich gehörte die Insel zur Gruppe der Bahamas. Die Eingeborenen, die die Spanier freundlich begrüßten, nannte Kolumbus Indianer, da sie so aussahen, wie sich Kolumbus die Einwohner Indiens vorstellte.

Schon nach kurzer Zeit lichtete Kolumbus wieder die Anker und segelte weiter nach Südwesten. Am 28. Oktober sichtete er eine große Insel, die die Eingeborenen Kuba nannten und die er für einen Teil Chinas hielt. Am 5. Dezember erreichte er die Insel Hispaniola, die heute in die Dominikanische Republik und Haiti aufgeteilt ist. Beim Einlaufen in eine Bucht an der Nordküste der Insel lief die *Santa Maria* am Heiligabend auf ein Riff und musste aufge-

geben werden. Da die Eingeborenen freundlich waren, beschloss Kolumbus, aus den Trümmern des Schiffes ein Fort zu bauen, das er anlässlich des Weihnachtsfestes „Navidad" nannte, es mit Freiwilligen zu besetzen und mit der *Niña* und der *Pinta* nach Spanien zurückzukehren. Nach einer stürmischen Überfahrt, während der die beiden Schiffe getrennt wurden, erreichte die *Niña* am 15. März 1493 Palos; später am gleichen Tag lief auch die *Pinta* ein.

Triumphierend meldete Kolumbus dem spanischen Herrscherpaar den Erfolg seiner Reise. Am Ostersonntag erreichte ihn in Sevilla ein Brief von Ferdinand und Isabella, in dem ihm alle Titel und Privilegien bestätigt wurden. Zugleich forderten sie ihn auf, an den Hof nach Barcelona zu kommen, wo er huldvoll von den beiden Majestäten empfangen wurde, die ihm befahlen, sogleich eine weitere Expedition auszurüsten.

Am 25. September 1493 verließ Kolumbus mit einer aus 17 Schiffen bestehenden Flotte den Hafen von Cádiz und erreichte am 3. November die Insel Dominica. Über Guadeloupe und Puerto Rico segelten die Spanier nach Hispaniola, wo sie am 27. November das Fort Navidad verlassen vorfanden. Wie sich später herausstellte, hatten die zurückgebliebenen Spanier auf der Suche nach Gold Raubzüge unternommen und waren schließlich von den Eingeborenen getötet worden. Kolumbus beschloss, das Fort aufzugeben und an der Nordküste der Insel Hispaniola an anderer Stelle eine neue Niederlassung zu gründen, die er zu Ehren der spanischen Königin „Isabella" nannte. Anfang 1494 ließ Kolumbus die Siedlung unter der Obhut seines jüngeren Bruders Diego zurück, um die Küste Kubas zu erkunden. Als er fünf Monate später nach Isabella zurückkehrte, fand er die Kolonie in einem Zustand des Chaos vor, da sich Diego als unfähig erwiesen hatte, die goldgierigen Spanier unter Kontrolle zu halten. Zugleich hatten sich die Indianer als Reaktion auf die Plünderungen der Spanier erhoben, worauf Kolumbus

Diese Karte aus dem 19. Jahrhundert zeigt den Verlauf der vier Entdeckungsreisen, die Kolumbus unternahm.

mit einem brutalen Unterwerfungsfeldzug antwortete. Indem er 550 Gefangene nach Spanien schickte, begann Kolumbus auch das schmutzige Geschäft des Sklavenhandels. In seinen Augen waren die amerikanischen Ureinwohner nichts weiter als billige Arbeitskräfte, die man nach Belieben ausbeuten konnte. Die Versklavung der Indianer war jedoch ein Verstoß gegen die Anordnungen des spanischen Herrscherpaares, die in den Indianern vor allem zukünftige Christen sahen. Fast die Hälfte der Gefangenen starb auf der Überfahrt, die übrigen wurden nach ihrer Ankunft in Spanien auf Befehl Königin Isabellas freigelassen und in ihre Heimat zurückgebracht.

Anschließend ging Kolumbus wieder auf Entdeckungsfahrt in der Karibik. Zwar fand er nicht die erhofften Goldschätze, doch war er nun fest davon überzeugt, dass es sich bei der Insel Haiti um das biblische Königreich Saba und bei Kuba um das chinesische Festland handele, was er am 19. Juni 1494 von seiner Mannschaft feierlich beschwören ließ, auch wenn vermutlich der eine oder andere seine leisen Zweifel gegenüber dieser Behauptung seines Admirals gehegt haben dürfte.

Seine Grausamkeit den Eingeborenen gegenüber, die offenkundige Unfähigkeit, die spanischen Siedler unter Kontrolle zu halten, sowie das Ausbleiben der versprochenen Reichtümer aus den neu entdeckten Territorien in Übersee ließen das Vertrauen der Krone in Kolumbus' administrative Fähigkeiten allmählich schwinden, sodass dieser sich im März 1496 gezwungen sah, nach Spanien zurückzukehren, um Ferdinand und Isabella persönlich Bericht zu erstatten.

Am 11. Juni ging er in Cádiz an Land. Obgleich er in Gnaden aufgenommen wurde, zeigte sich immer deutlicher, dass die Begeisterung der beiden Herrscher für „Indien" trotz des mitgebrachten Goldes im Schwinden begriffen war. Zudem hatte sich Kolumbus in den Kolonien und am Hofe mächtige Feinde gemacht. Immer lauter wurden die Beschwerden über ihn und seine Brüder, und so dauerte es zwei Jahre, bis Kolumbus erneut mit dem Kommando über eine Expeditionsflotte betraut wurde.

Am 30. Mai 1498 verließ Kolumbus Spanien mit drei Schiffen. Am 31. Juli sichtete er die Insel Trinidad und betrat am 5. August bei Ensenada Yacua im heutigen Venezuela zum ersten Mal den Boden des amerikanischen Kontinents. Obgleich er in seinem Logbuch notierte, er habe eine den Europäern bislang unbekannte „Neue Welt" gefunden, ging Kolumbus nach wie vor davon aus, Indien entdeckt zu haben. Von der südamerikanischen Festlandsküste aus segelte er nach Hispaniola und fand die Insel in Aufruhr. Die spanischen Siedler hatten seinen Bruder Bartolomé abgesetzt und die Herrschaft an sich gerissen. Kolumbus blieb schließlich keine andere Wahl, als sich mit den Aufrührern zu verständigen – auf Kosten der Eingeborenen, die mehr und mehr wie Sklaven behandelt wurden. Zugleich intensivierte er erneut die Suche nach Gold, doch wiederum ohne großen Erfolg.

Immer mehr Beschwerden erreichten den königlichen Hof im fernen Spanien. Es wurde immer offensichtlicher, dass Kolumbus die Verwaltung der Kolonie nicht im Griff hatte. Ihre wachsende Unzufriedenheit mit Kolumbus' Herrschaft und der seiner Brüder veranlasste Ferdinand und Isabella schließlich, Francisco de Bobadilla als neuen Gouverneur der spanischen Kolonien in Westindien nach Hispaniola zu senden. Gleich nach seiner Ankunft ließ Bobadilla Kolumbus und seine Brüder verhaften und in Ketten nach Spanien zurückschicken. Während der Rückreise verfasste Kolumbus ein langes Schreiben an das Königspaar, das ein beredtes Zeugnis von seinem Geisteszustand ablegt; so behauptete er etwa, er habe die äußeren Regionen des Paradieses erreicht. Auch körperlich war Kolumbus' Gesundheit angegriffen; er litt unter anderem unter Schlaflosigkeit und Arthritis.

Im Oktober 1500 erreichten Kolumbus und seine Brüder Spanien. Zwar befahlen Ferdinand und Isabella nach sechs Wochen die Freilassung der Gefangenen, doch wurde Kolumbus nicht wieder in sein Amt als Vizekönig eingesetzt. Offenkundig hatte das spanische Herrscherpaar zwischenzeitlich endgültig das Vertrauen in Kolumbus' Fähigkeiten als Administrator verloren. Dessen ungeachtet war sein Ruf als Navigator und Entdecker ungebrochen, und so erhielt er die Erlaubnis zu einer vierten Reise, um den Golf von Mexiko zu erkunden und nach einer Verbindung zum Pazifischen Ozean zu suchen.

Am 11. Mai 1502 verließ Kolumbus mit vier Schiffen Spanien. Die Expedition stand von Anfang an unter einem schlechten Stern: Stürme, Meutereien und feindliche Eingeborene ließen die Reise zum Desaster werden; ein Schiff musste unterwegs wurmzerfressen aufgegeben werden, die übrigen verlor der Seefahrer bei einer Strandung an der Küste von Jamaika. Ein Jahr lang saßen Kolumbus und seine Männer auf der Insel fest, wobei die Eingeborenen die Spanier zunächst freiwillig, später unter Zwang mit allem Lebensnotwendigen versorgten, bis der Gouverneur von Hispaniola ihnen schließlich ein Rettungsschiff schickte.

Am 7. November 1504 kehrte Kolumbus nach Spanien zurück. Vergeblich versuchte er, die Wiederherstellung seiner Privilegien zu erreichen. Am 20. Mai 1506 starb der große Entdecker enttäuscht in Valladolid. Seine sterblichen Überreste wurden zunächst in Sevilla beigesetzt, später nach Santo Domingo, dann nach Havanna auf Kuba überführt und schließlich im Jahre 1899 zurück nach Sevilla gebracht, wo sie ihre letzte Ruhe fanden.

Bis zuletzt hatte Kolumbus geglaubt, Indien entdeckt zu haben. Erst nach seinem Tod stellte der italienische Seefahrer Amerigo Vespucci fest, dass die von Kolumbus entdeckten Gebiete nicht ein Teil Indiens waren, sondern zu einem neuen, bislang unbekannten Kontinent gehörten. Ironie der Geschichte: Nicht nach Kolumbus, sondern nach Vespucci erhielt diese „Neue Welt" ihren Namen: Amerika.

Doch dies ändert nichts an seiner historischen Leistung: Zu Recht gilt Christoph Kolumbus als einer der größten Nautiker und Entdecker der Geschichte, als Koloniegründer und Administrator war er dagegen ein Versager. Seine Entdeckungen machten Spanien im 16. und 17. Jahrhundert zum reichsten und mächtigsten Land Europas, doch brachten sie zugleich unendliches Leid über die amerikanische Urbevölkerung.

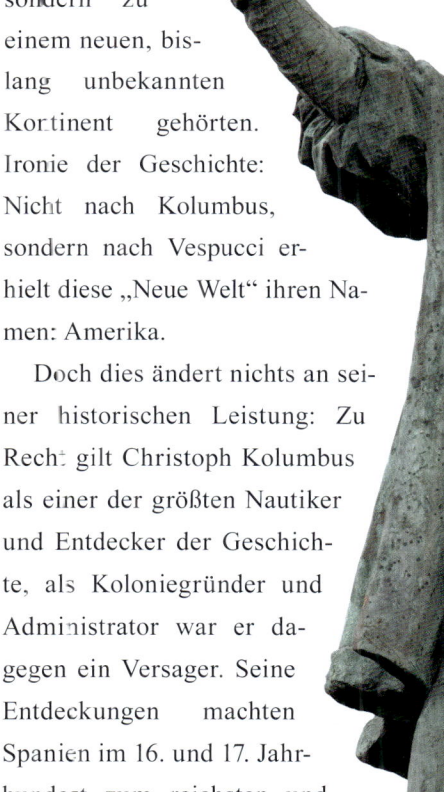

Ein Kolumbus-Denkmal im italienischen Ort Rapallo erinnert an den großen Entdecker.

FERDINAND MAGELLAN
DER ERSTE WELTUMSEGLER

Am 6. September 1522 lief ein zerschlagener Segler langsam in die Mündung des spanischen Flusses Guadalquivir ein. Zwei Tage später ging das Schiff im Hafen von Sevilla vor Anker; 18 kranke und geschwächte Männer wankten an Land, um Gott für ihre Rückkehr zu danken. Das Schiff war die *Victoria*. Es hatte kaum noch Ähnlichkeit mit dem stolzen Dreimaster, der fast drei Jahre zuvor gemeinsam mit vier anderen Schiffen aufgebrochen war, um einen neuen Seeweg nach Indien zu entdecken.

Um 1515 hatte Portugal den Indienhandel fest in seinem Griff. Seit den Zeiten des Römischen Reiches waren Seide und Gewürze aus Indien und China in Europa begehrt. Doch nach dem Fall Konstantinopels 1453 hatten die Türken die alten Handelswege nach Asien versperrt, weshalb die Europäer versuchten, einen neuen Seeweg nach Indien zu finden. Die Portugiesen nahmen den Weg rund um Afrika. Schritt für Schritt tasteten sie sich entlang der afrikanischen Westküste, bis es Bartolomeu Diaz 1488 gelang, das Kap der Guten Hoffnung zu umsegeln. Zehn Jahre später erreichte Vasco da Gama Indien. Die Spanier waren dagegen dem kühnen Plan des Genuesen Christoph Kolumbus gefolgt, der Indien auf dem Weg gen Westen über den Atlantik erreichen wollte und dabei im Jahre 1492 Amerika entdeckt hatte.

Nachdem Spanien und Portugal 1494 im Vertrag von Tordesillas ihre überseeischen Besitzungen gegeneinander abgegrenzt hatten, bestand die einzige Hoffnung für Spanien, sich ebenfalls an dem lukrativen Indienhandel zu beteiligen, darin, einen neuen Seeweg um die Landmasse Südamerikas herum zu finden. 1519 machte sich Ferdinand Magellan auf, diesen Weg zu suchen.

Magellan war um 1480 im kleinen portugiesischen Ort Sabrosa bei Vila Real als Fernão de Magalhães geboren worden. Als Jugendlicher aus niederem Adel hatte er als Page am Hof des portugiesischen Königs Johann II. gedient und sich 1505 für eine Reise nach Indien gemeldet. 1509 nahm er an einer von Diogo Lopes de Sequeira geführten Reise von Cochin zu den damals auch als Gewürzinseln bekannten Molukken teil. Unter anderem besuchten die Portugiesen auch die bedeutende Handelsstadt Malakka, doch weil sie wenig willkommen waren, mussten sie sich bald wieder zurückziehen.

1511 zeichnete sich Magellan bei der Eroberung Malakkas durch Afonso de Albuquerque, den portugiesischen Vizekönig von Indien, aus. Nachdem er für seine Tapferkeit zum Kapitän befördert worden war, kehrte Magellan 1512 nach Portugal zurück, wo er in den Adelsstand erhoben wurde. 1513 nahm er an einem Feldzug in Marokko teil. Doch Magellans aufstrebende Karriere erlebte ein plötzliches Ende, als er beim König von Portugal in Ungnade fiel. Man hatte ihn fälschlicherweise beschuldigt, Handel mit den feindlichen Mauren getrieben zu haben. Daher nahm Magellan seinen Abschied und trat im Oktober 1517 in spanische Dienste. Hier gelang es ihm bald, Kaiser Karl V. für seinen Plan zu gewinnen, eine Route zu den Gewürzinseln zu suchen, die um Südamerika herumführte. Die Gewürzinseln gehörten aufgrund des Vertrags von Tordesillas zum portugiesischen Einflussgebiet.

Zum Generalkapitän ernannt, verließ Magellan am 20. September 1519 mit fünf Schiffen den spanischen Hafen Sanlúcar de Barrameda. Sein Flaggschiff war die *Trinidad*. Begleitet wurde es von der *San Antonio*, der *Concepcion*, der *Victoria* und der *Santiago*, dem kleinsten

Ferdinand Magellan berät sich mit seinen Kapitänen, ob er die vor ihnen liegende Meerenge durchfahren soll. Später erhält sie den Namen Magellanstraße. Die Illustration stammt aus dem Jahr 1920.

Die *Victoria* auf einem zeitgenössischen Kupferstich. Nach einer dreijährigen Reise rund um den Globus läuft der Dreimaster wieder in den Hafen von Sevilla ein. Nur 18 der 234 Männer, die 1519 mit fünf Schiffen aufgebrochen waren, haben die erste Weltumsegelung überlebt.

der fünf Schiffe. Anders als in späteren Jahrhunderten waren diese Schiffe nicht speziell für die gefährliche Reise gebaut worden. Stattdessen versuchten die Auftraggeber, die Kosten für solche Expeditionen zu senken. Magellans Schiffe hatten sich in einem so schlechten Zustand befunden, dass eine beinahe anderthalbjährige Instandsetzung erforderlich gewesen war, um sie wieder seetüchtig zu machen.

Die Reise war überaus gefahrvoll. Durch die Enge und die katastrophalen hygienischen Zustände auf den kleinen, überbemannten Schiffen bestand ständig die Gefahr, dass Krankheiten und Epidemien an Bord ausbrachen. Hinzu kam die Aussicht, bei einem Schiffbruch zu ertrinken oder vor Hunger und Durst zu sterben. Um all dies zu überleben, brauchten die Seeleute neben einer stabilen körperlichen Verfassung viel Vertrauen in die nautischen Fähigkeiten ihres Kapitäns.

Die Navigation war im 16. Jahrhundert weniger eine Wissenschaft als eine Kunst, die mehr auf Mutmaßungen als auf Wissen über die genaue Schiffsposition beruhte. Nur in Küstennähe war ein relativ sicheres Navigieren möglich. Zwar konnten die Navigatoren zu Beginn des 16. Jahrhunderts den Breitengrad bereits annähernd genau berechnen, doch da das Problem der Bestimmung der geografischen Länge noch nicht gelöst war, erfolgte die Ortsbestimmung auf hoher See meist durch Koppeln, das heißt durch die Schätzung des Schiffsstandortes aufgrund des Kurses und der zurückgelegten Segelstrecke, wobei unzureichende Messmethoden, Abtrieb und Abdrift durch Strömungen oft zu erheblichen Fehlkalkulationen führten.

Hinzu kamen die Veränderungen des Nachthimmels. Je weiter die Schiffe nach Süden vordrangen, desto mehr näherte sich der vertraute Wegweiser der Seeleute, der Polarstern, dem nördlichen Horizont, um schließlich völlig aus dem Sichtfeld zu verschwinden. Stattdessen stiegen neue Sternbilder auf, wie das Kreuz des

Südens, das einer der Expeditionsteilnehmer, der Italiener Antonio Pigafetta, als „ein Kreuz mit fünf außerordentlich hellen Sternen, die exakt nach Westen und zudem genau zueinander ausgerichtet waren", beschrieb. Er bemerkte auch „kleine Sternengruppen, die aussehen wie zwei Nebelwolken" und bis heute in der Astronomie als „Magellan'sche Wolken" bekannt sind.

Im Dezember 1519 erreichte die kleine spanische Flotte nahe der heutigen brasilianischen Stadt Pernambuco die Küste Südamerikas. In den folgenden Wochen tastete sich Magellan vorsichtig die Küstenlinie entlang nach Süden, bis er Ende März 1520 in der Bucht von San Julian an der Küste des heutigen Argentinien vor Anker ging, um die Schiffe zu überholen. Zwei Tage später meuterten die Offiziere der *San Antonio*, der *Victoria* und der *Concepcion*. Die Fahrt dauerte bereits sechsmal länger als Kolumbus' erste Reise, und sie hatten alle Hoffnung aufgegeben, die gesuchte Westpassage noch zu finden. Die Matrosen hielten jedoch zu ihrem Generalkapitän, der eisern durchgriff und einige der Aufrührer hinrichten ließ. Noch ein halbes Jahrhundert später fanden Sir Francis Drake und seine Männer die Reste der Galgen, als sie an der gleichen Stelle ihre Schiffe überholten.

Einen Monat später entsandte Magellan die *Santiago*, um den weiteren Verlauf der Küste zu erkunden. Der kleine Segler erlitt jedoch Schiffbruch, die Überlebenden schlugen sich in einem strapaziösen Fußmarsch zurück nach San Julian durch. Magellan beschloss nun, keine weiteren Risiken mehr einzugehen.

Erst Mitte Oktober 1520 ging die Flotte wieder Anker auf. Drei Tage später entdeckten die Spanier einen schmalen, von steilen, schneebedeckten Bergen gesäumten Einschnitt in der Küste. Magellan war sicher, endlich die erhoffte Westpassage entdeckt zu haben. Langsam tasteten sich die Schiffe durch die 600 Kilometer lange „Magellanstraße" zwischen dem südamerikanischen Festland und Feuerland. Am 28. November 1520 verließen die *Trinidad*, die *Concepcion* und die *Victoria* endlich die enge Passage und segelten als erste europäische Schiffe in die Weiten des Pazifiks hinaus. Die *San Antonio* hatte sich dagegen unterwegs heimlich davongemacht und war nach Spanien zurückgekehrt.

Drei Monate segelte das kleine spanische Geschwader westwärts über den unbekannten Ozean, ohne Land zu sichten. Dankbar taufte Magellan das neue Meer den „Stillen" oder „Pazifischen Ozean". Er schrieb in seinem Logbuch: „Hätte Gott uns nicht so gutes Wetter geschenkt, wir alle wären in diesem endlos großen Meer verhungert. In Wahrheit bin ich sogar davon überzeugt, dass man eine solche Reise nie mehr wiederholen wird." Allmählich wurden die Vorräte knapp: „Drei Monate und zwanzig Tage lang waren wir ohne frische Lebensmittel... Wir tranken gelbes Wasser, das seit vielen Tagen schlecht war", beschrieb ein Überlebender später die Grauen der Überfahrt.

Erst am 6. März 1521 sichteten die Spanier die Marianen-Inseln. Doch statt Erholung von den unglaublichen Strapazen der letzten Monate zu finden, trafen sie hier auf Eingeborene, die alles stahlen, was ihnen in die Finger kam, darunter auch das Langboot des Flaggschiffs. Mit letzter Kraft machte sich Magellan mit vierzig Männern auf, um das für die Erkundung von flachen Küstengewässern unersetzliche Boot zurückzuholen. Dabei plünderten sie die Hütten der Eingeborenen und rafften gerade genügend Lebensmittel zusammen, um die Anker lichten und weiter westwärts nach gastlicheren Gefilden suchen zu können.

Am 16. März sichteten die Spanier die östlichen Philippinen. Durch Erfahrung vorsichtig geworden, suchte Magellan eine unbewohnte Insel aus, um seinen Männern Ruhe und Erholung zu gönnen. Doch schon bald kam es zu Kontakten mit den freundlichen Einwohnern, die ihnen gern Lebensmittel im Tausch gegen

Kupferstich mit einem Porträt Magellans: Der Seefahrer beschrieb auch Himmelsphänomene der südlichen Erdhalbkugel.

ner Katastrophe. Magellans winzige Truppe von knapp fünfzig Mann wurde von einer weit überlegenen Streitmacht in die Flucht geschlagen. Während des Rückzugs zu den Schiffen kam Magellan ums Leben.

Auch Rajah Humabon wandte sich nun gegen sie, denn mit Magellan war auch der Mythos von der Unbesiegbarkeit der Spanier gestorben. Die drei Schiffe begannen nun eine sechsmonatige, ziellose Fahrt durch die Inselwelt der Philippinen. Mittlerweile war fast die Hälfte der Männer durch Skorbut, andere Krankheiten oder bei Kämpfen mit Eingeborenen ums Leben gekommen, sodass die Spanier auf Rat des Flottenführers Joao Carvalho beschlossen, Ladung und Ausrüstung der *Concepcion* auf die *Trinidad* und die *Victoria* zu verteilen und das Schiff aufzugeben.

Unter der Führung des zögerlichen Carvalho machten sich die beiden letzten Schiffe auf die Weiterreise. Am 6. November 1521, mehr als zwei Jahre nach ihrer Abreise, sichteten die Spanier endlich das Ziel ihrer Fahrt, die legendären Gewürzinseln. Auf der Molukken-Insel Tidore wurde ihnen ein freundlicher Empfang bereitet. Der Sultan hieß die Spanier herzlich willkommen, denn die Portugiesen hatten seinen Rivalen, den Sultan von Ternate, unterstützt. Schon bald quollen die Laderäume der *Trinidad* und der *Victoria* von seltenen Gewürzen über. Den größten Teil der Fracht machten dabei Gewürznelken aus, die damals das am meisten geschätzte Gewürz auf dem europäischen Markt waren.

Um den Wintermonsun mit seinen nach Osten wehenden Winden für die Reise zum Kap der Guten Hoffnung auszunutzen, wollten die Spanier so schnell wie möglich wieder Anker auf gehen. Doch kurz vor dem Auslaufen schlug die *Trinidad* leck. Es wurde beschlossen, dass die *Victoria* allein lossegeln sollte. Die *Trinidad* dagegen sollte nach der Reparatur auf dem Weg über den Pazifik und durch die Magellanstraße nach Spanien zurückkehren.

Tand, wie rote Mützen, Spiegel oder Glocken, überließen. Bereits nach wenigen Tagen lichteten Magellans Schiffe wieder den Anker und erreichten kurz darauf die Insel Limasawa, deren Herrscher Magellan ebenfalls freundlich empfing und anbot, die Schiffe zur Insel Cebu zu führen, wo sie Lebensmittel für die Weiterfahrt zu den Gewürzinseln an Bord nehmen konnten.

Am 6. April erreichte Magellan die Insel Cebu. Der örtliche Herrscher Rajah Humabon zeigte sich sowohl von Magellan als auch von der Stärke seiner Feuerwaffen sehr beeindruckt. Leichtsinnigerweise ließ sich Magellan überreden, mit seinen Männern an der Seite Rajah Humabons gegen den Herrscher der Nachbarinsel Mactan zu Felde ziehen. Was als Handstreich geplant war, endete am 27. April 1521 in ei-

Kurz vor Weihnachten 1521 verließ die *Victoria* unter dem Kommando Juan Sebastian Elcanos die Molukken. Die Reise durch den Indischen Ozean war genauso entbehrungsreich wie die erste Überquerung des Pazifiks. Als spanisches Schiff in portugiesischen Gewässern war die *Victoria* Freiwild für jedes portugiesische Kriegsschiff. Daher beschloss Elcano, einen Umweg von mehreren Tausend Meilen zu segeln. Erneut gingen die Vorräte zur Neige, und die Männer litten wieder Hunger und Durst. Als die *Victoria* im Mai 1522 endlich das Kap der Guten Hoffnung erreichte, wurde der Fockmast in einem Sturm beschädigt, sodass das Schiff an Fahrt verlor. Während die *Victoria* sich lang-

sam ihren Weg nach Norden bahnte, starben 21 Männer an Hunger und Skorbut. Schließlich sah Elcano keinen anderen Ausweg, als die unter portugiesischer Herrschaft stehenden Kapverdischen Inseln vor der Westspitze Afrikas anzulaufen, um neue Lebensmittel an Bord zu nehmen. Elcano erzählte den Portugiesen, dass die *Victoria* auf der Rückreise von Südamerika vom Kurs abgekommen sei, doch flog diese Tarnung auf, als einer seiner Männer mit einem Paket Gewürznelken erwischt wurde. Eilig lichtete Elcano den Anker, wobei er 13 Männer an Land zurückließ, die von den Portugiesen ins Gefängnis geworfen wurden. Mit letzter Kraft erreichten Elcano und seine Männer das retten-

Diese historische Karte, die um 1720 entstand, zeigt die nach Magellan benannte Meerenge zwischen dem südamerikanischen Festland und Feuerland.

de Spanien. Die *Trinidad* hatte weniger Glück. Die Portugiesen brachten das Schiff vor den Molukken auf und warfen die Mannschaft ins Gefängnis. Nur vier von 54 Männern kehrten 1525 nach Spanien zurück.

Von den 250 Offizieren und Matrosen, die 1519 zur unglaublichsten Seereise aller Zeiten aufgebrochen waren, hatten lediglich 22 Männer überlebt. Zum ersten Mal war es gelungen, die Welt zu umsegeln. Doch brachte diese großartige seemännische Leistung Spanien keinen sofortigen Gewinn. Zwar hatte Magellan einen alternativen Seeweg nach Indien gefunden, doch war dieser zunächst ohne jeden

wirtschaftlichen Nutzen. Allein die Größe des Pazifischen Ozeans zerschlug alle Hoffnungen auf die Einrichtung einer neuen Handelsroute nach Ostindien. Erst in den Jahren nach 1565 wurden Magellans letzte große Entdeckungen von den Spaniern erobert. Fast 350 Jahre waren die nach dem spanischen König Philipp II.

„Philippinen" genannten Inseln Spaniens bedeutendste Kolonie im Pazifik. Von hier aus beförderten die legendären Manila-Galeonen die Reichtümer Asiens über den Pazifik nach Panama, von wo aus sie über Land transportiert und von den Häfen der Karibik weiter nach Spanien verfrachtet wurden.

Die Magellanstraße auf einer Karte des frühen 17. Jahrhunderts

HISTOIRE DE BARBARIE ET DE SES CORSAIRES.

Par le R.P.F. PIERRE DAN, Ministre et Superieur du Conuent de la Ste. Trinité, et Redemption des Captifs, fondé au Chasteau de Fontaine-bleau, Bachelier en Theologie, de la Faculté de Paris.

A PARIS,
Chez PIERRE ROCOLET, Libraire et Imprimeur ord.re du Roy, au Palais, aux Armes du Roy et de la Ville.
Auec Priuilege de sa Majesté.
1637.

Rousselet   incidit.

HARCK OLUFS
EIN NORDFRIESE
IN DER SKLAVEREI

Im Jahr 1708 den 19 Julii erblickte ich zuerst das Licht dieser Welt, auf einer kleinen Insul Amrom genannt, so in der West-See liegt, und zum Stifte Ripen in Jütland gehöret. Wie meine Landes-Leute ihre Nahrung von der See haben, so bin ich auch in Zeiten, von meinem zwölfften Jahre an, beflissen gewesen, dereinst einen tüchtigen See-Mann abzugeben; Ich habe bis ins dritte Jahr eine und andere Reise gethan, da ich zugleich mit dreyen meiner Landes-Leute, Richard Flor, Jens Nikelsen und Hark Nikelsen, Jürgen Oksen von Föhr, und dreyen vom Elbstrom, mich bey der Stelle im Canal, so Sordels (Scilly-Inseln) genannt wird, den 10. Martii 1724 von einem türckischen Caper muste gefangen nehmen und nach Algier schleppen lassen. Ich wurde auf dem Marckte für 1000 Cartuches, oder 1000 Marck Lüb: verkauft ...“

Mit diesen Worten schildert der von der damals noch zum Königreich Dänemark gehörenden nordfriesischen Insel Amrum stammende Seemann Harck Olufs seine Gefangennahme durch die berüchtigten Barbareskenkorsaren. Zwischen dem 16. und dem frühen 19. Jahrhundert waren diese nach den nordafrikanischen Berber-Stämmen benannten Seeräuber die Geißel der Handelsschiffe aller Nationen im Mittelmeer. Von ihren Stützpunkten aus machten die Korsaren bis weit in den Atlantik hinein Jagd auf europäische Handelsschiffe. Im Gegensatz zu gewöhnlichen Piraten betrachteten sich die Barbareskenstädte als souveräne Staaten, die sich in einem dauerhaften Kriegszustand mit den christlichen europäischen Nationen befanden.

Die Gefangennahme war für Olufs ein traumatisches Erlebnis. Die Korsaren nahmen Besatzungen und Passagiere der gekaperten Schiffe gefangen, um Lösegeld zu erpressen oder um sie als Sklaven zu verkaufen. Zehntausende Seeleute aus allen Ländern Europas hatten so im Laufe der Jahrhunderte Olufs' Schicksal geteilt und waren in die nordafrikanische Sklaverei geraten. Auch die christliche Seite beteiligte sich an diesem schmutzigen Geschäft, denn gleichsam im Gegenzug wurden auf den Sklavenmärkten von Malta, Livorno oder Neapel unzählige Muslime zum Verkauf angeboten.

Das Schicksal der Barbareskensklaven war in der Regel entsetzlich, besonders wenn sie an einen grausamen Herrn oder als Rudersklaven auf die Korsarenschiffe verkauft wurden. Flucht war so gut wie aussichtslos, und die einzige Hoffnung auf die Wiedererlangung der Freiheit bestand im Freikauf, entweder durch mitleidige Kaufleute, durch das Heimatland oder die Heimatstadt. Daher versuchten die Sklaven, ihre Verwandten und Freunde möglichst schnell durch einen Brief von ihrer Gefangennahme in Kenntnis zu setzen. Mitunter führte bereits die Nachricht, dass ihr Schiff gekapert worden war, zu Bemühungen, sie freizukaufen. Doch waren die dazu nötigen Summen meist so groß, dass die Angehörigen der Seeleute sie nicht alleine aufbringen konnten. Sie waren deshalb auf Kollekten und Spenden angewiesen. Später versuchte man, die notwendigen Geldmittel durch sogenannte Sklavenkassen, eine Art Zwangsversicherung für Seeleute, aufzubringen. Den Anfang machten im 17. Jahrhundert die Hansestädte Hamburg und Lübeck; Dänemark folgte zu Beginn des 18. Jahrhunderts.

Ein Beispiel aus Flensburg dokumentiert den typischen Verlauf einer solchen Auslösung: Im Jahre 1721 war das Schiff des Flensburger

Schiffers Baltzer Nissen von algerischen Korsaren aufgebracht und die Besatzung in die Sklaverei verkauft worden. Die Angehörigen der Besatzung wandten sich darauf hilfesuchend an Bürgermeister und Rat der Stadt Flensburg, die jedoch, da die Kopenhagener Sklavenkasse ebenso leer war wie die Flensburger Stadtkasse, nicht mehr tun konnten, als durch einen Aufruf die Bürger zu bitten, für das Lösegeld der Gefangenen zu spenden. Innerhalb von zwei Jahren wurde so eine Summe von fast 6000 Mark gesammelt, die zusammen mit dem Ertrag von Kollekten der drei Flensburger Stadtkirchen von 3300 Mark zur Auslösung der Gefangenen verwendet wurde, sodass Bürgermeister und Rat der Stadt Flensburg am 31. Dezember 1723 über die Freilassung des Schiffers Baltzer Nissen und seiner Besatzung unterrichtet werden konnten.

Doch auf einen Fall einer Kaperung mit glücklichem Ausgang – das heißt die Auslösung der gefangenen Seeleute – kamen unzählige, in denen die Gefangenen nie wieder die Freiheit zurückerlangten und den Rest ihres Lebens in der Sklaverei verbringen mussten.

Harck Olufs fand einen besonderen Weg, mit dieser Angst umzugehen. Anders als vielen sei-

Ein bewaffnetes französisches Handelsschiff wird von zwei nordafrikanischen Korsarenschiffen angegriffen. Gemälde von Aert Anthonisz, um 1600

ner Leidensgenossen gelang es dem geistig beweglichen Olufs schon bald, sich der fremden, islamisch geprägten Welt Nordafrikas anzupassen. Der junge, begabte Sklave lernte Türkisch und Arabisch und stieg dank seiner Tüchtigkeit und Zuverlässigkeit innerhalb weniger Jahre im Dienst des Herrschers der Stadt Constantine im heutigen Algerien vom einfachen Lakaien bis zum Schatzmeister auf. In dieser bedeutenden Stellung kam auch Olufs zu Reichtum, denn der Bey belohnte ihn großzügig für seine treuen Dienste. Bald besaß der Sklave Harck Olufs selbst Land, Kamele, Schafe und Bedienstete.

Auch als Soldat bewährte sich der junge Amrumer. Der Bey ernannte ihn zum Kommandeur seiner 500 Reiter starken Leibgarde und, nachdem er seine Tapferkeit unter Beweis gestellt hatte, zum Obersten der Kavallerie. Er nutzte Olufs aber auch als Mann fürs Grobe. So befahl ihm der Bey, zwei Maurer umzubringen, die seinen Schatz in einem Turm eingemauert hatten.

Zu Hause auf Amrum hatte man offenbar nichts von Harck Olufs' ungewöhnlicher Karriere erfahren. Verzweifelt versuchte sein Vater, das Lösegeld für seinen Sohn aufzubringen, doch noch bevor er ihn auslösen konnte, kehr-

Die Barbaresken – Geißel des Mittelmeeres

Die nordafrikanischen Barbareskenkorsaren bedrohten ab dem 16. Jahrhundert die Handelsschiffe im Mittelmeer. Ihre wichtigsten Operationszentren waren Tripolis, Tunis, Algier und Sallée. Angesichts begrenzter natürlicher Ressourcen hatten sich die Städte auf Seeraub verlegt, um die notwendige Nahrungs- und Rohstoffzufuhr zu sichern. Dabei betrachteten sich die islamischen Barbaresken jedoch nicht als Piraten, sondern als Kaperfahrer, die einen permanenten Krieg gegen christliche Staaten führten.

Neben der Ladung und den Schiffen selbst – in den waldarmen Regionen Nordafrikas die wichtigste Quelle für Bauholz – waren die Besatzungen und die Passagiere der Schiffe als Sklaven die begehrteste Beute für die Barbaresken. Die Zahl der christlichen Sklaven in den Korsarenstädten war beträchtlich. So wird geschätzt, dass in der ersten Hälfte des 17. Jahrhunderts allein in Algier mehr als 20 000 christliche Sklaven verkauft worden sind, ähnlich viele in den anderen Korsarenstädten.

Der Niedergang der Barbaresken ab der Mitte des 18. Jahrhunderts war neben Seuchen und Hungersnöten vor allem auf den Aufstieg der großen europäischen Seemächte zurückzuführen. Großbritannien und Frankreich hatten die Zahl ihrer Kriegsschiffe im Mittelmeer drastisch erhöht. Daher verlegten die Piraten sich auf die Kaperung von Schiffen kleinerer Nationen. Für Schiffe aus Holland, Schweden, vor allem aber Dänemark und den Herzogtümern Schleswig und Holstein blieb das Mittelmeer gefährlich.

Besonders während der Revolutions- und napoleonischen Kriege erlebte die Kapertätigkeit der Barbaresken noch einmal einen Aufschwung. Diese letzte Blüte des nordafrikanischen Seeräuber-Unwesens war jedoch nur kurz, denn der Angriff der Briten auf Algier 1816 und die Kolonialisierung Nordafrikas durch die Franzosen im Jahre 1830 machten dem Treiben der berüchtigten Barbareskenkorsaren endgültig ein Ende.

 Algerische Piraten rauben an der Küste der Provence ein Mädchen, Holzschnitt um 1835

te der verlorene Sohn nach fast zwölf Jahren in der Fremde im April 1736 auf seine Heimatinsel zurück. Wenige Monate zuvor, am 31. Oktober 1735, hatte ihm sein greiser Herr die Freiheit geschenkt. Der Grund für Olufs' Rückkehr war jedoch weniger der Wunsch gewesen, seine Heimat wiederzusehen, als die Furcht, beim Tod des Beys und dem anschließenden Machtwechsel sein Leben zu verlieren.

Die Amrumer begegneten dem Rückkehrer mit einigem Misstrauen, denn sie hatten den Verdacht, dass er seine Anpassung an die nordafrikanischen Gepflogenheiten etwas zu weit getrieben haben und vom christlichen Glauben abgefallen sein könnte – tatsächlich gibt es Hinweise, die darauf schließen lassen, dass er seinen erstaunlichen Aufstieg wohl auch dem Übertritt zum Islam verdankte. Zudem kehrte Harck Olufs als reicher Mann zurück, während andere Familien ihr Hab und Gut verloren, um ihre Angehörigen aus der Sklaverei auszulösen.

Wohl um sich für sein Verhalten in der Fremde zu rechtfertigen, begann Olufs nach seiner Rückkehr, seine Memoiren aufzuzeichnen. In der nüchternen Darstellung seiner Erlebnisse fehlen die Emotionen, die man eigentlich in einem solchen Bericht erwartet, fast völlig. Ebenfalls fällt auf, dass Olufs' Schilderung meist dort abbricht, wo es spannend wird. So erwähnt er zwar, dass er seinen Bey auf eine Pilgerfahrt nach Mekka begleitete, hüllt sich aber insgesamt über diese für den Leser sehr interessante Reise auffallend in Schweigen.

Möglicherweise ging es Harck Olufs in seinen Erinnerungen weniger um eine Aufarbeitung seines Schicksals als darum, die Amrumer davon zu überzeugen, dass er in all den Jahren dem christlichen Glauben treu geblieben war. Obgleich Olufs den Verdacht, er sei vom Glauben abgefallen, nie ganz ausräumen konnte, wurde er nach einer Prüfung seines Glaubens vom Pastor konfirmiert und damit wieder in die christliche Gemeinde aufgenommen, wobei er übrigens während des Gottesdienstes seine türkische Uniform trug.

Die Gerüchte und Unterstellungen dauerten weit über Olufs' Tod hinaus an. Man munkelte, dass seine Seele keine Ruhe gefunden habe. So erschien sein Geist den Amrumern noch lange, nachdem er am 13. Oktober 1754 unerwartet im Alter von 46 Jahren gestorben war. Bis in die Mitte des 19. Jahrhunderts hinein wurde auf der Insel erzählt, man habe ihn gesehen, wie er zwischen dem Kirchdorf Nebel und dem Süddorf nach seinem Schatz suche.

Harck Olufs' Schicksal war zugleich typisch und außergewöhnlich: typisch, weil er wie Tausende andere Seeleute in die nordafrikanische Sklaverei geriet, ungewöhnlich durch seine erstaunliche Karriere im Dienste des Beys von Constantine.

🚢 Der Stich aus dem 19. Jahrhundert zeigt die Stadt Constantine in Algerien, in der Harck Olufs vom Sklaven zum Kommandeur der Leibgarde des Beys aufstieg.

JAMES COOK
DER GRÖSSTE ENTDECKER
ALLER ZEITEN

Kapitän Cook war wütend. In der Nacht hatten Einheimische ein Boot gestohlen. Er beschloss, an Land zu gehen und einen der Häuptlinge als Geisel zu nehmen, um auf diese Weise die Rückgabe des Bootes zu erpressen. Unzählige Male hatte er mit einem solchen Vorgehen Erfolg gehabt, doch an diesem Tag führte es geradewegs in die Katastrophe. Am Strand von Hawaii, für viele Menschen ein Inbegriff der Romantik, wurde der größte Entdecker aller Zeiten von den Inselbewohnern erschlagen.

James Cook war am 27. Oktober 1728 als zweites von acht Kindern im Dorf Marton-in-Cleveland in Yorkshire, England, geboren worden. Sein Vater hatte sich vom einfachen Landarbeiter zum Gutsverwalter emporgearbeitet. Mit 17 wurde Cook bei einem Kaufmann in die Lehre gegeben. Doch bereits anderthalb Jahre später beschloss er, Seemann zu werden. Und er hatte Glück, denn sein Lehrherr sorgte großzügig dafür, dass John Walker, ein Reeder aus Whitby, ihn als Schiffsjungen einstellte.

Whitby war damals das Zentrum des englischen Kohlentransports. Von der kleinen Hafenstadt aus brachten die langsamen, aber seetüchtigen Kohlenschiffe den Brennstoff nach London. An Bord dieser Schiffe entwickelte sich James Cook in den nächsten zehn Jahren zu einem erfahrenen Seemann. So stieg er nach und nach bis zum Steuermann auf. Doch als ihm Walker im Sommer 1755 das Kommando über ein Schiff anbot, lehnte Cook ab. Stattdessen meldete er sich für den Dienst in der Royal Navy. Angesichts der harten Disziplin gab es damals in der Marine nur wenige Freiwillige – und nur selten Männer vom

Kaliber Cooks. Seine Fähigkeiten blieben daher nicht lange unbemerkt: Rasch beförderte man Cook zum Steuermann. Als solcher war er für die Navigation des Schiffes zuständig und in Status und Bezahlung einem Leutnant gleichgestellt, besaß aber nur den Rang eines Deckoffiziers.

Nun hatte er Gelegenheit, sein außergewöhnliches Talent zu beweisen: Während des Siebenjährigen Krieges von 1756 bis 1763 vermaß Cook den Sankt-Lorenz-Strom und ermöglichte so den Briten die Eroberung der Stadt Quebec – die von Cook gezeichnete Karte wurde noch 100 Jahre später verwendet. Auch nach dem Ende des Krieges blieb Cook zunächst in Kanada. Er kartografierte die Küsten Labradors und Neufundlands. Zugleich begann er, sich einen Namen als Wissenschaftler zu machen. 1766 fand seine Beobachtung einer totalen Sonnenfinsternis sogar den Beifall der britischen Königlichen Akademie der Wissenschaften. Als die Royal Academy 1768 die britische Marine bat, eine Expedition zur Pazifikinsel Tahiti auszurüsten, um dort den Durchgang des Planeten Venus vor der Sonne zu beobachten, wurde James Cook zum Leiter der Forschungsreise auserkoren. Man hoffte, durch die Vermessung dieses Ereignisses die Entfernung der Erde zur Sonne bestimmen zu können.

Mit 40 Jahren wurde Cook nun zum Leutnant befördert. Für die gefahrvolle Reise wählte er einen Schiffstyp, dessen Seetüchtigkeit er in den rauen Gewässern der Nordsee schätzen gelernt hatte. Die *Endeavour* war ein ehemaliges Kohlenschiff, in dessen Laderaum ein zusätzliches Deck eingezogen worden war,

Am 14. Februar 1779 wird James Cook von Hawaiianern getötet. Stahlstich, um 1810

um die aus 94 Offizieren, Wissenschaftlern und Seeleuten bestehende Besatzung unterbringen zu können.

Nicht erst am Ziel der Reise sollten neue Erkenntnisse gewonnen werden, auch die Fahrt selbst diente der Wissenschaft. An Bord waren spezielle Lebensmittel, wie Sauerkraut, Zitronensaftkonzentrat und Malzextrakt, von denen man hoffte, dass sie den Ausbruch von Skorbut verhindern würden. Zugleich achtete Cook streng auf Hygiene.

Am 25. August 1768 stach die *Endeavour* von Plymouth aus in See. Cooks Anweisung lautete, um die Südspitze Südamerikas herum nach Tahiti zu segeln. Nachdem das Schiff auf Madeira frische Vorräte an Bord genommen hatte, erreichte es im November Rio de Janeiro. Im Januar 1769 wurde Kap Hoorn gesichtet, und drei Monate später ging die *Endeavour* schließlich in der Matavaibucht auf Tahiti vor Anker.

Cooks Maßnahmen bewährten sich. Auf der langen Reise verlor er zwar vier Männer durch Unfälle und einen durch Selbstmord, aber niemanden durch Skorbut. Und auch nach der Ankunft hielt Cook sein strenges Regiment aufrecht. Er schärfte seinen Seeleuten ein, sich den Tahitianern gegenüber respektvoll zu verhalten. Er selbst bemühte sich, zu den Häuptlingen Tepau und Tuteha freundschaftliche Kontakte zu knüpfen.

Am 3. Juni 1769 beobachteten Cook, der Astronom Charles Green und der Botaniker Daniel Carl Solander bei wolkenlosem Himmel „den ganzen Durchgang des Planeten Venus über die Sonnenscheibe". Einen Monat später verließ die *Endeavour* Tahiti. Cook sollte nun nach Süden segeln, um nach der Terra australis zu suchen, einem Kontinent, den man auf der Südhalbkugel vermutete. Man nahm an, dass er sich bis zum Südpol erstreckte. Sollte die Suche ohne Erfolg bleiben, hatte Cook den Auftrag, das 1642 von dem niederländischen Seefahrer Abel Tasman entdeckte Neuseeland zu erkunden. Mit an Bord war auch der Tahitianer Tepau, der sich in den folgenden Monaten als nützlicher Führer und Dolmetscher erwies.

Vergeblich suchte die *Endeavour* nach einem Hinweis auf die Existenz der Terra australis. Schließlich gab Cook den Befehl, einen nördlichen Kurs einzuschlagen. Anfang Oktober erreichte er die Ostküste Neuseelands. Schon der erste Kontakt mit den Einheimischen zeigte den Briten, dass sich die wilden und kriegerischen Maori deutlich von den freundlichen Tahitianern unterschieden. Fast ein halbes Jahr lang erkundeten und kartografierten die Wissenschaftler die umliegenden Gewässer. Dabei entdeckte Cook, dass Neuseeland aus zwei Inseln besteht und nicht Teil eines südlichen Kontinents ist, wie man bislang angenommen hatte.

Erst im März 1770 verließ Cook Neuseeland, um über Niederländisch-Ostindien, das heutige Indonesien, nach England zurückzukehren. Unterwegs wollte er nach der von den Niederländern entdeckten Insel „Neuholland" suchen, die erst später, als man die Suche nach der Terra australis aufgegeben hatte, den Namen Australien erhielt. Nach knapp drei Wochen sichtete der Ausguck Land – es war die Ostküste Australiens. Die *Endeavour* erkundete die nach Norden verlaufende Küste und passierte dabei auch den Ort, an dem heute der Hafen Sydneys zu finden ist. Einige Zeit später erreichten die Briten das gefährliche Labyrinth des Großen Barrier-Riffs, wo die *Endeavour* in der Nacht zum 11. Juni 1770 auf einen Felsen auflief. Nur mit Glück und harter Arbeit gelang es, das Schiff vom Riff zu ziehen. In einer geschützten Bucht ließ man die *Endeavour* trockenfallen, um sie zu reparieren.

In der ersten Augustwoche stach Cook wieder in See. Vorsichtig segelte er die Küste entlang und passierte die gefährliche Torresstraße zwischen Australien und Neuguinea. Nach einem Aufenthalt auf Java begann die Heimreise um das Kap der Guten Hoffnung. Nach einer fast dreijährigen Weltumsegelung traf die *Endeavour* im Juli 1771 wieder in England ein.

Dieses Modell zeigt eindrucksvoll die Enge an Bord der *Endeavour*. Das kleine, nur knapp 40 Meter lange Schiff war vollgestopft mit Ausrüstung, Trinkwasser und Proviant sowie 70 Mann Besatzung. Gut zu erkennen ist auch der flache Schiffsboden. Dies war ein entscheidender Vorteil bei Expeditionen in unbekannte Gewässer, da das Schiff im Notfall oder für Reparaturen leicht auf den Strand gesetzt werden konnte.

Dort wurden Cooks Entdeckungen begeistert aufgenommen; König Georg III. beförderte ihn zur Belohnung zum Commander. Doch schon nach kurzer Zeit begannen die Planungen für eine neue Suche nach der Terra australis. Diesmal wurden gleich zwei Schiffe ausgerüstet, ebenfalls ehemalige Kohlentransporter. Cook befehligte die größere *Resolution*, während die kleinere *Adventure* von Tobias Furneaux kommandiert wurde.

Cooks zweite Reise startete am 13. Juli 1772 und dauerte wieder drei Jahre. Mit ihr begann die wissenschaftliche Erforschung der Antarktis. An Bord war neben zahlreichen Wissenschaftlern auch eine revolutionäre navigatorische Neuerung: der von John Harrison konstruierte „Chronometer", die erste Uhr, die auch unter den extremsten Bedingungen so exakt ging, dass man den Längengrad und damit die Position des Schiffs mit großer Präzision bestimmen konnte.

Im Januar 1773 überquerte Cook den südlichen Polarkreis. Zwischen Eisbergen manövrierten sich die Schiffe bis auf etwa 120 Kilometer an das antarktische Festland heran. Nur das sich bis weit ins Meer erstreckende Packeis hinderte sie daran, den letzten noch nicht erschlossenen Kontinent der Erde zu entdecken. Dennoch waren Cooks Erfolge beachtlich: Er überquerte als erster Seefahrer den antarktischen Polarkreis, und er bewies, dass nördlicher als 60 Grad südlicher Breite keine Terra australis existierte. Zumindest hatte er auf etwa zwei Dritteln des Erdumfangs keinen neuen Konti-

John Harrison und die Chronometer

Viele Jahrhunderte lang stützte sich die Hochseenavigation bei der Bestimmung der Schiffsposition in erster Linie auf Mutmaßungen. Insbesondere die Längengrade ließen sich lange Zeit nur schwer bestimmen. Erst im Laufe des 18. Jahrhunderts wurden Methoden entwickelt, die auch auf hoher See eine genaue Positionsbestimmung erlaubten. Als einfachste Möglichkeit der Längenbestimmung erwies sich der Abgleich der Ortszeit mit der Zeit eines Vergleichsortes, dessen geografische Lage bekannt war.

Für dieses Verfahren benötigte man jedoch eine Uhr, deren Genauigkeit nicht durch Seegang und Temperaturschwankungen beeinträchtigt wurde. Erst der englische Uhrmacher John Harrison (1693-1776) meisterte diese Herausforderung. Die von ihm konstruierten „Chronometer" wichen auch unter extremsten Bedingungen kaum von der tatsächlichen Uhrzeit ab. Bereits 1735 hatte er sich mit seinem ersten Chronometer „H1" erfolglos um ein vom englischen Parlament ausgelobtes Preisgeld für eine praxistaugliche Methode zur Bestimmung des Längengrads beworben. In den folgenden Jahren baute er weitere Uhren. 1762 schließlich wurde Harrisons vierter Chronometer, die berühmte „H4", auf einer Reise nach Jamaika getestet. Bei der Rückkehr stellte man fest, dass die Uhr lediglich eine Abweichung von fünf Sekunden aufwies. Dennoch erhielt Harrison erst 1773 die volle Summe des Preisgelds ausgezahlt.

Auch letzte Zweifel an der Zuverlässigkeit der Chronometer wurden bald ausgeräumt. Auf seiner zweiten Reise in die Südsee hatte Cook einen nach Harrisons Vorlage konstruierten Chronometer an Bord, der so genau ging, dass am Ende der Reise die errechnete und die tatsächliche Position nur um acht Seemeilen voneinander abwichen. Damit war der endgültige Beweis erbracht, dass der Chronometer eine exakte Berechnung des Längen- und Breitengrades ermöglichte. Bis zur Einführung der satellitengestützten Positionsbestimmung durch GPS blieb dies die Standardnavigationsmethode in der Hochseeschifffahrt.

John Harrisons Chronometer H4, das bahnbrechende Modell, war wesentlich kleiner als seine Vorgänger.

nent entdeckt. Für seine außergewöhnlichen Leistungen wurde er bei seiner Rückkehr zum Kapitän zur See befördert und zum Mitglied der Royal Society gewählt.

Cooks Reisen hatten den Traum von einem riesigen, reichen Kontinent im Südpazifik endgültig zerplatzen lassen. Aber damit waren nicht alle geografischen Geheimnisse gelöst: Noch gab es die Hoffnung, die legendäre Nordwestpassage zu finden, einen Seeweg, der im Norden Nordamerikas den Atlantischen mit dem Pazifischen Ozean verbinden sollte. Und so stach James Cook am 12. Juli 1776 mit der *Resolution* von Plymouth aus erneut in See. Als Navigationsoffizier diente ein junger, hochbegabter Seemann namens William Bligh. Die

Resolution wurde diesmal von der *Discovery* begleitet, die unter dem Kommando von Kapitän Charles Clerke stand, der auch an den ersten beiden Expeditionen teilgenommen hatte.

Von Anfang an stand Cooks Suche nach der Nordwestpassage unter keinem guten Stern: Schäden am Schiff und an der Takelage, die auf mangelhafte Werftarbeit in England zurückzuführen waren, verzögerten die Reise. Erst im August 1777 erreichte Cook Tahiti. Da es zu spät war, um noch vor Einbruch des Winters die nordamerikanische Pazifikküste zu erkunden, ging Cook weiter südlich auf Entdeckungsreise. Im Januar 1778 sichteten die beiden Schiffe die Hawaii-Inseln. Dort blieben sie jedoch nur kurz, um ihre Vorräte zu ergänzen.

Gut zwei Monate später meldete der Ausguck, dass Land zu sehen sei: die nordamerikanische Küste, auf der Höhe des heutigen Oregon. Die Schiffe folgten der Küste weiter nach Norden und erreichten am 9. August 1778 die Beringstraße. Eine Eisbarriere verwehrte ihnen jedoch die Weiterfahrt. Um die Schiffe zu überholen und seinen Männern ein wenig Ruhe zu gönnen, beschloss Cook, zu den Hawaii-Inseln zurückzukehren. Auch als Ausgangspunkt für weitere Erkundungen benötigte Cook einen sicheren Ankerplatz. Seine Wahl fiel schließlich auf die Kealakekua-Bucht im Westen Hawaiis. Hier gingen die *Resolution* und die *Discovery* am 17. Januar 1779 vor Anker.

Der Empfang durch die Hawaiianer war überwältigend. Sie glaubten, Cook sei niemand anderes als ihr Gott Lono, der mit seinen magischen Kanus über das Meer gekommen war. Allerdings verstanden die Hawaiianer nicht, weshalb Lono und seine Männer so geizig mit Geschenken waren – vor allem mit Gegenständen aus Eisen. Und so nahmen sie sich, was sie nicht geschenkt bekamen. Sie schwammen nachts hinaus, um Nägel aus den Schiffsrümpfen zu ziehen. Dennoch ließen sie nicht nach, Cook und seine Leute mit Festen zu ehren und mit Speisen zu überhäufen. Nachdem die englischen Seeleute die Schiffe überholt hatten, verließen die *Resolution* und die *Discovery* am 4. Februar 1779 die gastliche Insel.

Schon wenig später tauchten die Schiffe allerdings erneut in der Kealakekua-Bucht auf. Drei Tage nach dem Auslaufen war in einem Sturm der Fockmast der *Resolution* gebrochen. Die Hawaiianer waren von Cooks Rückkehr alles andere als begeistert. Bei ihrem ersten Besuch hatten die englischen Seeleute fast die gesamten Vorräte der Insulaner verbraucht. Zugleich fühlten sich die Hawaiianer betrogen. Sie hatten Cook und seine Männer für Götter gehalten, und nun zeigte sich, dass auch sie nur gewöhnliche Sterbliche waren. Rasch bemerkten die Briten die veränderte Stimmung: Die an Land arbeitenden Männer wurden mit Steinen beworfen, und auch die Zahl der Diebstähle nahm zu. Als sogar das Beiboot der *Discovery* gestohlen wurde, riss Cook der Geduldsfaden. Um das unersetzliche Boot wiederzubeschaffen, wollte er einen Häuptling an Bord seines Schiffes locken und ihn als Geisel festhalten, bis das gestohlene Boot zurückgegeben wurde.

Am Morgen des 14. Februar ging Cook mit einigen Marineinfanteristen an Land. Er war mit einer zweiläufigen Muskete bewaffnet, einen Lauf hatte er mit Schrot, den anderen mit einer Kugel geladen. Zunächst sah es so aus, als ob Cooks Plan glücken würde. Er war bereits in Begleitung des Häuptlings Kalei' opu'u auf dem Weg zum Strand, als ihm plötzlich ein bewaffneter Krieger den Weg versperrte. Cook feuerte zur Warnung die Schrotkugeln ab, die den Mann aber kaum verletzen konnten. Die Hawaiianer griffen an, es kam zu einem heftigen Gefecht. James Cook wurde getötet.

Nach Cooks Tod übernahm Kapitän Charles Clerke von der *Discovery* das Kommando. Es gelang ihm, einige Teile der von den Hawaiianern zerstückelten Leiche zurückzubekommen, die er feierlich auf See bestatten ließ. Nach einem weiteren erfolglosen Versuch, die Nordwestpassage zu finden, gab er schließlich den Befehl zur Rückreise. Noch während der Heimfahrt starb Clerke jedoch an Tuberkulose. Nach vier Jahren und drei Monaten gingen die *Resolution* und die *Discovery* am 4. Oktober 1780 ohne ihre Kapitäne auf der Themse vor Anker.

Bis heute gilt James Cook als der größte Seefahrer aller Zeiten. In nur elf Jahren hat er auf seinen drei Entdeckungsreisen das Bild der Welt entscheidend erweitert: Er fügte den Landkarten seiner Zeit das östliche Australien, Neuseeland, unzählige südpazifische Inseln und die Küste Alaskas hinzu. Auch auf einem anderen Feld errang er einen entscheidenden Sieg: Während seiner Reisen hat Cook nicht einen Mann durch Skorbut verloren.

Capt. JOHN PAUL JONES,

JOHN PAUL JONES EIN AMERIKANISCHER NATIONALHELD ZUR SEE

Jones verfügt über Geschick und Verschwiegenheit und strebt ganz nach oben ... (Er) ist der ehrgeizigste und intriganteste Offizier der amerikanischen Marine ... Exzentrisches und regelwidriges Verhalten sind von ihm zu erwarten. Sie liegen in seinem Charakter." John Adams, der spätere zweite Präsident der USA, charakterisierte mit diesen Worten im Jahr 1779 einen Mann, der in Amerika bis heute als Nationalheld gilt. Für die Briten hingegen war John Paul Jones ein Verräter. Während des Amerikanischer Unabhängigkeitskrieges kämpfte der gebürtige Schotte im Dienst der amerikanischen Kontinentalmarine und brachte der stolzen Royal Navy empfindliche Niederlagen bei.

Der spätere Seeheld wurde am 6. Juli 1747 als John Paul in dem kleinen Ort Arbigland im schottischen Kirchspiel Kirkbean geboren. Dem Sohn eines Gärtners war der Seemannsberuf nicht in die Wiege gelegt worden, dennoch zog es ihn früh zur See. Als Kind konnte er ganze Tage in Carsethorn verbringen, einem nahe seines Heimatdorfes gelegenen Hafenort am Solway Firth. Außerdem bot der Seemannsberuf aufgeweckten und intelligenten jungen Männern damals beste Chancen für einen beruflichen und sozialen Aufstieg. Im Alter von zwölf Jahren begann John Paul schließlich seine Seefahrtskarriere: Er wurde Schiffsjunge bei John Younger, einem schottischen Kaufmann und Handelsschiffskapitän. Seine erste Reise führte den jungen John Paul nach Westindien und Nordamerika, wo er seinen älteren Bruder William besuchte. Dieser hatte sich als Schneider in der Stadt Fredericksburg in der damaligen britischen Kolonie Virginia niedergelassen; vermutlich hatte er wie viele Menschen gehofft, in der Neuen Welt sein Glück zu machen.

Nach dem Bankrott von John Younger im Jahre 1766 heuerte John Paul auf einem Sklavenschiff an. Obgleich der 19-Jährige schon bald zum Ersten Offizier aufstieg, hatte er nach zwei Jahren genug von diesem schmutzigen Geschäft. Er beschloss, als Passagier auf einem Handelsschiff nach Schottland zurückzukehren. Als auf der Heimreise der Kapitän und Erste Offizier an Fieber starben, bot sich John Paul eine einmalige Gelegenheit: Er brachte das Schiff sicher nach Hause und wurde von dem dankbaren Reeder – mit erst 21 Jahren – zum neuen Kapitän befördert.

Aber das Glück blieb ihm nicht lange hold. 1770 geriet er aufgrund seines hitzigen Temperaments zum ersten Mal in ernste Schwierigkeiten. Er hatte einen Seemann seiner Besatzung auspeitschen lassen und wurde bei seiner Rückkehr der übermäßigen Grausamkeit beschuldigt. Sein Ruf als Kapitän litt erheblich unter diesem Vorfall, auch wenn das gegen ihn eingeleitete Gerichtsverfahren eingestellt wurde.

1772 kaufte John Paul in Westindien ein eigenes Schiff, doch handelte er sich im folgenden Jahr wegen seines Jähzorns und seiner Hitzköpfigkeit erneut Ärger ein. Auseinandersetzungen mit seinen Seeleuten über die Heuer führten in Tobago zu einem Aufruhr. Während die Mannschaft, die zum Teil von der Insel stammte, einen Teil ihres Lohnes forderte, wollte Paul sie erst in London auszahlen. Der Konflikt eskalierte immer mehr. Als der Rädelsführer, ein berüchtigter Schläger und Raufbold, sich anschickte, auch ohne Erlaubnis das Schiff zu verlassen und an Land zu gehen, wollte John Paul ihn daran hindern. Es kam zu einem Handgemenge, in dem John Paul den Kürzeren zog. Er floh in seine Kajüte. Mit seinem Degen bewaffnet, kehrte er an Deck zurück, wo ihn der Rädelsführer mit einem schweren Knüppel attackierte, woraufhin Paul ihn mit seiner Klinge erstach.

Obgleich die Tat als Notwehr gelten konnte, wurde John Paul von seinen Freunden gewarnt: Sollte die Sache vor Gericht kommen, könnte ihm eine Verurteilung drohen. Um einer Anklage wegen Mordes zu entgehen, floh er deshalb Hals über Kopf nach Virginia. Das Schiff und seinen gesamten Besitz ließ er zurück. Zugleich änderte er seinen Namen in John Paul Jones, um sich einer weiteren Strafverfolgung zu entziehen.

Im Jahr 1775 brach der Amerikanische Unabhängigkeitskrieg aus, 13 nordamerikanische Kolonien rebellierten gegen ihr britisches Mutterland. Auslöser des Aufstands war wie so oft ein Streit um Geld. Nach dem Ende des Siebenjährigen Krieges hatte das britische Parlament beschlossen, auch die Kolonien in Nordamerika zur Deckung der Kriegskosten heranzuziehen. Ab 1764 wurden daher Einfuhrzölle auf Zucker, Kaffee, Wein, Textilien und viele andere Waren erhoben. Bis zu diesem Zeitpunkt hatte sich Großbritannien nicht in die inneren Angelegenheiten der Kolonien eingemischt. Umso größer war der Schock, als es nun damit begann, die Kolonisten zu besteuern und zu bevormunden.

Weil die nordamerikanischen Kolonien im britischen Parlament weder Sitz noch Stimme besaßen, sahen sie durch dessen Beschlüsse ihre Rechte verletzt und lehnten die Besteuerung ab. Der Widerstand wuchs: 1770 kam es in Boston zu einem blutigen Zusammenstoß mit britischen Soldaten, und im Dezember 1773 überfielen als Indianer verkleidete Bürger aus Protest gegen die Teesteuer im Hafen von Boston ein englisches Schiff und warfen dessen

Teeladung über Bord. Als Regierung und Parlament in London auf diese sogenannte Boston Tea Party mit Strafmaßnahmen reagierten, erklärten die Delegierten der britischen Kolonien in Nordamerika auf dem Ersten Kontinentalkongress in Philadelphia im Oktober 1774 die Steuergesetze des britischen Parlaments für verfassungswidrig. Die Lage wurde immer angespannter: Im April 1775 kam es zu ersten Gefechten mit britischen Truppen, und am 4. Juli 1776 erklärte der Zweite Kontinentalkongress die Unabhängigkeit der 13 nordamerikanischen

Kolonien. John Paul Jones beschloss, auf der Seite seiner neuen Heimat zu kämpfen, ging nach Philadelphia und trat im Rang eines Leutnants in die gerade erst gegründete Kontinentalmarine ein.

Von Anfang an verlief der Krieg wenig günstig für die Briten. Es fiel ihnen schwer, die militärischen Ressourcen für eine effektive Blockade der rund 3000 Kilometer langen nordamerikanischen Atlantikküste und entscheidende Offensiven an Land aufzubringen. Auch die große Entfernung zwischen

Großbritannien und dem nordamerikanischen Kriegsschauplatz erschwerte die strategische Kriegsführung und die Versorgung der Truppen. Zudem war die Meinung über den Krieg in Großbritannien gespalten. Vor allem die liberalen Whigs zeigten große Sympathien für den Freiheitskampf der Kolonisten, die für sich Freiheitsrechte beanspruchten, die man seit der Glorious Revolution von 1688 durchaus als urbritisch bezeichnen konnte.

Während an Land die amerikanischen Milizen das britische Heer immer wieder in Be-

Am 16. Dezember 1773 warfen als Indianer verkleidete Bostoner drei Ladungen Tee von Schiffen der britischen East India Company ins Hafenbecken. Die Briten reagierten mit Zwangsmaßnahmen auf diese sogenannte Boston Tea Party, was wiederum zu einem Auslöser für den Amerikanischen Unabhängigkeitskrieg wurde. Lithografie aus dem Jahr 1846

drängnis brachten, standen auf See der Royal Navy nur die Marinen der Einzelstaaten und die kleine amerikanische Kontinentalmarine gegenüber. Dagegen stellten die zahlreichen amerikanischen Kaperschiffe durchaus eine ernsthafte Bedrohung für die englische Handelsschifffahrt dar. Diese Kaperschiffe gehörten privaten Eignern, die durch ein staatliches Dokument, den sogenannten Kaperbrief, ermächtigt waren, gleichsam als „lizenzierte Piraten" alle feindlichen Schiffe aufzubringen, die ihnen vor den Bug liefen.

Obgleich die rudimentären Seestreitkräfte der aufständischen Kolonien eigentlich viel zu schwach waren, um die britische Seeherrschaft ernsthaft zu bedrohen, gelang es einigen wagemutigen amerikanischen Kapitänen dennoch,

spektakuläre Erfolge zu erzielen. Entschlossen trugen sie mit ihren Schiffen den Krieg bis in die Gewässer rund um die Britischen Inseln. Auch John Paul Jones sollte schon bald zu dieser Schar tollkühner Offiziere gehören, deren Taten in aller Munde waren. Bereits kurz nach seinem Eintritt in die Kontinentalmarine war er am 7. Dezember 1775 zum Ersten Offizier der bewaffneten Fregatte *Alfred* ernannt worden, dem Flaggschiff eines kleinen Geschwaders unter dem Befehl von Kommodore Esek Hopkins.

Bereits bei den ersten Operationen des Geschwaders zeichnete sich John Paul Jones in Kämpfen auf den Bahamas und gegen das mit 20 Kanonen bewaffnete britische Schiff *Glasgow* aus, das die Amerikaner in die Flucht schlugen. Nach der Rückkehr wurde Jones daher am 10. Mai 1776 zum Kommandanten der kleinen, einmastigen und mit 14 vierpfündigen Kanonen bewaffneten Sloop *Providence* befördert. Zwischen August und Oktober 1776 gelang es ihm, vor der nordamerikanischen Atlantikküste zwischen den Bermuda-Inseln und Nova Scotia 16 feindliche Handelsschiffe zu kapern. Zugleich konnte er sich zwei Mal geschickt der Verfolgung durch britische Fregatten entziehen. Wenig später ging Jones als Kommandant der *Alfred* erneut auf Kaperfahrt, von der er mit mehreren Prisen im Schlepptau zurückkehrte.

Trotz seiner Erfolge geriet der leicht aufbrausende Jones schon bald in Streit mit seinen Vorgesetzten, insbesondere mit Kommodore Hopkins. Jones war der Ansicht, dass dieser seine Karriere nicht genügend förderte. Gleichwohl wurde der knapp 30-jährige Seemann im Juni 1777 zum Kommandanten der neu gebauten Korvette *Ranger* ernannt. Der kleine Dreimaster war rund 33 Meter lang, mit 18 sechspfündigen Kanonen bewaffnet und besaß eine 150 Mann starke Besatzung. Jones hatte den Befehl, nach Frankreich zu segeln. Er sollte Depeschen und Neuigkeiten überbringen, die

Für die Royal Navy war John Paul Jones ein gefürchteter Gegner, weshalb die britische Propaganda ihn gern als Piraten karikierte.

von den Erfolgen der Amerikaner gegen die Briten zeugten. Die aufständischen Amerikaner hofften auf die Hilfe Frankreichs für ihren Unabhängigkeitskrieg. Doch die französische Regierung zögerte mit der Kriegserklärung an Großbritannien. Darum brach Jones Anfang April 1778 auf eigene Faust von Brest aus zu einer Fahrt rund um die Britischen Inseln auf. Damit trug er den bislang auf Nordamerika beschränkten Krieg in das Land des Feindes und traf die Briten dort, wo sie es am wenigsten erwarteten.

Er überfiel kleine Ortschaften, zerstörte mehrere Handelsschiffe und kaperte vor der irischen Küste die mit 20 Kanonen bewaffnete britische Korvette *Drake*. Bei seiner Rückkehr nach Brest am 8. Mai 1778 wurde er als Held gefeiert. Seine Eroberung war der bislang wichtigste Erfolg der Kontinentalmarine, denn er zeigte, dass die übermächtige Royal Navy nicht unbesiegbar war. Hinter der glänzenden Fassade des Sieges lauerten jedoch Streit und Missgunst. Erneut hatte sich Jones mit seiner Mannschaft überworfen. Zwar war es ihm gelungen, in Großbritannien Chaos und Zerstörung zu verbreiten, doch hatte er keine wertvollen Handelsschiffe als Beute heimgebracht, sodass sich seine Besatzung um ihren Lohn betrogen sah. In Jones' Augen wiederum waren die Seeleute nicht viel mehr als ein Haufen von Halsabschneidern, deren einziges Ziel es war, „zu plündern, zu brandschatzen und so viel zu rauben, wie sie konnten", wie er erbittert schrieb. Auf der Rückfahrt geriet er zudem mit seinem Ersten Offizier Thomas Simpson aneinander und ließ diesen sogar festsetzen.

Wohl nicht zuletzt aufgrund dieser Streitigkeiten saß Jones trotz seiner unbestreitbaren Erfolge nach seiner Rückkehr ein Jahr in Frankreich fest, bevor er das Kommando über ein neues Schiff erhielt – einen halb verrotteten, mit 52 Kanonen bewaffneten Indienfahrer, der den Amerikanern von einem französischen Reeder überlassen worden war. Zu Ehren seines Freundes, des berühmten Gelehrten Benjamin Franklin, der seit 1775 die amerikanischen Kolonien als Gesandter in Frankreich vertrat, taufte Jones sein neues Schiff auf den Namen *Bonhomme Richard*. Der Name des Schiffs war die französische Übersetzung des Pseudonyms „Poor Richard", unter dem Franklin seit 1732 seine in den nordamerikanischen Kolonien sehr beliebten Jahrbücher veröffentlichte.

Inzwischen war Frankreich an der Seite der aufständischen nordamerikanischen Kolonien in den Krieg gegen Großbritannien eingetreten. Und so läuft Jones' *Bonhomme Richard*, begleitet von der amerikanischen Fregatte *Alliance* und drei französischen Schiffen, Mitte August 1779 zu einer neuen Kaperfahrt aus. Erneut verbreitet er Angst und Schrecken entlang der britischen Küsten; sein bloßes Erscheinen reicht mitunter aus, um eine Panik unter der Bevölkerung auszulösen.

Am 23. September sichtete Jones' kleines Geschwader vor Flamborough Head an der englischen Ostküste einen britischen Konvoi, doch als er versuchte, die britischen Handelsschiffe im Schutze der Abenddämmerung anzugreifen, tauchten plötzlich zwei Geleitschiffe auf: die mit 50 Geschützen bewaffnete Zweideckerfregatte *Serapis* unter dem Kommando von Kapitän Richard Pearson und die kleinere *Countess of Scarborough*, die 20 Kanonen trug. Ohne zu zögern griff Jones an und legte sein Schiff längsseits der an Feuerkraft weit überlegenen *Serapis*. Kurz nach dem Angriff explodierten zwei von Jones' 18-Pfünder-Kanonen; viele Männer seiner Besatzung wurden getötet oder verwundet. Beide Schiffe versuchten nun, in eine günstige Schussposition zu kommen, um der Gegner mit einer Breitseite in das verwundbare Heck zu bestreichen. Doch die *Serapis* konnte besser manövrieren als die alte *Bonhomme Richard*. So befahl Jones, längsseits des Zweideckers zu gehen, um die Entscheidung im Enterkampf zu suchen. Viel Zeit blieb dafür jedoch nicht, denn langsam aber sicher schossen die britischen Geschütze den verrotteten Indienfahrer in Stücke. Der amerikanische Enterversuch scheiterte, doch als Kapitän Pearson seinen Gegner fragte, ob er sich ergeben wolle, antwortete Jones nur: „Ich habe den Kampf ja noch gar nicht begonnen."

Kurz darauf kollidierten die beiden Schiffe miteinander, wobei sich der Klüverbaum der *Serapis* in der Takelage des Kreuzmasts der *Bonhomme Richard* verhedderte. Es gelang den Briten nicht, die Verbindung zwischen den beiden Schiffen zu lösen und wieder Abstand zu gewinnen, um die überlegene Feuerkraft ihrer Geschütze einzusetzen. Stattdessen zwangen Jones' Männer die Mannschaft der *Serapis* durch Musketenfeuer und Handgranaten unter Deck. Gut zwei Stunden wogte der Kampf hin und her. Gegen 21.30 Uhr brachte eine aus der Takelage der *Bonhomme Richard* geworfene Granate eine Pulverladung zur Explosion, wodurch viele Briten getötet oder verwundet wurden. Aber auch die Situation an Bord der *Bonhomme Richard* wurde immer verzweifelter, denn das schwer mitgenommene Schiff stand kurz vor dem Sinken. Es begann ein dramatisches Duell zwischen den beiden Kommandanten, wer zuerst aufgeben würde. Gegen 22 Uhr ging schließlich der Großmast der *Serapis* über Bord. Kapitän Pearson gab auf und entschloss sich schweren Herzens zur Kapitulation. Auch die *Countess of Scarborough* hatte inzwischen vor der feindlichen Übermacht die Flagge gestrichen. In seinem Bericht an die britische Admiralität schrieb Kapitän Pearson: „Ich sah es als sinnlos und kurz gesagt unmöglich an, angesichts der Situation, in der wir uns befanden, weiteren Widerstand zu leisten, ohne Aussicht auf Erfolg, daher strich ich die Flagge. Zur gleichen Zeit ging unser Großmast über Bord." Die *Serapis* war schwer beschädigt, ein Großteil der Mannschaft gefallen oder verwundet, doch Kapitän Pearsons anhaltender Widerstand hatte es den Handelsschiffen des Konvois ermöglicht, zu entkommen.

Jones hatte einen überwältigenden, wenn auch blutigen Sieg errungen. In dem erbitterten, dreieinhalbstündigen Feuergefecht war die *Bonhomme Richard* so schwer beschädigt worden, dass sie am nächsten Tag sank. Mit der ebenfalls übel mitgenommenen *Serapis* nahm Jones Kurs auf die neutralen, aber mit den nordamerikanischen Kolonien sympathisierenden Niederlande. Von Texel aus stach er wenig später mit der *Alliance* wieder in See, um seine Kaperfahrt fortzusetzen. Erst Anfang 1780 kehrte er nach Frankreich zurück.

Während John Paul Jones in den Augen der Briten nicht mehr war als ein gewöhnlicher Pirat, wurde er in Frankreich als Held bejubelt. Für seinen grandiosen Erfolg belohnte der französische König Ludwig XVI. ihn mit einem Schwert mit goldenem Griff und schlug ihn zum Ritter. Die *Serapis* durfte er jedoch nicht behalten. Der Zweidecker war zwischenzeitlich in französischen Besitz übergegangen. Erfolglos protestierten Jones und Benjamin Franklin gegen diese in ihren Augen unrechtmäßige Veräußerung eines von Amerikanern eroberten Schiffs. Jones verließ daraufhin Frankreich und fuhr mit der *Alliance* zurück nach Amerika.

Kapitän Pearson, der Kommandant der *Serapis*, wurde aus der Gefangenschaft entlassen und kehrte nach England zurück. Obgleich er die Flagge hatte streichen müssen, wurde er aufgrund seiner Tapferkeit nicht nur von dem Kriegsgericht freigesprochen, vor dem er sich für den Verlust seines Schiffs hatte rechtfertigen müssen, sondern auch von König Georg III. zum Ritter geschlagen. Als Jones davon hörte, sagte er nur: „Sollte ich das Glück haben, ihm noch einmal im Kampf zu begegnen, werde ich ihn zum Lord machen."

Das militärische Eingreifen Frankreichs auf Seiten der aufständischen Kolonien gab schließlich den Ausschlag im Amerikanischen Unabhängigkeitskrieg. Die Kapitulation der britischen Armee bei Yorktown im Jahre 1781 markierte die britische Niederlage und das faktische Ende des Krieges in Nordamerika. 1783 erkannte Großbritannien im Frieden von Paris die Unabhängigkeit der Vereinigten Staaten von Amerika an.

Nach seiner Rückkehr wurde John Paul Jones vom amerikanischen Kongress 1787 mit einer Goldmedaille geehrt und mit dem Kommando über das im Bau befindliche Linienschiff *America* betraut. Doch es kam anders: Aus Kostengründen beschloss der Kongress nach dem Ende des Unabhängigkeitskrieges, die Marine abzurüsten und das Schiff an Frankreich zu verschenken. Nun verließ Jones seine neue Heimat. In Amerika gab es keine Verwendung mehr für ihn. Stattdessen suchte er sein Glück in Europa – und sollte es nie finden. Seine Hoffnungen auf eine Offiziersstelle in der französischen

Flotte wurden enttäuscht. Schließlich trat er als Admiral in den Dienst der russischen Marine. Während des russisch-türkischen Krieges von 1787 bis 1792 kämpfte er im Schwarzen Meer. Aber auch hier verstrickte sich Jones in Konflikte mit seinen Offizierskameraden und Vorgesetzten. Zwar gelang es ihm, die Türken zurückzudrängen, doch wurde er kurze Zeit später unter einem Vorwand nach St. Petersburg zurückbeordert. Fürst Gregorij Potemkin, ein Favorit der russischen Zarin Katharina II., hatte gegen ihn intrigiert. Untätig saß Jones nun in der russischen Hauptstadt, während er immer schwermütiger wurde. Er litt unter falschen Anschuldigungen seiner Konkurrenten und der Missachtung durch die russischen Marineoffiziere, die ihn nicht als einen der Ihren akzeptieren wollten. Und obwohl ihm im Juni 1788 mit

Am 23. September 1779 trifft John Paul Jones' Schiff *Bonhomme Richard* auf die britische Fregatte *Serapis.* In einem erbitterten Duell Schiff gegen Schiff versuchen die beiden Kommandanten, den jeweils anderen zum Aufgeben zu zwingen.

dem St.-Annen-Orden eine hohe Auszeichnung verliehen wurde, verließ Jones Russland einige Zeit später und kehrte verbittert nach Frankreich zurück.

Auch dort war ihm das Glück nicht hold. Er blieb einsam und isoliert. Außerdem war er gesundheitlich angeschlagen. Jones litt unter Gelbsucht und einer Nierenentzündung, zuletzt kam noch eine Lungenentzündung hinzu. Am 18. Juli 1792 besuchte ihn ein Bekannter na-

mens Morris, dem er sein Testament diktierte. Kurz darauf musste Morris zu einem wichtigen Termin aufbrechen. Als er zurückkam, fand er Jones kopfüber tot auf seinem Bett liegend. John Paul Jones wurde auf dem St.-Louis-Friedhof in Paris beigesetzt.

Doch Amerika sollte sich später erneut seines ersten Seehelden erinnern. Zu Beginn des 20. Jahrhunderts gelang es dem amerikanischen Botschafter in Frankreich, General

Zu Beginn des 20. Jahrhunderts erinnerte man sich in den USA wieder an den einstigen Seehelden. John Paul Jones wurde Teil des US-amerikanischen Gründungsmythos. Diese Buchillustration aus dem Jahr 1906 zeigt, wie Jones 1777 als Kommandant die Korvette *Ranger* übernimmt.

Horace Porter, Jones' sterbliche Überreste zu identifizieren. 1905 wurde sein Leichnam exhumiert und an Bord des von drei weiteren amerikanischen Kriegsschiffen eskortierten Kreuzers *USS Brooklyn* in seine Wahlheimat Amerika überführt. Als sich das kleine Geschwader der amerikanischen Küste näherte, schlossen sich sieben Schlachtschiffe der US Navy diesem letzten Geleit an und zollten somit dem wagemutigen Marineoffizier Tribut.

Am 24. April 1906 wurde der Sarg von John Paul Jones im Beisein des amerikanischen Präsidenten Theodore Roosevelt in der amerikanischen Marineakademie in Annapolis feierlich beigesetzt. 1913 bettete man seine Gebeine in ein prächtig geschmücktes Grabmal in der Krypta der amerikanischen Marineakademie um. Nach einer langen Odyssee im Leben wie im Tod hat der „Vater der US Navy" nun dort seine vermutlich letzte Ruhe gefunden.

WILLIAM BLIGH
KOMMANDANT DER BOUNTY

Der 28. April 1789 war der schwärzeste Tag seines Lebens. In den frühen Morgenstunden wird Leutnant William Bligh, Kommandant Seiner Britischen Majestät des bewaffneten Transportschiffs *Bounty*, unsanft aus dem Schlaf gerissen. Seeleute seiner eigenen Mannschaft dringen in seine Kajüte ein, fesseln ihn und bringen ihn an Deck. Hier wird ihm mitgeteilt, dass sein Erster Offizier Fletcher Christian gemeinsam mit einigen Mitgliedern der Besatzung das Kommando übernommen hat. In einem knapp acht Meter langen, offenen Boot setzen die Meuterer ihren ehemaligen Kommandanten aus – zusammen mit 18 Getreuen, Proviant für fünf Tage und mitten im Pazifischen Ozean.

Bligh schafft das Unmögliche: Sieben Wochen fährt er mit dem Tod um die Wette. Ohne Seekarte und nur mit den nötigsten Navigationsinstrumenten führt er das überfüllte Boot 4000 Seemeilen weit bis nach Kupang auf der indonesischen Insel Timor. Aus dem Gedächtnis navigiert der Seefahrer durch unbekanntes Terrain und entdeckt unterwegs sogar mehrere Inseln der Fidschigruppe und der nördlichen Neuen Hebriden. Diese Fahrt war eine nautische Meisterleistung, die in den Annalen der Seefahrt ihresgleichen sucht.

Bis heute ist die Erinnerung an die dramatische Geschichte der „Meuterei auf der Bounty" lebendig geblieben. Dabei hatte die Reise der *Bounty* ganz harmlos begonnen. Um ihre Plantagensklaven billig zu ernähren, waren einige westindische Pflanzer mit der Bitte an die englische Admiralität herangetreten, ein Schiff nach Tahiti zu entsenden, um von dort Brotfruchtpflanzen nach Westindien zu bringen. Zu diesem Zweck wurde das Handelsschiff *Bethia* angekauft und in *Bounty* (engl. für „Wohltat")

umbenannt. Um die Brotfruchtschösslinge sicher transportieren zu können, wurde die Heckkajüte des rund 28 Meter langen Dreimasters, die eigentlich dem Kommandanten vorbehalten war, in ein Gewächshaus umgebaut.

Als Kommandant der Expedition wurde William Bligh ausgewählt, der von 1776 bis 1780 als Steuermann oder „Sailing Master" an der dritten und letzten Reise des berühmten Entdeckers James Cook teilgenommen hatte. Der Sailing Master war der höchste Decksoffizier an Bord englischer Kriegsschiffe. Als Navigationsoffizier musste er ein tüchtiger Seemann und Nautiker sein. Sein Status und sein Sold entsprachen dem eines Leutnants, obgleich Deckoffiziere eigentlich im Rang unter den Seeoffizieren standen und ihre Ernennung im Gegensatz zu diesen nicht durch ein königliches Patent, sondern durch eine als „Warrant" bezeichnete Bestallung des Navy Board, der Marineverwaltung, erhielten.

Bligh war 1754 als Sohn eines Zolloffiziers in Plymouth geboren worden. Bereits als Junge ging er zur See und erwies sich rasch als hervorragender und talentierter Seemann. Wohl aus diesem Grund hatte ihn Cook, selbst ein ausgezeichneter Navigator, mit nur 22 Jahren als Steuermann an Bord seines Schiffes *Resolution* geholt und ihn während der Fahrt wiederholt mit besonders verantwortungsvollen Aufgaben betraut. Genau wie sein Förderer Cook war Bligh vielseitig wissenschaftlich interessiert. Die beiden verband ein so enges Verhältnis, dass die Tahitianer sie für Vater und Sohn hielten. Doch die Reise endete tragisch: 1779 musste Bligh mit ansehen, wie sein Lehrmeister Cook auf Hawaii von Einheimischen ermordet wurde.

Nach der Rückkehr von Cooks letzter Reise hatte Bligh zwar ein Leutnantspatent erhalten,

Die *Bounty* war ein schönes Schiff mit eleganten Linien. 1784 als *Bethia* vom Stapel gelaufen, wurde der kleine Dreimaster 1787 von der britischen Admiralität als Expeditionsschiff gekauft und in *Bounty* umbenannt. 1790 wurde sie von Meuterern vor der Insel Pitcairn verbrannt.

doch gab es für ihn in der stark geschrumpften Marine nach dem Ende des Amerikanischen Unabhängigkeitskriegs keine Verwendung. Daher fuhr er als Kapitän auf einem Handelsschiff, das einem Verwandten seiner Frau Elisabeth gehörte, die er 1781 geheiratet hatte. In dieser Zeit lernte er Fletcher Christian kennen, einen jungen Seemann aus guter Familie. Schon bald entwickelte sich zwischen beiden ein ähnlich enges Verhältnis, wie es Bligh einst mit Cook verbunden hatte. Bligh nahm den 1764 im nordenglischen Brigham geborenen Christian als Steuermannsmaat mit auf die Reise in die Südsee. Mit 46 Mann an Bord verließ die *Bounty* im Dezember 1787 England. Im folgenden Oktober erreichten sie Tahiti. Während der Reise war ein Seemann an einer Krankheit gestorben, kurz nach der Ankunft verstarb auch der Schiffsarzt, der sich als inkompetenter Säufer erwiesen hatte.

Beide Todesfälle waren ein schwerer Schlag für Bligh, der sich wie sein Vorbild Cook gewissenhaft um die Gesunderhaltung seiner Mannschaft bemühte.

Wie alle Kommandanten war der 34-jährige Bligh ein einsamer Mann. An Bord eines Kriegsschiffs

William Bligh auf einem zeitgenössischen Stich. Der Stich ist mit Blighs Unterschrift versehen (rechte Seite unten).

kam der Kommandant für die Seeleute gewissermaßen gleich nach Gott – er besaß eine fast unumschränkte Kommando- und Strafgewalt über seine Männer. Die rechtliche Grundlage der Disziplin in der Royal Navy bildeten die sogenannten „Kriegsartikel" (englisch: „Articles of War"). Viele Bestimmungen sahen als einzige Strafe den Tod vor – doch das galt auch für die damaligen Strafgesetze an Land. Während bei schweren Straftaten, wie Desertion oder Meuterei, ein Kriegsgericht zuständig war, wurden kleinere Delikte, wie Nachlässigkeit oder Trunkenheit im Dienst, ohne Gerichtsverfahren durch den Kommandanten an Bord geahndet. Bei geringfügigen Verfehlungen wurden Strafarbeiten oder der Entzug der täglichen Rumration verhängt, bei schwereren Vergehen wurden die Matrosen ausgepeitscht. Auch Kapitän Cook hatte an Bord der von ihm kommandierten Schiffe strenge Disziplin gehalten. Obgleich er nicht vor dem Einsatz der Peitsche zurückscheute, achteten ihn die Männer für seine Bemühungen um ihr Wohlergehen. Offiziere wie Cook behandelten ihre Matrosen als Menschen, denn sie wussten, dass ein glückliches Schiff auch immer ein tüchtiges Schiff war.

Bis heute wird William Bligh in Büchern und Filmen als Despot dargestellt, dessen Brutalität den Seeleuten keine andere Wahl mehr ließ, als zu meutern. Dabei wird ausgeblendet, dass er aufrichtig um das Wohl seiner Männer besorgt war. Als beispielsweise auf Tahiti drei Seeleute heimlich davonliefen, befahl Bligh lediglich, die Männer auszupeitschen, obgleich nach den britischen Kriegsartikeln auf Desertion die Todesstrafe stand. Ohnehin neigte Bligh nicht zur Grausamkeit. Er gehörte nachweislich zu den Kapitänen, die nur selten zur Peitsche als Disziplinierungsmittel griffen. Dass Bligh kein Unmensch war, beweist auch die Tatsache, dass der größte Teil der Besatzung lieber mit Bligh gehen wollte, als ihr Schicksal mit Christian und den Meuterern zu verbinden. Den Kern der Meuterer bildeten lediglich neun

Mann. Doch weil das Boot völlig überfüllt war, musste ein Teil der an der Rebellion unbeteiligten Angehörigen der Besatzung gegen ihren Willen an Bord der *Bounty* bleiben.

Die Meuterei hatte andere Gründe als Härte und Gewalt. Eine Rolle spielte wohl der lange Aufenthalt in Tahiti. Bei Ankunft der *Bounty* im Oktober befanden sich die Brotfruchtbäume in ihrer Ruheperiode. Daher mussten die Engländer mehrere Monate warten, bevor sie die Schösslinge in Töpfe umsetzen konnten. Wenig Arbeit, reichlich zu essen und die Zuneigung der Tahitianerinnen machte die Insel für die an Mühen und Entbehrungen gewöhnten englischen Seeleute zu einem regelrechten Garten Eden.

Unvermeidlich lockerte sich in dieser Zeit des Müßiggangs in einem tropischen Inselparadies die sonst übliche straffe Disziplin. Als Bligh nach der Abfahrt von Tahtiti am 4. April 1789 mit Entschlossenheit daran ging, Zucht und Ordnung an Bord wiederherzustellen, dachten die Männer sehnsüchtig an die Monate auf Tahiti zurück. Doch das allein war noch kein Grund für eine Meuterei.

Die eigentliche Ursache der Katastrophe ist vielmehr in dem explosiven Gemisch psychologischer Verwicklungen an Bord zu suchen. Für Leutnant Bligh bedeutete das Kommando über die *Bounty* eine einzigartige Chance zum Aufstieg in der Royal Navy, denn nach einer erfolgreichen Reise konnte er mit der Beförderung zum Kapitän zur See rechnen. Bligh stand daher unter einem ungeheuren Erfolgsdruck. Hinzu kam, dass er offenbar nur zweitklassige Offiziere an Bord hatte. Dies brachte die schlimmsten Seiten seines Charakters zum Vorschein. Er brüllte seine Offiziere beim kleinsten Fehler an und wies sie mit wüsten Flüchen vor der versammelten Mannschaft zurecht.

Am 24. April ankerte die *Bounty* vor der kleinen Insel Nomuka an, um Frischwasser und Proviant an Bord zu nehmen. Was eigentlich Routine sein sollte, wuchs sich zu einem ernsten Zwischenfall aus: Einheimische stahlen

> *In jenen heftigen Tornados des Zorns vergaß er sich, doch wenn seiner Meinung nach alles gut lief, gab es keinen, der friedlicher gesinnt und interessierter gewesen wäre als er. [...] Ein oder zwei Mal habe ich in der Tat die ungezügelte Freiheit seiner Redegewalt zu spüren bekommen, doch nicht ohne kurz darauf so etwas wie ein linderndes Pflaster zu erhalten, das die Wunde heilte.*

George Tobin, Teilnehmer an der zweiten Südseereise Blighs

dem englischen Landungstrupp einige Waffen. Für Bligh war jedoch Fletcher Christian der eigentliche Schuldige. In den Augen seines Kommandanten hatte dieser seine Aufsichtspflicht als diensthabender Offizier sträflich vernachlässigt. Um die Waffen zurückzubekommen, griff Bligh zu einem bereits von Cook wiederholt mit Erfolg angewandten Mittel und nahm Einheimische als Geiseln. Doch der Versuch scheiterte, und so sah er sich schließlich gezwungen, seine Gefangenen wieder freizulassen. Sicherlich trug dieser Vorfall nicht dazu bei, das geschwundene Ansehen Blighs bei seiner Mannschaft wieder zu stärken. Vielmehr wuchs die Unzufriedenheit unter einigen Mitgliedern der Besatzung in den folgenden Wochen weiter an, dass schon ein kleiner Anlass genügte, um das Pulverfass am Morgen des 28. April zur Explosion zu bringen.

Vor allem Fletcher Christian hatte unter den Schimpftiraden seines Kapitäns gelitten. Bligh hatte ihn außer der Reihe zum diensttuenden Leutnant und Ersten Offizier befördert, doch hatte er sich dieser verantwortungsvollen Aufgabe nicht gewachsen gezeigt. Wiederholt enttäuschte er die hochgesteckten Erwartungen seines Kommandanten. Bligh ließ ihn das spüren, was Christian sehr belastete. Der offenbar psychisch labile Mann zerbrach schließlich unter diesem Druck – er selbst sagte von sich, er fühle sich „wie in der Hölle". In seiner Verzweiflung sah Fletcher Christian schließlich keinen anderen Ausweg mehr, als zu meutern und das Kommando über das Schiff an sich zu reißen.

Nach seiner Rückkehr wurde William Bligh als Held gefeiert und von dem Kriegsgericht, vor dem er sich für den Verlust der *Bounty* verantworten musste, ehrenvoll freigesprochen. Er empfand es als besondere Auszeichnung und

Rechtfertigung seines Verhaltens, dass ihn die Admiralität zum Kapitän zur See beförderte und 1791 mit dem Kommando über eine neue Expedition nach Tahiti betraute. Doch als Bligh 1793 von der Reise zurückkehrte, hatte sich die Lage grundlegend geändert. Inzwischen waren einige der Meuterer gefangen genommen und nach England zurückgeschafft worden, unter

ihnen auch der Seekadett Peter Heywood, dessen einflussreiche Familie alles tat, um ihren Angehörigen vor dem Strick des Henkers zu retten. Sie versuchten, Bligh als den wahren Schuldigen an der Meuterei darzustellen. Mit einigem Erfolg: Von den zehn angeklagten Meuterern wurden vier freigesprochen, sechs zum Tode verurteilt. Drei dieser Verurteilten, unter ihnen

auch Peter Heywood, wurden von König George III. begnadigt, die übrigen drei hängte man am 29. Oktober 1792 in Portsmouth an Bord des Kriegsschiffs *Brunswick*. Alle Hingerichteten waren einfache Seeleute, die keine einflussreichen Fürsprecher besaßen. Heywood dagegen machte Karriere als Marineoffizier und stieg bis zum Kapitän zur See auf. Die übrigen Meute-

Am 28. April 1789 wurde Bligh mit 18 Getreuen ausgesetzt. Es gelang dem erfahrenen Seemann und Navigator, fast die gesamte Besatzung des Bootes in einer siebenwöchigen entbehrungsreichen Fahrt über 4000 Seemeilen sicher nach Timor zu bringen.

Dieser Degen wurde Bligh vermutlich von einem niederländischen Admiral übergeben, nachdem die Engländer in der Schlacht von Camperdown gesiegt hatten.

rer blieben, ebenso wie ihr Anführer Fletcher Christian, unauffindbar.

Auch Edward Christian, ein bekannter Anwalt, beteiligte sich an der gegen Bligh gerichteten Rufmordkampagne. Um das Ansehen seines Bruders Fletcher zu retten, veröffentlichte er ein Pamphlet, in dem Blighs Verhalten an Bord der *Bounty* in den schwärzesten Farben geschildert wurde. Andere, wie der ehemalige Bootsmannsmaat der *Bounty*, James Morisson, der ebenso wie Heywood wegen seiner Beteiligung an der Meuterei zum Tode verurteilt, aber begnadigt worden war, bemühten sich ebenfalls nach Kräften, Blighs Reputation in der Öffentlichkeit zu untergraben.

Anfang 1797 wurde Bligh zum Kommandanten des mit 64 Geschützen bewaffneten Linienschiffs *Director* ernannt. Im April 1797 hatte die seit Langem gärende Unzufriedenheit der einfachen Matrosen mit den Lebensverhältnissen an Bord der britischen Kriegsschiffe zur Meuterei der gesamten, im Spithead vor Portsmouth vor Anker liegenden Kanalflotte geführt. Die Seeleute forderten eine höhere Entlohnung, bessere Verpflegung sowie das Recht auf Landurlaub. Schließlich gab die Admiralität nach, worauf die Seeleute der Kanalflotte den Dienst wieder aufnahmen. Am 15. Mai war die Meuterei im Spithead beendet. Obgleich die beschlossenen Reformen für die ganze Royal Navy Geltung besaßen, war am 12. Mai unter den vor der Nore, einer Reede an der Mündung der Themse, liegenden Schiffen ebenfalls eine Meuterei ausgebrochen. Unter den meuternden Schiffen war auch die *Director*. Doch anders als möglicherweise auf der *Bounty* trug Bligh keinerlei Mitverantwortung an dieser Meuterei. Zudem befand er sich dieses Mal in bester Gesellschaft, denn er war nicht der einzige Kapitän, der von seinen Seeleuten von Bord gejagt wurde. Weil der Aufruhr ausgebrochen war, nachdem man den Forderungen der Seeleute im Spithead nachgegeben hatte, weigerte sich die Regierung, mit den Meuterern von der Nore zu verhandeln. Stattdessen ließ sie die Schiffe vom Nachschub abschneiden. Die harte Haltung der Regierung zeigte Erfolg: Ein Schiff nach dem anderen kehrte zum Dienst zurück, und am 13. Juni war die Meuterei beendet. Zusammen mit den Schiffen der Nordseeflotte lief Bligh nun mit seiner *Director* aus, um die Blockade der niederländischen Küste wieder aufzunehmen.

Am 11. Oktober 1797 stieß die Nordseeflotte unter dem Befehl von Vizeadmiral Adam Duncan südlich der holländischen Insel Texel auf ein niederländisches Geschwader unter dem Kommando von Admiral Jan Willem de Winter. Die Schlacht von Camperdown war ein blutiges Gemetzel. Ihr Sieg kostete die Briten rund 200 Tote und 620 Verwundete, während die unterlegenen Niederländer etwa 950 Tote und 520 Verwundete zu beklagen hatte.

Unter den Kommandanten, die sich in der Schlacht ausgezeichnet hatten, war auch William Bligh. Mutig hatte er mit seiner kleinen *Director* das niederländische Flaggschiff, die mit 74 Kanonen bewaffnete *Vrijheid*, angegriffen. Gleichwohl hatte Blighs Schiff nur sieben Verwundete zu beklagen gehabt, wozu ihm seine Offiziere nach der Schlacht gratulierten.

Auch in der Schlacht von Kopenhagen 1801 stellte Bligh seine Tapferkeit eindrucksvoll unter Beweis. Ende 1800 hatten sich die nordeuropäischen Mächte, darunter auch Dänemark, zu einer „bewaffneten Neutralität" zusammengeschlossen. Dadurch wurde der britische Zugang zum Ostseeraum und damit die Zufuhr des für die Royal Navy dringend benötigten Schiffbaumaterials gefährdet. Ohne Flotte aber war England verloren. Daher war die Reaktion der Briten schnell und hart: Die Admiräle Sir Hyde Parker und Lord Horatio Nelson wurden in die Ostsee entsandt, um den Zugang zu sichern – notfalls auch mit Gewalt.

Nachdem Verhandlungen mit den Dänen gescheitert waren, kam es am 2. April 1801 zur Schlacht von Kopenhagen, in der die dänische Flotte fast völlig vernichtet wurde. In der Schlacht hatte die von Bligh befehligte *Glatton*, ein ehemaliger, mit 54 großkalibrigen Karronaden – kurzrohrigen Geschützen für den Nahkampf – bewaffneter Ostindienfahrer, dem dänischen Flaggschiff *Dannebrog* schwer zugesetzt und es schließlich sogar in Brand geschossen.

Nach der Schlacht bat Bligh Admiral Nelson um eine offizielle Bescheinigung über seine gute Führung im Gefecht. Der Grund für dieses ungewöhnlichen Wunsch war vermutlich die besagte Rufmordkampagne, die einige einflussreiche Angehörige der Meuterer von der *Bounty* gegen Bligh angezettelt hatten, um ihn zu diskreditieren und die Meuterer zu entlasten. Bereitwillig bestätigte Nelson Blighs tadellose Führung in einem Brief: „*Sein Verhalten bei dieser Gelegenheit kann aus meinem Zeugnis kein zusätzliches Lob ernten.*"

Obgleich sich Bligh in den Kriegen gegen das revolutionäre Frankreich mehrfach auszeichnete, blieb die Meuterei auf der *Bounty* für ihn ein traumatisches Ereignis, das ihn für den Rest seines Lebens verfolgte.

1806 wurde William Bligh zum Gouverneur von Neu-Südwales ernannt. Australien diente den Briten damals als Strafkolonie, doch waren die Aufseher oft nicht viel besser als die Ver-

In der Schlacht von Kopenhagen am 2. April 1801 besiegte Lord Nelson die Dänen. Wie bereits in der Schlacht von Camperdown 1797 zeichnete sich Bligh auch in diesem Gefecht durch Tapferkeit und seemännisches Geschick aus.

bannten. Unredlichkeit und Korruption waren an der Tagesordnung. Daher hatte man in London den pflichtbewussten Bligh ausgewählt, um im fernen Australien für Ordnung zu sorgen. Doch erneut machte ihm sein schwieriger Charakter einen Strich durch die Rechnung. Bereits auf der Reise nach Australien kam es zum Konflikt mit Kapitän Joseph Short, der das mit 12 Kanonen bewaffnete Transportschiff *Porpoise* befehligte. Bligh selbst hatte sich mit seiner Tochter und deren Ehemann, dem Marineleutnant John Putland, der seinem Schwiegervater während seiner Amtszeit als Gouverneur als Adjudant zur Seite stehen sollte, an Bord des Transporters *Lady Madeleine Sinclair* eingeschifft.

Obgleich Short nach der Kapitänsrangliste dienstjünger als Bligh war, hatte ihm die Admiralität das Kommando über den aus mehreren Transportschiffen bestehenden Konvoi übertragen. Dies war für Bligh nur schwer zu ertragen. Offenbar war aber auch Short ein Mensch, der zu heftigen Reaktionen neigte. Es kam bald zu einem Streit zwischen den beiden Offizieren

über die Frage, wer das Kommando über den Geleitzug hatte. Die Auseinandersetzung gipfelte darin, dass Short Kanonenschüsse vor den Bug und hinter das Heck von Blighs Schiff feuern ließ, um ihn dazu zu zwingen, sich seinen Signalen unterzuordnen.

In Sydney angekommen, sorgte Bligh dafür, dass Short seines Kommandos enthoben und nach Hause geschickt wurde. Zurück in England wurde Short vor ein Kriegsgericht gestellt, jedoch in allen Anklagepunkten freigesprochen – eine ziemliche Blamage für Bligh.

Als Gouverneur führte Bligh unpopuläre Neuerungen durch, die zwar den Farmern zugutekamen, jedoch die Händler um ihren gewohnten, viel zu hohen Profit brachten. So verteilte er Güter und Kredite nach Bedürftigkeit und versuchte gleichzeitig den Handel in den Kolonien zu normalisieren, indem er den Tauschhandel mit Spirituosen verbot. Durch Entlassungen und Kritik an bislang üblichen Verhaltensweisen sicherte sich Bligh in kürzester Zeit die Feindschaft der meisten einflussreichen Persönlichkei-

Die Insel Pitcairn, die letzte Zuflucht der Meuterer von der Bounty. Was wie ein tropisches Paradies erscheint, wurde zum Schlachthaus, als sich die Männer gegenseitig umbrachten. Darstellung von 1849

ten und des größten Teils der Offiziere des in der Kolonie stationierten New South Wales Corps.

Zur Amtsenthebung Blighs kam es dann schließlich, als er im sogenannten „Rumkrieg" gegen den Alkoholschmuggel zu Felde zog. Unter der Führung des ehemaligen Offiziers John Macarthur meuterten die in den Schwarzhandel verwickelten Offiziere, erklärten Bligh für abgesetzt und zwangen ihn, an Bord der *Porpoise* zu gehen. Doch anstatt zurück nach England zu segeln, beschloss Bligh, die Gewässer um Tasmanien zu erkunden. So schwer mit Bligh unter normalen Umständen auszukommen war, so sehr wuchs er in Krisensituationen über sich hinaus.

Während Bligh die Küste von Tasmanien vermaß, nutzten die Meuterer ihre politischen Kontakte in London, um die Offiziersrebellion mit einem faulen Kompromiss zu beenden. Und so wurde Bligh wieder in sein Amt eingesetzt, nur um einen Tag später von einem neuen Gouverneur abgelöst zu werden, der in der Zwischenzeit aus England angekommen war.

1810 traf Bligh wieder in London ein. Der trotz seiner Talente wohl zu glücklose Bligh wurde zwar 1811 zum Konteradmiral und 1814 zum Vizeadmiral befördert, jedoch nie mehr in den aktiven Dienst zurückgerufen. Im Dezember 1817 starb er mit 63 Jahren in London an Krebs.

Vor seinem Tod aber hatte Bligh noch erfahren, was aus den Meuterern der *Bounty* geworden war. Unter der Führung von Fletcher Christian hatten sie sich 1790 zusammen mit einigen tahitianischen Männern und Frauen auf der abgelegenen Insel Pitcairn niedergelassen. Das vermeintliche Paradies wurde jedoch zur Hölle: Die Männer gerieten wegen der Frauen in Streit und brachten sich gegenseitig um. Nur einer der Meuterer, John Adams, überlebte und wurde zum Oberhaupt der kleinen Gemeinschaft von Frauen und Kindern. Erst als der amerikanische Walfänger *Topaz* die kleine Kolonie im Jahre 1808 zufällig entdeckte, erfuhr die Welt vom grausamen Ende der Meuterer von der *Bounty*. Noch heute bewohnen die Nachfahren der Meuterer die Insel.

Howard Davie

HORATIO NELSON
DER HELD VON TRAFALGAR

Vizeadmiral Horatio Nelson fiel im Moment seines größten Triumphs. In der Schlacht von Trafalgar war er am 21. Oktober 1805 seinem Ziel so nahe gekommen wie möglich: Die französische Flotte war zerstört oder erobert, die Seemacht Frankreich hatte aufgehört zu existieren. Sein Sieg durchkreuzte ein für alle Mal Napoleons Pläne, auch England zu erobern, und sicherte der britischen Royal Navy für ein Jahrhundert die unangefochtene Herrschaft über die Weltmeere.

Als Horatio Nelson am 29. September 1758 in Burnham Thorpe in der englischen Grafschaft Norfolk geboren wurde, hätte wohl niemand vermutet, dass er einmal zum größten englischen Seehelden aufsteigen sollte. Der Sohn eines einfachen Landpfarrers war klein, kränkelnd und schmächtig. Dessen ungeachtet begann er mit zwölf Jahren seine Marinelaufbahn als Offiziersanwärter. Anfangs halfen dem jungen Nelson seine verwandtschaftlichen Beziehungen: Horatios Großmutter war eine Nichte Robert Walpoles, des ersten britischen Premierministers, der das Land von 1721 bis 1742 mit einer Mischung aus politischem Geschick und unverhohlener Korruption regiert hatte. Dennoch war Nelsons überraschend schneller beruflicher Aufstieg vor allem das Ergebnis seiner eigenen Tüchtigkeit. Bereits mit knapp zwanzig Jahren wurde er 1778 während des Amerikanischen Unabhängigkeitskriegs zum Kapitän zur See befördert.

Trotz seiner steilen Karriere verbrachte Nelson anschließend viel Zeit in erzwungener Untätigkeit an Land. Als Kommandant der Fregatte *Boreas* in Westindien hatte er zwischen 1784 und 1787 durch seinen Kampf gegen Schmuggel und Schleichhandel unter den Kaufleuten und Pflanzern für heftigen Aufruhr gesorgt. Dadurch war er bei zahllosen politisch einflussreichen Persönlichkeiten in Misskredit geraten. Und für einen Querulanten hatte die auf Friedensstärke reduzierte Royal Navy keine Verwendung. Erst als die Französische Republik Großbritannien 1793 den Krieg erklärte, wendete sich das Blatt. Jetzt erhielt Nelson das Kommando über die *Agamemnon*, ein kleines, mit 64 Kanonen bestücktes Linienschiff. Nun hatte er Gelegenheit, seine Tapferkeit und seine Fähigkeiten zu beweisen.

Nachdem sich Nelson im Mittelmeer bei zahllosen Einsätzen bewährt hatte, zeigte er durch sein brillantes Manöver in der Schlacht von St. Vincent gegen die Spanier zum ersten Mal sein taktisches Genie. Ohne das Kommando seines Admirals Sir John Jervis abzuwarten, schnitt er durch ein kühnes Wendemanöver der spanischen Flotte den Rückzug ab. Dadurch ermöglichte er nicht nur einen überwältigenden Sieg der Royal Navy, sondern legte zugleich den Grundstein für seinen Ruhm. Zur Belohnung wurde Nelson zum Ritter geschlagen. Seine Beförderung zum Konteradmiral erfolgte dagegen allein aufgrund seines Dienstalters als Kapitän.

Als Untergebener war Nelson unbequem. Zuweilen verweigerte er sogar direkte Befehle seiner Vorgesetzten, wenn er sie unsinnig fand. So missachtete er 1801 in der Schlacht vor Kopenhagen gegen die dänische Flotte die Anweisung, das Manöver abzubrechen und sich zurückzuziehen – und siegte. Als selbständiger Flottenchef wiederum war er brillant. 1798 gelang es ihm, die englische Vorherrschaft im Mittelmeer wiederherzustellen, indem er die französische Flotte in der Seeschlacht von Aboukir besiegte. Damit war General Napoleon Bonaparte mit seiner Armee in Ägypten gestrandet. Nelsons Sieg bedeutete das faktische Ende der hochfliegenden Pläne Napoleons, das englische Weltreich in Indien zu besiegen.

Bei der Seeschlacht von St. Vincent legte Horatio Nelson 1797 den Grundstein für seinen späteren Ruhm. Das Gemälde aus dem Jahr 1915 zeigt ihn beim Entern des spanischen 84-Kanonen-Linienschiffs *San Nicolas*.

HELDEN UND ENTDECKER: SEEFAHRER IN DER FRÜHEN NEUZEIT

 Emma Hamilton stammte aus einfachsten Verhältnissen und war schon vor ihrem Verhältnis mit Horatio Nelson in der englischen Oberschicht für ihre Schönheit berühmt. Ein Freund von ihr, der Maler George Romney, hat sie auf mehr als 40 Bildern verewigt.

sung. Sein tiefes Verständnis für Taktik und Strategie erscheint vor diesem Hintergrund noch erstaunlicher. Denn in zahllosen Gefechten, vor allem aber in den drei großen Seeschlachten von St. Vincent (1797), Aboukir (1798) und Trafalgar (1805), bewies Nelson nicht nur Tapferkeit, sondern auch taktisches Genie.

Nelsons Ziel war eine möglichst vollständige Vernichtung des Gegners. Um es zu erreichen, bezog er immer die strategische Gesamtlage in seine Pläne mit ein. Er ignorierte die traditionellen Seekriegsformen und ersetzte die überholte Schlachtlinie durch neue Taktiken. Dazu gehörte beispielsweise der Durchbruch durch die feindliche Linie, um einzelne Geschwaderteile des Gegners zu isolieren. Anschließend zog er seine eigenen Schiffe gegen diese Geschwaderteile zusammen und bezwang sie. Die überlegene Kampfkraft seiner gut ausgebildeten und disziplinierten Besatzungen tat dabei ihr Übriges. Diese neue, aggressive Kampfweise trug erheblich zur maritimen Überlegenheit der Royal Navy zwischen 1793 und 1815 bei.

Seine Vorgänger hatten aus der Royal Navy bereits eine formidable Streitmacht geformt – Nelson perfektionierte sie. Es gelang ihm, seine Untergebenen in seine Planungen einzubinden und sie so mitzureißen, dass sie sich seine Ideen und Denkmodelle zu eigen machten. Zugleich schuf er mit Hilfe seines Charismas aus einer zusammengewürfelten Schar von Kommandanten eine eng verschworene Gemeinschaft von Freunden oder wie er selbst sagte: „Ich hatte das große Glück, eine Schar von Brüdern zu befehlen." Ein Zeitgenosse brachte es auf den Punkt: Eine Flotte unter Nelsons Kommando glich einer Flotte, die ausschließlich mit Nelsons bemannt war.

Auf den militärischen Erfolg folgte der rasche berufliche und gesellschaftliche Aufstieg. Nach der Schlacht von St. Vincent wurde Nelson vom englischen König Georg III. zum Ritter des Bathordens geschlagen, und nach seinem Sieg bei Aboukir erhob ihn der britische Monarch in den erblichen Adelsstand. Doch mit der

Nelson hatte sich seine militärischen Kenntnisse autodidaktisch angeeignet. Seine Schulbildung war lückenhaft, er hatte kaum Interessen, die über die Seefahrt hinausgingen, und auch seine Ausbildung in der Royal Navy war im Wesentlichen auf die Seemannschaft beschränkt gewesen. Und so war auch sein Weltbild einfach: Er kämpfte für König und Vaterland und hasste die Franzosen, weil sie Feinde seines Landes waren. Intelligenz und Begabung ersetzten bei ihm die gründliche militärfachliche Unterwei-

Zahl seiner Ehrungen wuchsen auch der Neid und die Missgunst, die ihm von der britischen Oberklasse entgegengebracht wurden. Von vielen wurde er als Parvenü abgelehnt. Dass Nelson vielfach gesellschaftliche Konventionen missachtete, trug seinen Teil dazu bei. Denn genauso berühmt wie für seine militärischen Leistungen wurde Nelson durch seine langjährige Affäre mit Emma Hamilton, die für einen Skandal in der britischen Gesellschaft sorgte. Nelson und Emma hatten sich 1798 in Neapel näher kennengelernt und sich, obwohl sie beide verheiratet waren, ineinander verliebt. Schon bald lebten sie in aller Öffentlichkeit gemeinsam mit Emmas Ehemann Sir William unter einem Dach. Auch nach ihrer Rückkehr nach England setzten sie ihre Ménage-à-trois unverhohlen fort. Am englischen Hof und in den höheren Kreisen stieß Nelsons ehebrecherisches Verhältnis auf größtes Missfallen.

Andererseits gab gerade dieser Skandal dem siegreichen Seehelden auch wieder ein menschliches Antlitz. Und so verehrte ihn das Volk ebenso wie die Royal Navy, namentlich seine Untergebenen. Man bewunderte ihn nicht allein für seine unermüdliche Energie und sein überragendes taktisches Talent, sondern auch für seine humane Menschenführung, seine Loyalität und Fürsorge für die ihm unterstellten einfachen Seeleute – zur damaligen Zeit durchaus noch keine Selbstverständlichkeit. Aber auch die Tatsache, dass er seine Erfolge nicht allein mit dem Blut seiner Untergebenen, sondern vor allem mit dem rücksichtslosen Einsatz seines eigenen Lebens und seiner Gesundheit erkaufte, trug erheblich zu seinem Ruhm bei: Er erlitt in den Gefechten zahlreiche Verwundungen, verlor die Sehfähigkeit eines Auges und seinen rechten Arm. Dieser Führungsstil, gepaart mit seiner einfachen Herkunft, machte Nelson zu einem Volkshelden: Nelson-Devotionalien aller Art waren in England weit verbreitet.

Im März 1802 schlossen Großbritannien und die Französische Republik nach neun Jah-

Plötzlich flammte ein Blitz des Patriotismus in mir auf und zeigte mir König und Vaterland als meine Schutzbefohlenen. ‚Wohlauf denn‘, rief ich, ‚ich will ein Held werden und im Vertrauen auf die Vorsehung allen Gefahren trotzen!‘

Horatio Nelson erlebt als junger Fähnrich zur See, malariakrank und mit hohem Fieber, eine Art patriotisches Erweckungserlebnis.

ren Krieg den Frieden von Amiens. Doch angesichts von Napoleons wiederholten Verstößen gegen die Bestimmungen des Friedensvertrags sah die britische Regierung keine andere Möglichkeit, als am 16. Mai 1803 Frankreich erneut den Krieg zu erklären. Unmittelbar danach wurde Vizeadmiral Lord Nelson zum Oberbefehlshaber der Mittelmeerflotte ernannt. Seine Aufgabe war es, die britische Seeherrschaft im Mittelmeer zu sichern und die wichtigen britischen Stützpunkte Malta und Gibraltar zu schützen.

Am 30. März 1805 gelang der französischen Mittelmeerflotte unter dem Kommando von Admiral Pierre Charles Villeneuve unerwartet der Ausbruch aus dem Hafen von Toulon. Dahinter stand der wohl kühnste Plan, den Napoleon je ersonnen hatte: Villeneuve sollte die Briten über den Atlantik locken, um dann rasch nach Europa zurückzukehren, überraschend im Ärmelkanal zu erscheinen und dort die Seeherrschaft zu erringen. Dies hätte Napoleon ermöglicht, seine bei Boulogne-sur-mer am Ärmelkanal versammelte Streitmacht ungestört nach England überzusetzen. Damit wäre der Krieg um die Vorherrschaft in Europa faktisch beendet gewesen. Napoleon schrieb an Villeneuve: „Kommen Sie für 24 Stunden, und alles ist vorbei.“

Obgleich Nelson die inzwischen durch zahlreiche spanische Schiffe verstärkte französische Flotte bis in die Karibik und wieder zurück nach Europa verfolgte, gelang es ihm nicht, Villeneuve zum Kampf zu stellen. Nach einer wilden Hetzjagd ging Nelson am 19. August in Portsmouth an Land. Zwei Jahre und drei Monate war er nicht mehr zu Hause gewesen. Erst in England erfuhr er, dass Villeneuve mit seiner Flotte im südspanischen Cádiz Zuflucht gesucht hatte. Nach einem unentschiedenen Gefecht mit einem britischen Geschwader vor dem galizischen Kap Finisterre hatte der zunehmend nervöse französische Admiral beschlossen, nicht wie befohlen nach Brest zu laufen, sondern nach Süden auszuweichen. Napoleons Plan war gescheitert.

In den folgenden Wochen besprach Nelson mit Premierminister William Pitt und Lord Barham, dem Chef der Admiralität, in langen Sitzungen die Lage. So oft wie möglich fuhr er aber auch auf seinen Landsitz Merton vor den Toren Londons, um ein wenig Zeit mit seiner Geliebten Emma und ihrer gemeinsamen Tochter Horatia zu verbringen. Am Abend des 13. September, nur dreieinhalb Wochen, nachdem er in England angekommen war, verließ Nelson zum letzten Mal sein Heim und fuhr auf direktem Weg nach Portsmouth, wo er am folgenden Tag eintraf. Bereits am nächsten Morgen lief sein Flaggschiff, der mächtige, mit 104 Kanonen bewaffnete Dreidecker *Victory*, aus. Am 28. September, einen Tag vor seinem 47. Geburtstag, stieß Nelson zur englischen Flotte vor Cádiz.

Die vereinigte französisch-spanische Flotte war den Briten im Grunde überlegen. Sie verfügte über eine größere Anzahl an Schiffen

Der englische Maler Lemuel Francis Abbott schuf um 1797 dieses Porträt von Horatio Nelson.

Nelsons Gegenspieler Villeneuve

Pierre Charles Jean Baptiste Silvestre Villeneuve wurde am 31. Dezember 1763 geboren. Er entstammte einem der ältesten Adelsgeschlechter Frankreichs. 1779 trat er als Offiziersanwärter in die königlich-französische Marine ein. Anders als die meisten adligen Offiziere schwor er nach der Französischen Revolution der Republik die Treue und wurde bereits 1794 zum Konteradmiral befördert.

In der Schlacht von Aboukir am 1. August 1798 traf er zum ersten Mal auf den britischen Admiral Horatio Nelson. Das französische Geschwader wurde vernichtet, allein Villeneuve gelang es, mit zwei Linienschiffen zu entkommen. Während seine Offizierskameraden ihn der Feigheit bezichtigten, nannte Napoleon ihn einen Glückspilz – ein Kompliment, wenn man bedenkt, dass Napoleon Glück als militärisches Talent betrachtete.

Am 21. Oktober 1805 traf Villeneuve als Befehlshaber der französisch-spanischen Flotte vor Kap Trafalgar zum zweiten Mal auf Nelson. An Bord seines zu einem hilflosen Wrack zerschossenen Flaggschiffs *Bucentaure* musste er zusehen, wie seine tapfer kämpfende Flotte vernichtet wurde. Schließlich ergab sich Villeneuve den Briten.

Im Frühjahr 1806 wurde Villeneuve auf Ehrenwort entlassen. Es war keine fröhliche Heimkehr – Napoleon entschuldigte kein Versagen. Am 22. April 1806 fand man Villeneuve in Rennes in seinem Hotelzimmer tot auf. Mehrere Stichwunden waren die Todesursache. Ob sein Tod Selbstmord war oder ob er im Auftrag Napoleons ermordet wurde, ist bis heute ungeklärt.

 Porträt Admirals Villeneuves aus dem 19. Jahrhundert

und an Geschützen. Doch das konnte Nelson nicht abschrecken. Er wollte Villeneuve aus dem Hafen herauslocken und eine Entscheidungsschlacht herbeiführen. Dafür hatte er sich eine völlig neue Taktik zurechtgelegt. Statt wie üblich die gesamte feindliche Schlachtlinie anzugreifen, plante Nelson, seine Flotte aufzuteilen, die feindliche Linie an verschiedenen Stellen zu durchbrechen und so einen Teil der gegnerischen Flotte mit einer Übermacht der eigenen Schiffe zu vernichten, bevor er sich dem Rest zuwandte. Mit diesem genialen Plan hatte Nelson ein für alle Mal die engen Doktrinen der Seekriegsführung des 18. Jahrhunderts überwunden.

Am 21. Oktober 1805, kurz nach sechs Uhr morgens, begann Nelson, seinen Schlachtplan in die Tat umzusetzen. Er befahl den Kommandanten seiner 27 Linienschiffe, zwei Kolonnen zu bilden. Gegen elf Uhr morgens schien es, dass die Schlacht innerhalb der nächsten Stunde beginnen würde. Seine Gedanken galten nun noch einmal Emma und Horatia. Er zog sich in seine Kajüte zurück und verfasste eine Ergänzung seines Testaments, in der er das Schicksal seiner Geliebten Großbritannien anvertraute: „Ich überlasse Emma Hamilton meinem König und Vaterland als Erbe, dass sie ihr einen ausreichenden Lebensunterhalt gewähren, damit sie ihre Position im Leben erhalten kann. Ebenso überlasse ich meine Adoptivtochter Horatia Nelson Thompson der Fürsorge meines Landes und wünsche, dass sie in Zukunft allein den Namen Nelson führt. Dies sind die einzigen Gunsterweise, die ich von meinem König und Vaterland in diesem Moment, in dem ich mich anschicke, ihre Schlacht zu schlagen, erbitte. Möge Gott meinen König und mein Vaterland und alle, die ich liebe, segnen." Als Nelson an Deck zurückkehrte, wurde ihm gemeldet, dass Kap Trafalgar in Sicht sei. Fünf Minuten nach halb zwölf stiegen die Flaggen an der Rah empor, die den britischen Schiffen die berühmt gewordenen Worte verkündeten: „England expects that every man will do his duty" – „England erwartet, dass jeder Mann seine Pflicht tun wird."

Kurz vor zwölf Uhr schließlich war der lang erwartete Moment gekommen: Während Nelsons Luvkolonne noch auf den Feind zuhielt, begann die Leekolonne unter dem Kommando seines Stellvertreters Cuthbert Collingwood das Gefecht mit der feindlichen Nachhut. Mit seinem Flaggschiff, dem Dreidecker *Royal Sovereign*, stieß Admiral Collingwood hinter dem Heck der spanischen *Santa Ana* durch die feindliche Linie. Donnernd entluden sich die britischen Geschütze in einer vernichtenden Breitseite.

Eine halbe Stunde später griff auch Nelsons *Victory* in den Kampf ein. Als der mächtige Dreidecker das Heck von Villeneuves Flaggschiff *Bucentaure* kreuzte, feuerten seine Backbordgeschütze eine Breitseite in den französischen Achtzig-Kanonen-Zweidecker. Das Resultat war vernichtend: Bereits kurz nach Beginn des Gefechts hatten Nelsons Männer das feindliche Flaggschiff derart zusammengeschossen, dass es in der Schlacht keine Rolle mehr spielte. Wenig später legte sich die *Victory* längsseits neben das mit 74 Kanonen bewaffnete französische Linienschiff *Redoutable*. Nach und nach kamen nun auch die übrigen Schiffe der britischen Luvkolonne ins Gefecht. Nelsons Plan war aufgegangen: Infolge der Konzentration ihrer Kräfte besaßen die Briten an den entscheidenden Stellen ein Übergewicht an Schiffen. Damit hatte Nelson seine Aufgabe erfüllt; zu führen gab es für ihn jetzt nichts mehr.

Die Schlacht entglitt nun Nelsons Kontrolle und verwandelte sich in ein wüstes Chaos wild aufeinander feuernder Schiffe. Der Admiral schritt mit Kapitän Thomas Hardy, dem Kommandanten der *Victory*, auf dem Achterdeck seines Flaggschiffs auf und ab. Kurz darauf bemerkte Hardy, dass Nelson nicht mehr an seiner Seite war. Ein Scharfschütze im Kreuzmast der *Redoutable* hatte Nelson an seinem ordensgeschmückten Uniformrock erkannt und mit einem Musketenschuss tödlich verwundet. Nelson wusste, dass er sterben würde: „Hardy, sie haben mich endlich erwischt." Hardy befahl, Nelson ins Lazarett zu bringen, das sich unterhalb der Wasserlinie befand. Der Todesschütze fiel nur kurze Zeit später. Zwei Midshipmen auf dem Achterdeck der *Victory* rächten ihren Admiral, indem sie die Scharfschützen im Kreuzmast der *Redoutable* mit Musketen erschossen.

Die Spanier und Franzosen kämpften mit einer Kaltblütigkeit, die den Briten Bewunderung abnötigte. Dennoch war kurz nach vierzehn Uhr, nur zwei Stunden nach Beginn des Kampfes, die Schlacht so gut wie entschieden. Die vereinigte Flotte war in zwei Teile zerspalten, das Zentrum geschlagen, und acht französische und spanische Schiffe hatten bereits ihre Flagge gestrichen, darunter auch Villeneuves Flaggschiff *Bucentaure*.

Eine Stunde später hatte Collingwood gleichfalls den Kampf für sich entschieden. Hardy eilte unter Deck, um Nelson die Siegesnachricht zu überbringen und ihm mitzuteilen, dass bereits vierzehn oder fünfzehn feindliche Schiffe die Flagge gestrichen hätten. „Das ist gut", wisperte der sterbende Admiral. Nelson bat Hardy, ihn zum Abschied zu küssen. Dann sagte er: „Gott sei Dank, ich habe meine Pflicht getan, Gott und mein Vaterland." Wenig später starb Nelson. Das Logbuch der *Victory* hielt dieses Ereignis in der trockenen Sprache der Marine fest: „Vereinzeltes Feuer bis 4 Uhr 30, als der Höchst Ehrenwerte Lord Viscount Nelson, Ritter des Bathordens und Oberbefehlshaber, an seiner Wunde verstarb, nachdem ihm ein Sieg mitgeteilt worden war." Achtzehn Schiffe der vereinten Flotte waren erobert oder zerstört worden. Dagegen hatten die Briten kein einziges Schiff eingebüßt, obwohl einige schwer beschädigt waren.

Am 9. Januar 1806 wurde Nelson mit großem Pomp in London zu Grabe getragen. Zehntausende von Zuschauern säumten den Weg, um ihrem Helden das letzte Geleit zu geben. „Selbst die Bettler verließen ihre Plätze", schrieb der Schiffsgeistliche der *Victory*, Dr. Alexander Scott, tief bewegt an Emma Hamilton, der die Teilnahme an dem Staatsbegräbnis untersagt worden war. In der Krypta der St.-Pauls-Kathedrale fand Nelson seine letzte Ruhe.

Um den Preis seines Lebens war es Nelson gelungen, Napoleons Invasionspläne ein für alle Mal zu vereiteln: Die vereinte Flotte war vernichtet, die französischen und spanischen Seestreitkräfte als strategisches Machtinstrument ausgeschaltet. Doch auch nach dem entscheidenden britischen Sieg bei Trafalgar dauerte der Seekrieg noch weitere zehn Jahre, allerdings kam es nicht mehr zu großen Seeschlachten. Und obwohl es Napoleon gelang, fast ganz Europa zu unterwerfen, war er fortan außerstande, seinen ärgsten Feind direkt anzugreifen. England dagegen konnte Napoleons Gegner zu einer Allianz zusammenführen und den Kaiser der Franzosen schließlich besiegen.

1815 endete der Krieg mit der Niederlage Frankreichs und der Wiedererrichtung eines europäischen Staatensystems, das auf dem Gleichgewicht der Mächte beruhte. 1821 starb der ehemalige Kaiser der Franzosen auf der Insel St. Helena im englischen Exil. Großbritannien sicherte der Triumph über Napoleon für lange Zeit die ökonomische wie auch politische Vormachtstellung in Europa und für fast einhundert Jahre die unangefochtene Herrschaft über die Weltmeere. Ohne Frage gebührt

Nelson der Ruhm des größten Seehelden in der gesamten Weltgeschichte. Sein Erfolg bei Trafalgar bestimmte für ein Jahrhundert das Antlitz der Welt.

Bis heute ist Nelson unvergessen. Alljährlich gedenkt die britische Marine ihres größten Helden. An jedem 21. Oktober, dem Trafalgar Day, findet auf den Schiffen der Royal Navy zu Ehren Nelsons ein Dinner statt. Nach dem traditionellen Toast auf Ihre Majestät die Königin folgt ein Trinkspruch, der die tiefe Verehrung, die Nelson auch 200 Jahre nach seinem Tod noch genießt, auf den Punkt bringt: „The Immortal Memory" („In ewigem Andenken"). In der Erinnerung der Briten ist Horatio Nelson unsterblich geworden.

Auf dem Trafalgar Square in London steht Nelsons Denkmal. Die *Victory*, sein Flaggschiff in der Schlacht von Trafalgar, wird bis zum heutigen Tag in der Liste der aktiven Kriegsschiffe der Royal Navy geführt. Der Dreidecker liegt heute in Portsmouth, wo das Schiff auch besichtigt werden kann.

Captures &c.
El - Gamo.
2. Spanish Frigates.
Vict. in Basque Roads.
Thanks & Freedom of ye City.
Votes for West
Thanks of House.

Address
to the Electors
on Lord Ell
Charge to the Ju

THOMAS COCHRANE
EIN GEBORENER FREIBEUTER

Keine Geschichte der Royal Navy, wie knapp auch immer, darf das unberechenbare Genie von Thomas Cochrane, dem späteren Earl Dundonald, ignorieren. Seine Lebensgeschichte war zugleich heroisch und tragisch ... Im Hinblick auf reinen Kampfesmut, Verwegenheit und Einfallsreichtum wurde Dundonald selten, wenn überhaupt je übertroffen." So charakterisierte der britische Historiker Michael Lewis den schottischen Marineoffizier Thomas Cochrane, den 10. Earl of Dundonald. Die wechselvolle Karriere dieses Mannes hat aber nicht nur die Geschichtsschreiber begeistert, sondern auch ungezählte Seeabenteuergeschichten inspiriert. Von Frederick Marryat, der selbst als Seekadett unter Cochrane diente, über Cecil Scott Forrester mit seiner „Hornblower"-Saga bis zu Patrick O'Brien und seinen Büchern über Captain Jack Aubrey – immer wieder haben Romanautoren die schier unglaublichen Abenteuer dieses „geborenen Freibeuters" als Anregung für ihre Bücher genutzt. Dennoch kennt hierzulande kaum jemand Cochranes Namen.

Thomas Cochrane wurde am 14. Dezember 1775 in Annsfield in der schottischen Grafschaft Lannarkshire als Sohn von Anne und Archibald Cochrane, dem 9. Earl of Dundonald, geboren. Zunächst für eine Armeekarriere vorgesehen, zog Cochrane jedoch den Dienst in der Royal Navy vor. Mit 17 Jahren ging er als Seekadett an Bord seines ersten Schiffs, der Fregatte *Hind*, die unter dem Kommando seines Onkels stand. Die britische Marine konnte zu dieser Zeit jeden Mann gebrauchen, denn am 1. Februar 1793 hatte der französische Nationalkonvent Großbritannien den Krieg erklärt. In den folgenden zwei Jahrzehnten bis 1815 kämpften England und Frankreich in ei-

nem weltweiten Konflikt um die Vorherrschaft in Europa.

Im Jahr 1798 wurde Thomas Cochrane, inzwischen Leutnant, auf die *Foudroyant*, das Flaggschiff des Oberkommandierenden der Mittelmeerflotte, Admiral Lord Keith, versetzt. Doch dann erlebte seine Karriere ihren ersten Dämpfer: Nach einem Landgang im marokkanischen Hafen Tetuan meldete Cochrane sich zwar bei seinem Kommandanten, nicht aber beim Ersten Offizier zurück. Zur Rede gestellt, antwortete Cochrane, der Erste Offizier solle sich „dem Kommandanten gegenüber nicht lächerlich machen". Eine Beschwerde wegen „Respektlosigkeit und unwürdigen Verhaltens" blieb nicht aus und führte schließlich zu einem Kriegsgerichtsverfahren gegen Cochrane. Vorgeworfen wurden ihm Insubordination und ungebührliches Benehmen. Aber Cochrane hatte noch einmal Glück. Er kam mit einem Freispruch und einer Ermahnung durch Vizeadmiral Lord Keith davon: „Lord Cochrane, ich bin vom Gericht gebeten worden, Ihnen mitzuteilen, dass Offiziere ihren Vorgesetzten keine frechen Antworten geben sollen ..."

Im Februar 1800 erhielt Cochrane den Auftrag, das kurz zuvor aufgebrachte französische Linienschiff *Genereux* in den Hafen von Port Mahon auf der von den Briten besetzten Insel Menorca einzubringen. Mit knapper Not gelang es ihm, nach einer abenteuerlichen Sturmfahrt mit der zerschossenen Prise sein Ziel zu erreichen. Zur Belohnung wurde Cochrane zum Kommandanten der winzigen Kanonenbrigg *Speedy* befördert – nach Cochranes eigenen Worten „die Parodie eines Kriegsschiffs". Der frischgebackene Kommandant erhielt den Befehl, vor den spanischen Küsten Handelskrieg zu führen, denn Spanien hatte sich entschieden, auf der Seite der

Diese zeitgenössische Karikatur zeigt Thomas Cochrane auf dem Tiefpunkt seiner wechselvollen Karriere: Zur einen Hälfte ist er noch Marineoffizier, aber die Insignien seines Berufsstandes liegen bereits zerbrochen am Boden. Zur anderen Hälfte ist er Zivilist und Häftling. 1815 saß Cochrane wegen seiner angeblichen Beteiligung an einem Börsenbetrug im King's-Bench-Gefängnis ein.

Franzosen gegen die Briten zu kämpfen. Das war der ideale Auftrag für einen unternehmungslustigen Offizier wie Cochrane; in nur 13 Monaten brachte er mehr als 50 Schiffe auf.

Innerhalb kürzester Zeit wurden Cochrane und seine *Speedy* zu einer so großen Bedrohung für die spanische Schifffahrt, dass die spanischen Behörden eigens eine als Handelsschiff getarnte Fregatte ausschickten, um den Störenfried aufzubringen. Aber Cochrane war findig und besaß offenbar ein angeborenes Talent zum Guerillakrieg. Eine List war schnell

ersonnen. Cochrane tarnte seine kleine Brigg als dänisches Handelsschiff und perfektionierte die Maskerade noch, indem er ein dänisches Besatzungsmitglied als Kapitän präsentierte. Die Spanier fielen auf die Finte herein, und so entging das britische Schiff knapp der Falle.

Wenige Monate später, am 5. Mai 1805, tauchte erneut eine spanische Fregatte am Horizont auf. Die Lage schien hoffnungslos, weder Täuschung noch Flucht waren möglich. Kurz entschlossen befahl Cochrane den Angriff. Mit seiner winzigen, nur mit 14 kleinen Kanonen bewaffneten

Cochranes winzige Kanonenbrigg *Speedy* wird von spanischen Kanonenbooten angegriffen.

Brigg und 54 Matrosen attackierte er seinen Gegner, der 32 schwere Geschütze und 319 Mann an Bord hatte. Die Übermacht war gewaltig. Aber Cochrane ließ sich nicht beirren: In einem wilden Enterangriff gelang es ihm, die Fregatte mit dem Namen *Gamo* zu nehmen. Die Briten verloren nur 4 Mann, 17 wurden verwundet.

Cochrane brachte die *Gamo* als Prise nach Port Mahon ein. Er war zu Recht stolz auf seinen überraschenden Erfolg und erhoffte sich eine angemessene Belohnung – aber man hielt ihn hin: Erst im August 1805 wurde Cochrane

zum Kapitän zur See befördert, die erwartete Beförderung seines Ersten Offiziers, nach einem solch spektakulären Gefecht allgemein üblich, blieb dagegen aus. Anlass genug für den Egozentriker Cochrane in einem erbosten Briefwechsel mit Admiral Lord St. Vincent, dem Ersten Seelord der Admiralität, die Beförderung quasi einzuklagen. Fortan war Cochrane in den Kreisen der Admiralität als Querulant verschrien.

Im März 1802 beendete der Frieden von Amiens den Krieg zwischen England und

Frankreich. In den 14 Monaten, die der brüchige Frieden dauern sollte, besuchte Cochrane die Universität zu Edinburgh, wo er unter anderem Vorlesungen des Mathematikers, Philosophen und Aufklärers Dugald Stewart besuchte. Nach dem Ende der kurzen Waffenruhe bewarb er sich 1803 jedoch wieder für ein neues Schiff. St. Vincent wies ihm statt einer schneidigen Fregatte aber boshafterweise die *Arab* zu, ein mehr schlecht als recht zum Kriegsschiff umgebautes Handelsschiff. Und als ob dies für einen tatendurstigen Offizier wie Cochrane noch nicht schlimm genug gewesen wäre, bekam er den Auftrag, mit seinem „schwimmenden Sarg" nordöstlich der Orkney-Inseln die Fischerei zu schützen.

Die folgenden 15 Monate verbrachte Cochrane, wie er selbst sagte, „im Exil". Erst nach der Ablösung St. Vincents durch Lord Melville erhielt er das Kommando über die Fregatte *Pallas* und damit den Auftrag, als Handelsstörer vor den Azoren zu kreuzen. Weit entfernt von den argwöhnischen Augen eines Admirals lief Cochrane zur Höchstform auf. Zwischen Februar und März 1805 gelang es ihm, eine Anzahl spanischer Schatzschiffe aufzubringen, die ihm, vom Ausbruch des Krieges zwischen England und Spanien noch nicht infor-

Als Admiral trug Thomas Cochrane diese Schulterklappen.

miert, ahnungslos vor die Geschütze segelten. Nachdem er seine ursprünglich auf zehn Wochen angesetzte Kreuzfahrt eigenmächtig auf drei Monate ausgedehnt hatte, kehrte Cochrane im März 1805 nach Plymouth zurück. Er durfte sich als Sieger fühlen und sparte nicht an Theatralik, um auf seinen Triumph aufmerksam zu machen: An jeden Masttop hatte er einen riesigen goldenen Kerzenhalter gelascht. Sein Anteil an der Beute betrug rund 75 000 Pfund Sterling – in heutigem Geldwert eine Summe von mehreren Millionen Euro.

Dann jedoch kehrte Cochrane der Seefahrt zunächst den Rücken. Der überzeugte Liberale beschloss, in die Politik zu gehen. Es war damals nicht ungewöhnlich, dass Marineoffiziere im Parlament saßen oder politische Ämter übernahmen. Doch anders als die meisten Parlamentsabgeordneten verfolgte Cochrane ein klares politisches Ziel. Als Radikalliberaler wollte er gegen Korruption und für politische Reformen kämpfen. Sein angeborener Hang zur Exzentrizität sorgte dafür, dass er sich der nötigen Aufmerksamkeit sicher sein konnte.

Theoretisch vertrat das englische Parlament die Interessen der gesamten Nation, faktisch handelte es sich jedoch um eine Ständeversammlung des Adels und des Großbürgertums. Das Wahlrecht war an Besitz gebunden, wodurch die Zahl der Wahlberechtigten vergleichsweise klein war. Wählerbestechung war an der Tagesordnung. Besonders berüchtigt waren die „Rotten Boroughs", Wahlbezirke, die nur wenige Wähler hatten und in denen die Parlamentssitze regelrecht gekauft werden konnten. Damals wurde noch offen und nicht geheim abgestimmt. Diesen Umstand nutzte Cochrane. Nach seiner Niederlage bei der ersten Wahl im „Rotten Borough" Honiton hatte er allen, die trotz der Bestechungsgelder der Gegenseite für ihn gestimmt hatten, zehn Guineen gezahlt. Damit wolle er, wie er sagte, ihre Ehrlichkeit belohnen. Es verwundert nicht, dass es ihm im zweiten Anlauf gelang, sich den Parlamentssitz zu sichern. Der Wahlkampftrick brachte ihm bei der nächsten Wahl eine überwältigende Mehrheit ein. Doch die Hoffnungen der Wähler auf reiche Belohnung wurden enttäuscht: Cochrane erklärte, jede Form politischer Korruption zu verabscheuen. Er weigerte sich strikt, für seine Wahl zu bezahlen und brüskierte damit natürlich seine Wähler in Honiton. Weil er wusste, dass er dort nicht auf eine Wiederwahl hoffen durfte, wechselte er später in den Wahlkreis Westminster.

Als Parlamentsabgeordneter von Honiton, später von Westminster, nahm Cochrane kein Blatt vor den Mund – wie auch nicht anders zu erwarten war. Er tat sich durch heftige Angriffe auf die Regierung hervor. Unermüdlich kämpfte er gegen Korruption, vor allem innerhalb der Royal Navy und deren Verwaltung. Aber auch von der Seefahrt wollte er nicht lassen. Bis 1809 war er abwechselnd Politiker und Kommandant der Fregatte *Imperieuse*, die sich, vor der französischen Atlantik- und Kanalküste kreuzend, unter seinem Kommando fast ständig im Gefecht befand. Mit Kühnheit und Geschick gelang es ihm, an einem einzigen Tag drei französische Korvetten zu kapern. Napoleon nannte ihn fortan den „Seewolf".

Doch eines seiner Husarenstücke sollte Cochrane schließlich zum Verhängnis werden. Im April 1809 legte er seinen Vorgesetzten einen Plan vor: Er wollte ein auf der Reede blockiertes französisches Geschwader in der Bucht der Rade des Basques (englisch: Basque Roads) zwischen La Rochelle im Norden und Rochefort im Süden mit Brandern angreifen. Solche randvoll mit brennbaren Materialien und Explosiv-

Er war ein Freibeuter, kein Admiral. Keine andere Karriere in der britischen Marinegeschichte war so romantisch, denn er liebte es, seine Taten in dem für ihn so charakteristischen melodramatischen Stil zu vollbringen.

Christopher Lloyd, britischer Marinehistoriker

stoffen beladenen Schiffe, die man lichterloh brennend auf eine feindliche Flotte treiben ließ, galten als bewährtes Mittel, um den Gegner in Panik zu versetzen. Ein bereits liegendes britisches Geschwader sollte das entstehende Chaos ausnutzen und den Franzosen den Rest geben – ein typischer Cochrane-Plan: kühn und ungewöhnlich. Die Vorgesetzten willigten ein.

Allerdings lief nicht alles wie vorgesehen. Eine stabile Sperre aus Holzbalken, die mit Eisenketten fest verbunden waren, hielt die meisten Brander auf. Die Franzosen gerieten zwar wie erhofft in Panik, aber der entscheidende britische Angriff blieb aus. Der größte Teil des französischen Geschwaders konnte unbeschädigt entkommen. Nach der Schlacht beschuldigte Cochrane seinen Kommandeur, Admiral Lord Gambier, öffentlich der mangelnden Pflichterfüllung: „Der einzige Sieg, den Lord Gambier in den Basque Roads errang, war es, seine Schiffe dort vor Anker gehen zu lassen, während der Feind seine Schiffe still und heimlich von der Sandbank herunterzog, auf die sie getrieben worden waren – neun Meilen von der Flotte entfernt."

Die Vorwürfe Cochranes führten schließlich zu einem Kriegsgerichtsverfahren, in dem Lord Gambier – erwartungsgemäß – mit allen Ehren freigesprochen wurde. Damit war Cochrane beruflich ruiniert. Sein Vorwurf an sich mochte berechtigt gewesen sein, aber die Art und Weise, in der er Kritik an einem Vorgesetzten geübt hatte, war in den Augen der Marineführung schlichtweg inakzeptabel.

Noch härter jedoch traf Cochrane die Verstrickung in einen ausgedehnten Finanzschwindel. Er war gerade zum Kommandanten des Flaggschiffs seines Onkels, Vizeadmiral Sir Alexander Cochrane, ernannt worden,

Es passt zu dem Fortschrittsmenschen Cochrane, dass er keine Berührungsängste gegenüber neuen Technologien kannte und sich im hohen Alter von einem Fotografen porträtieren ließ.

als er in das Umfeld einer Börsenmanipulation geriet. Ein anderer Onkel namens Andrew Cochrane-Johnstone hatte gemeinsam mit einigen Komplizen in London die falsche Nachricht vom Tod Napoleons lanciert. Die Aktienkurse schossen in die Höhe. Als am nächsten Morgen der Schwindel aufflog und die Kurse in den Keller fielen, hatten Johnstone und seine Mitverschwörer einen hübschen Gewinn gemacht. Cochrane aber hatte am Tag des Eintreffens der Falschmeldung mit Johnstone gefrühstückt und ahnungslos den angeblichen Boten, der die Nachricht von Bonapartes Tod überbracht haben soll, in seinem Haus empfangen. Nun wurde vermutet, dass auch er an dem Schwindel beteiligt gewesen war. Seine zahlreichen Feinde, die er – nicht ohne eigenes Zutun – im Laufe der Jahre gegen sich aufgebracht hatte, nutzten die Gelegenheit, um seine Beteiligung an dieser Manipulation zu konstruieren und ihn persönlich zu diskreditieren.

Cochranes Unschuld ist heute erwiesen. Dennoch wurde er zu einer Geldstrafe und einem Jahr Gefängnis verurteilt; zusätzlich sollte er noch eine Stunde am Pranger stehen. Doch man nahm davon Abstand, weil man Unruhen durch Cochranes Anhänger befürchtete. Als wäre die ungerechte Verurteilung noch nicht demütigend genug gewesen, wurde Cochrane im Juni 1814 zudem unehrenhaft aus der Royal Navy entlassen und aus dem Unterhaus geworfen. Doch während sich die Entlassung aus der britischen Marine zunächst nicht rückgängig machen ließ, wurde Cochrane von den Wählern seines Wahlkreises in Westminster mit überragender Mehrheit wiedergewählt. Im Triumph zog er erneut ins Unterhaus ein.

In den folgenden Jahren hatte Cochrane schwer mit den Folgen dieses Skandals zu kämpfen. Deshalb nahm er im Jahre 1817 umso freudiger das Angebot der neu gegründeten Republik Chile an, Oberbefehlshaber der chilenischen Marine im Unabhängigkeitskampf gegen die Kolonialmacht Spanien zu werden. Erneut

gelangen Cochrane sensationelle Erfolge. In der Nacht des 5. November 1820 war Cochrane mit einigen Booten im Schutz der Dunkelheit in den stark befestigten Hafen der Stadt Callao an der Küste Perus vorgedrungen. Die Festungsanlagen des Hafens waren mit zahlreichen Kanonen zum Schutz vor feindlichen Angriffen bestückt. Völlig unbeeindruckt davon enterte Cochrane mit seinen Männern die mit 44 Kanonen bewaffnete Fregatte *Esmeralda* und entführte das Schiff als Prise aus dem Hafen. Ebenso gelang es ihm, mit einer kleinen Streitmacht die Stadt Valdivia einzunehmen. Aber Cochrane eckte wieder an: Konflikte mit den politischen Machthabern bewogen ihn daher, 1823 in brasilianische Dienste zu wechseln. Auch hier überwarf er sich bald mit den verantwortlichen Stellen und kehrte nach Europa zurück, wo er von 1827 bis Ende 1828 das Oberkommando über die griechische Marine im Kampf gegen die Türken erhielt. In dieser Position hatte er jedoch mehr gegen Misswirtschaft und Inkompetenz zu kämpfen als gegen den Feind.

In den folgenden Jahren bemühte sich Cochrane, nach dem Tod seines Vaters seit 1831 Earl of Dundonald, in England um seine Rehabilitation und ehrenvolle Wiederaufnahme in die Marine. 1832 gewährte König William IV. ihm ein „Königliches Pardon". In den Dienst der Royal Navy zurückgekehrt, wurde Cochrane noch im gleichen Jahr zum Konteradmiral befördert, 1841 folgte die Ernennung zum Vizeadmiral. In den folgenden Jahren bis 1848 widmete sich Cochrane der Modernisierung der Royal Navy durch die Einführung von Dampf- und Schraubenantrieb für Kriegsschiffe. Von 1848 bis 1851 diente Cochrane als Oberbefehlshaber auf der amerikanischen und westindischen Flottenstation. 1851 zum Admiral befördert, bewarb sich der mittlerweile fast 80-Jährige zu Beginn des Krimkriegs 1854 um den Oberbefehl über die Flotte, was jedoch abgelehnt wurde. Am 31. Oktober 1860 starb Thomas Cochrane, 10. Earl of Dundonald.

KÄMPFER UND DRAUFGÄNGER: SEEFAHRER DER MODERNE

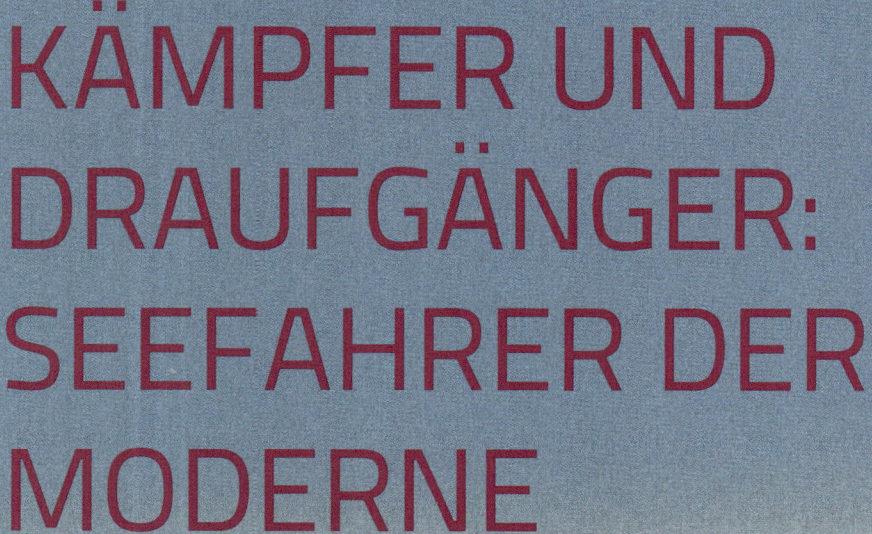

Diese kolorierte Fotopostkarte zeigt das deutsche Panzerschiff *Admiral Scheer*, das im 2. Weltkrieg u. a. für Angriffe auf die alliierte Handelsschifffahrt eingesetzt wurde.

JOHN ARBUTHNOT FISHER
DER REFORMER

John Arbuthnot Fisher war kein Horatio Nelson. Seinen Aufstieg an die Spitze der britischen Marine verdankte er nicht seinen Fähigkeiten als charismatischer Flottenführer, sondern seiner Tätigkeit als unermüdlicher Modernisierer. Bis heute gilt er als der Mann, der es der Royal Navy ermöglichte, während des Ersten Weltkriegs die Vorherrschaft zur See zu behaupten. Zwischen 1904 und 1910 hatte er mit seinen Reformen die Grundlage dafür gelegt.

John Fisher wurde am 25. Januar 1841 auf Ceylon, dem heutigen Sri Lanka, als Sohn von Captain William Fisher, einem britischen Armeeoffizier, geboren. Er war das älteste von elf Kindern. Als John ein Jahr alt war, schied der Vater aus der Armee aus und wurde Kaffeefarmer. Doch seine Kaffeeplantagen erwiesen sich als Verlustgeschäft, sodass er in Schulden geriet und seine Familie kaum noch ernähren konnte. Im Alter von sechs Jahren wurde John daher nach England geschickt, zu seinem Großvater väterlicherseits. Der alte Mann hatte ebenfalls sein Vermögen verloren und lebte von der Vermietung seines Hauses. Der Junge sollte seine Eltern nie wiedersehen.

Mit 13 Jahren trat John Fisher, meist nur „Jackie" gerufen, als Offiziersanwärter in die Royal Navy ein. Die Aufnahmeprüfung bestand darin, das Vaterunser zu schreiben und nackt über einen Stuhl zu springen. Die britische Seeoffiziersausbildung war zu dieser Zeit wenig intellektuell, und wissenschaftliche Bildung genoss in der Royal Navy nur geringes Ansehen. Ebenso weigerten sich die meist der Oberschicht angehörenden Seeoffiziere lange Zeit, die aus niedrigeren sozialen Schichten stammenden Ingenieuroffiziere als ebenbürtig anzusehen, da sie keine „Gentlemen" seien. Erst der einsetzende technische Fortschritt erzwang langsam ein Umdenken.

Um 1850 bestand die britische Marine noch zum größten Teil aus hölzernen Segelschiffen wie zur Zeit Nelsons. Nur zögerlich hielten der Dampfantrieb und andere technische Neuerungen Einzug in die Flotte. Sein erstes Schiff war das 1831 gebaute, mit 84 Vorderladerkanonen bewaffnete Segellinienschiff *Calcutta*, mit dem er an der Blockade der russischen Häfen in der Ostsee während des Krimkriegs von 1853 bis 1856 teilnahm. Großbritannien und Frankreich kämpften damals an der Seite der Türkei gegen Russland, das versuchte, sein Staatsgebiet auf Kosten des zerfallenden Osmanischen Reiches zu vergrößern.

Wie sein großes Vorbild Nelson verdankte Fisher seinen Aufstieg in erster Linie seinen Fähigkeiten. Er war intelligent, enthusiastisch und ungemein ehrgeizig. Ein Schiffskamerad beschrieb ihn einmal als „den wohl interessantesten Offiziersanwärter, den ich je getroffen habe". Zugleich besaß er jedoch beträchtlichen Charme, mit dessen Hilfe es ihm immer wieder gelang, hochgestellte Persönlichkeiten für sich einzunehmen, die ihm seinen Karriereweg ebneten. Das zeigte sich bereits zu Beginn seines Werdegangs. Während des Zweiten Opiumkriegs von 1856 bis 1860 diente Fisher in China an Bord der Dampfkorvette *Highflyer*. Deren Kommandant, Captain Charles Shadwell, galt als brillanter Mathematiker und Astronom und nahm den jungen, hoch begabten Fisher unter seine Fittiche. Während der Kämpfe zeichnete sich Fisher aber auch durch Tapferkeit und Engagement mehrfach aus; unter anderem nahm er an der Eroberung der Stadt Kanton teil.

Admiral John Arbuthnot Fisher prägte wie kein anderer die britische Flottenpolitik zu Beginn des 20. Jahrhunderts. Die Radikalität, mit der er die Royal Navy zu einer modernen Marine umbaute, stieß vor allem in konservativen Kreisen auf harsche Kritik.

Im November 1860 wurde Fisher zum Leutnant zur See befördert. Das Offiziersexamen hatte er mit Auszeichnung bestanden; neben hervorragenden Leistungen in Seemannschaft und Artilleriewesen erzielte er in der Navigationsprüfung mit 963 von 1000 Punkten das beste Ergebnis aller Zeiten.

Im Jahr darauf kehrte Fisher nach Großbritannien zurück. Zu dieser Zeit begann der technische Fortschritt die Vorherrschaft der alten hölzernen Segelkriegsflotten zu bedrohen, mit denen sich Großbritannien seine Weltmachtstellung erfochten hatte. Grundlegende technologische Umbrüche bestimmten nun den Kriegsschiffbau. Der Dampfantrieb und andere Neuerungen hatten Einzug in die Flotte gehalten. 1859 war in Frankreich die *Gloire*, das erste hochseetüchtige Panzerschiff, vom Stapel gelaufen. Ein Jahr später antworteten die Briten mit der Panzerfregatte *Warrior*, die im Gegensatz zu ihrem französischen Vorgänger bereits einen eisernen Rumpf besaß.

Neben dem Wechsel vom Holz- zum Eisenschiffbau und dem endgültigen Übergang vom Segel- zum Dampfschiff kam es zu einem Wettlauf zwischen Panzerschutz und der Durchschlagskraft der Geschütze. Als beste Lösung für die Positionierung der schweren Artillerie erwies sich schließlich die

Aufstellung in drehbaren Panzertürmen, wodurch die Kanonen in jede gewünschte Richtung geschwenkt werden konnten.

Fisher war diesen technischen Neuerungen gegenüber sehr aufgeschlossen. Als Ausbilder auf dem Artillerieschulschiff *Excellent* befasste er sich auch mit der Entwicklung von Torpedos. Diese Unterwassergeschosse mit eigenem Antrieb und selbsttätiger Steuerung waren erst kurz zuvor eingeführt worden. Gleichzeitig wurde er zum Experten für die elektrische Zündung von Seeminen und konnte sich so bereits in relativ jungen Jahren einen Namen in der Marine machen.

Nach seiner Beförderung zum Kapitän zur See im

Jahr 1874 verbrachte Fisher die nächsten Jahre auf See. 1881 übernahm er den Befehl über das Schlachtschiff *Inflexible* – zu diesem Zeitpunkt das modernste und stärkste Kriegsschiff der Royal Navy. Bei der Bombardierung Alexandrias durch die britische Flotte 1882 sorgte das Panzerschiff durch seine exzellenten Schießleistungen für Aufmerksamkeit. Doch Fisher zeichnete sich nicht nur zur See aus: Er rüstete einen gepanzerten Eisenbahnzug aus, mit dem er die Aufständischen auch zu Land bekämpfte. Dafür wurde ihm der Bath-Orden, eine der höchsten britischen Auszeichnungen, verliehen.

Doch dann wurde der an Malaria erkrankte Fisher gegen seinen Willen nach England zurückgerufen, denn wie Lord Northbrook, der Erste Lord der britischen Admiralität bemerkte, „kann die Admiralität zwar eine weitere *Inflexible*, nicht aber einen zweiten Fisher bauen". Während seiner neunmonatigen Genesung wurde Fisher von Königin Victoria empfangen und freundete sich auch mit deren Sohn, dem zukünftigen König Edward VII., an.

Nach seiner Wiederherstellung stieg er im April 1883 zum Kommandeur der Artillerieschule auf der *Excellent* auf. Mit der gleichen Begeisterung wie früher für Torpedos widmete er sich nun der Weiterentwicklung der Artillerie. In diesen Jahren begann auch seine enge Zusammenarbeit mit der Presse, die er gezielt nutzte, um die öffentliche Meinung in seinem Sinne zu beeinflussen.

1890 wurde Fisher zum Konteradmiral befördert und zwei Jahre später als Dritter Seelord und Schatzmeister der Marine in die Admiralität, die oberste Verwaltungs- und Kommandobehörde der Royal Navy, berufen. Zu seinen Aufgaben gehörte neben dem Kriegsschiffbau auch die Weiterentwicklung des Artilleriewesens.

Die HMS *Warrior*, die 1860 vom Stapel lief, war das erste Panzerschiff mit Eisenrumpf. Bei diesen frühen Panzerschiffen handelte es sich im Prinzip um Segelfregatten mit Hilfsdampfantrieb, deren Rumpf vor einem Eisenpanzer geschützt wurde. Heute kann die *Warrior* als Museumsschiff im Hafen von Portsmouth besichtigt werden.

Die 1905 vom Stapel gelaufene *Dreadnought* (zu Deutsch: „Fürchtenichts") gilt als erstes modernes Schlachtschiff. Sie war größer, stärker und schneller als alle anderen Kriegsschiffe ihrer Zeit.

Hier begann er mit ersten Modernisierungen. Unter anderem führte er den Zerstörer als neue Schiffsklasse in die Royal Navy ein. 1894 schlug ihn Königin Victoria zum Ritter des Bath-Ordens. Nach seiner Beförderung zum Vizeadmiral wurde Sir John Fisher 1897 Befehlshaber des Westindiengeschwaders.

1899 wurde Fisher nach Europa zurückgerufen und als Marineexperte zu der auf Anregung des russischen Zaren einberufenen Ersten Friedenskonferenz in der niederländischen Hauptstadt Den Haag entsandt. Ziel der Verhandlungen war es, sich auf internationale Regeln und Grundsätze zu verständigen, um Konflikte künftig friedlich beilegen zu können. Hier vertrat Fisher entschieden die Interessen der Royal Navy und lehnte jede Flottenbegrenzung rigoros ab: „Ich bin nicht für den Krieg, ich bin für den Frieden! Aus diesem Grund bin ich für eine überlegene Marine." Fisher war nicht der Einzige, der sich gegen Abrüstung aussprach. Und so beschränkten sich die Ergebnisse der Konferenz auf die verbindliche Festschreibung des Kriegsvölkerrechts und die Schaffung eines ständigen Schiedsgerichtshofs zur Schlichtung zwischenstaatlicher Konflikte, dessen Anrufung jedoch nicht obligatorisch war.

Im Anschluss diente Fisher als Oberbefehlshaber der Mittelmeerflotte und wurde im November 1901 zum Admiral befördert. Im Jahr darauf trat er in den Rang des Zweiten Seelords ein. In dieser Funktion war er für das Personal der Royal Navy zuständig. Hier setzte er erneut zu einer Modernisierung an. Mit dem „Fisher-Selborne scheme" von 1903 leitete er eine umfassende Reform der Offiziersausbildung ein. Fortan sollten See- und Ingenieuroffiziere gemeinsam ausgebildet und so ein einheitliches Offizierskorps geschaffen werden. Obgleich Fisher Seeoffizier war, erkannte er doch die Bedeutung der Ingenieure für die zunehmend technisierte Flotte und bemühte sich um ihre Aufwertung. Dennoch haftete den Ingenieuroffizieren in der Royal Navy noch lange das Stigma eines niedrigeren Sozialprestiges an.

Anfang des 20. Jahrhunderts zeichnete sich in Gestalt der Kaiserlichen Marine eine neue potenzielle Bedrohung in der Nordsee ab. Während Bismarck das Deutsche Reich als europäische Kontinentalmacht betrachtet hatte, sollte es nach dem Willen Kaiser Wilhelms II. nun auch zur See- und Weltmacht werden. 1897 wurde Admiral Alfred Tirpitz (ab 1900: von Tirpitz) Staatssekretär im Reichsmarineamt. 1898 begann er mit dem Aufbau einer deutschen Schlachtflotte. Ihre bloße Existenz sollte Großbritannien zu Zugeständnissen bewegen. Käme es dennoch zum Krieg, sollte eine Entscheidungsschlacht in der Nordsee über Sieg oder Niederlage bestimmen. Das ehrgeizige Flottenbauprogramm führte schließlich in ein verhängnisvolles Wettrüsten mit Großbritannien und förderte die außenpolitische Isolierung des Deutschen Reichs.

Zunächst empfand Großbritannien die deutsche Schlachtflotte jedoch nicht als Bedrohung. Anders als oft behauptet, war auch Fishers Ernennung zum Ersten Seelord und damit zum Chef der Royal Navy keine direkte Folge der deutschen Flottenrüstung. Nicht das Deutsche Reich, sondern Frankreich und Russland galten damals als die bedeutendsten außenpolitischen Gegenspieler Großbritanniens.

Nach seinem Amtsantritt 1904 machte sich Fisher daran, die Royal Navy grundlegend umzustrukturieren. Seine wichtigsten Ziele waren die „Effizienz der Flotte" und deren „unmittelbare Bereitschaft zum Krieg". Doch anders als diese Worte vermuten lassen, war er kein Kriegstreiber, sondern glaubte an Frieden durch Abschreckung. Statt die britischen Kriegsschiffe wie bisher auf verschiedenen Flottenstationen rund um die Welt zu verteilen, konzentrierte Fisher die Royal Navy in den europäischen Gewässern. Dadurch wurden nicht nur die Britischen Inseln geschützt; dank des Maschinenantriebs konnten Flottenverbände erforderlichenfalls in kürzester Zeit an jeden Ort der Welt entsandt werden.

Zugleich begann der energische Reformer damit, ältere Kriegsschiffe von geringem Gefechtswert außer Dienst zu stellen. Völlig veraltete Schiffe, die, wie Fisher sagte, „weder kämpfen noch fliehen konnten", wurden verschrottet, die noch brauchbaren älteren Einheiten in die Reserveflotte überführt. Die dadurch gesparten Instandhaltungskosten nutzte Fisher, um moderne, schlagkräftige Schiffe zu bauen. Auf diese Weise setzte er die zur Verfügung stehenden Mittel effizient ein und schuf mit weniger Schiffen und Seeleuten eine kampfstärkere Flotte.

1904 schlossen England und Frankreich die Entente cordiale. Obgleich sich dieses „herzliche Einverständnis" zunächst nur auf die Beilegung der kolonialen Dispute der beiden Mächte bezog und – zumindest anfänglich – nicht direkt gegen das Deutsche Reich gerichtet war, verschob sich dadurch das Mächtegleichgewicht in Europa. Spätestens jetzt wurde die deutsche Flottenrüstung zur wichtigsten Rechtfertigung für die weitere Verstärkung der Royal Navy – wozu nicht zuletzt Pressekampagnen beitrugen, die immer wieder die „deutsche Gefahr" beschworen, um Propaganda

Admiral John Fisher (links) und Admiral Lord Charles Beresford (rechts) verband eine lebenslange Feindschaft. Auch politisch waren sie Gegner.

für die Flottenrüstung zu machen. 1907 schlossen Großbritannien, Frankreich und Russland die sogenannte Tripelentente, was in Deutschland als „Einkreisung" durch feindliche Mächte empfunden wurde.

In diesen Jahren revolutionierte Fisher auch den Kriegsschiffbau. Zu Beginn des 20. Jahrhunderts bildeten in allen großen europäischen Marinen die sogenannten Einheitslinienschiffe den Kern der Schlachtflotten. Sie trugen als Hauptbewaffnung vorn und achtern je einen Drehturm mit zwei schweren Geschützen und fuhren im Gefecht hintereinander in Kiellinie, da sie auf diese Weise ihre Artillerie einsetzen konnten, ohne sich gegenseitig zu behindern. Von dieser Taktik leitete sich die Bezeichnung Linienschiff ab.

Doch 1905 lief in Großbritannien das Linienschiff *Dreadnought* vom Stapel, das schneller und stärker als alle seine Vorgänger war. Als Prototyp des modernen Schlachtschiffes besaß die *Dreadnought* hingegen eine Hauptbewaffnung von zehn 30,5-Zentimeter-Geschützen in fünf Doppeltürmen. Demgegenüber verfügten die modernsten deutschen Linienschiffe nur über eine schwere Artillerie von vier 28-Zentimeter-Kanonen. Zeitgleich entwickelten die Briten den Schlachtkreuzer, einen Schiffstyp, der eine ebenso starke Bewaffnung wie die neuen Dreadnoughts trug, aber aufgrund einer leichteren Panzerung eine höhere Geschwindigkeit als diese besaß. In diesen schnellen, schlagkräftigen Schlachtkreuzern sah Fisher die Zukunft, doch angesichts der deutschen Flottenrüstung wurde stattdessen eine große Zahl der neuen Schlachtschiffe vom Typ „Dreadnought" auf Kiel gelegt. Zugleich forcierte Fisher den Bau von U-Booten, von denen er glaubte, dass sie die Seekriegführung revolutionieren würden, und entwickelte ein neues Konzept zur Verhinderung einer Invasion, das auf dem Einsatz von Zerstörern und U-Booten basierte.

Durch die neuen Großkampfschiffe wurden die älteren Linienschiffe, Panzerkreuzer und

Großen Kreuzer mit einem Schlag militärisch entwertet – was auch in Großbritannien nicht unumstritten war. Das Deutsche Reich zog nach. Gemäß der Flottennovelle von 1906 lief 1908 mit der *Nassau* das erste nach dem Vorbild der *Dreadnought* gebaute deutsche Großlinien-schiff vom Stapel. Gleichzeitig wurde mit dem Bau von Schlachtkreuzern begonnen.

Durch die Konzentration der britischen Schlachtschiffe in Europa und die Modernisie-rung der Flotte gelang es Fisher, die Schlag-kraft der Royal Navy beträchtlich zu erhöhen. Gleichzeitig reformierte er die Organisation der britischen Marine und die Verwaltung der Werften, er förderte die Weiterentwicklung des Artilleriewesens und stellte die Feuerung der britischen Kriegsschiffe von Kohle auf Öl um, das nicht nur einen höheren Heizwert be-saß, sondern auch einfacher und schneller zu bunkern war.

Fisher glaubte, dass die Sicherheit des bri-tischen Empires allein von der Royal Navy abhing. Er war fest davon überzeugt, dass nur eine starke Flotte andere Mächte davon abhalten könnte, Großbritannien anzugreifen, und sei-ne Reformen daher dazu beitrügen, die Wahr-scheinlichkeit eines Krieges zu verringern. Vor allem in der deutschen Flottenrüstung sah er eine Gefahr, der es durch die Verstärkung der Royal Navy zu begegnen galt. Darüber hinaus wollte er eine britische Marine schaffen, die al-len anderen Flotten überlegen war.

Im Dezember 1905 wurde Fisher zum Ad-miral of the Fleet oder Großadmiral befördert, sodass er auch über die Pensionsgrenze hin-aus im Amt bleiben konnte. Der durch Fisher forcierte rasante Wandel der Royal Navy blieb jedoch nicht ohne Widerspruch, vor allem sei-tens der Konservativen. Fisher selbst stand po-litisch den Liberalen nahe, womit er zu einer Minderheit unter den Seeoffizieren gehörte. Insbesondere gegen die zahlenmäßige Verklei-nerung der Flotte hatte sich lautstarker Protest erhoben. Auch innerhalb der Royal Navy besaß

Fisher sowohl begeisterte Anhänger als auch entschiedene Gegner. Durch sein Prinzip, nicht den Dienstältesten, sondern den Fähigsten zu befördern, stieß er viele Marineoffiziere vor den Kopf, denn er brach mit zahl-reichen Traditionen. Und je älter Fisher wurde, desto autokrati-scher herrschte er: „Jeden, der sich mir widersetzt, vernichte ich."

Fishers Neigung zu Arroganz und Un-duldsamkeit brachte viele gegen ihn auf. Sein prominentes-ter Gegner war Admiral Lord Charles Beres-ford, der 1907 zum Oberbe-fehlshaber der Kanalflotte er-nannt wurde. Fisher und Be-resford waren beide auf ihre Weise tüchti-ge Seeoffizie-re, hatten aber unterschiedliche Ansichten über die Zukunft der Flotte und die Reform der Royal Navy. Zusätzli-che Schärfe bekam der Streit durch den sozialen Gegensatz zwischen dem bürgerlichen Aufsteiger Fis-her und dem Adligen Beresford, der überdies selbst Ambitionen auf den Posten des Ersten Seelords hatte. Der Konflikt zwischen den beiden eskalierte nach der Ablösung Beresfords als Chef der Kanalflot-te im Jahr 1909, als dieser als Parlamentsabgeordneter in aller Öffentlichkeit Fisher und seine Reformen kritisierte.

1909 wurde Fisher als Baron Fisher of Kilverstone in den erblichen britischen Adelsstand erhoben, im Jahr darauf in den Ruhestand versetzt. Sein Nachfolger im Amt, Admiral Sir Arthur Wilson, setzte seine Reformpolitik fort. 1912 übernahm Fisher den Vorsitz einer technischen Kommission und setzte sich für den konsequenten Übergang zur Ölfeuerung auf allen Schiffen der Royal Navy ein.

Das sollte jedoch nicht das Ende seiner Karriere sein. Nach dem Ausbruch des Ersten Weltkriegs wurde Fisher auf Wunsch von Winston Churchill, der seit 1911 Erster Lord der

Admiralität und damit britischer Marineminister war, wieder in den aktiven Dienst zurückgerufen. Im Oktober 1914 übernahm Fisher also erneut das Amt des Ersten Seelords. Es zeigte sich, dass er auch mit 73 Jahren nichts von seiner Tatkraft eingebüßt hatte. Mit klarem Blick entwickelte er seine Strategie: Zuerst wollte er die Weltmeere von feindlichen Schiffen säubern, dann die deutsche Flotte in der Nordsee vernichten und schließlich die Seeherrschaft in der Ostsee erringen. Gleichzeitig sollte eine Blockade die Seehandelswege des Deutschen Reiches unterbrechen und dieses damit vom Nachschub mit Nahrungsmitteln und Rohstoffen abschneiden.

Marineminister Winston Churchill (rechts) empfängt Fisher in seinem Büro. In Bezug auf die Dardanellen-Offensive im Frühjahr 1915 vertraten die beiden unterschiedliche Ansichten. Fishers Ablehnung des Unternehmens führte im Mai 1915 zu seinem Rücktritt.

Doch zunächst musste Fisher seine Aufmerksamkeit nach Südamerika richten. Am 1. November vernichtete das im Pazifik stationierte deutsche Ostasiengeschwader unter Vizeadmiral Maximilian Reichsgraf von Spee nahe Coronel vor der chilenischen Küste ein englisches Geschwader. Angesichts der feindlichen Übermacht hatte Admiral von Spee beschlossen, auf dem Weg rund um Kap Hoorn nach Deutschland zurückzukehren. Als Fisher in London von der Niederlage erfuhr, handelte er rasch und entschlossen. Sogleich setzte er die Schlachtkreuzer *Invincible* und *Inflexible* in Marsch, um den deutschen Verband im Südatlantik abzufangen. Am 8. Dezember 1914 trafen die deutschen Schiffe bei den

Falklandinseln auf die beiden Schlachtkreuzer und weitere britische Seestreitkräfte. Fast alle deutschen Schiffe wurden versenkt. Über 2200 deutsche Seeleute fanden den Tod, unter ihnen auch Admiral Graf Spee. Es blieb der einzige vollständige Seesieg im Ersten Weltkrieg.

Trotz dieses Erfolges kam es 1915 zum Konflikt zwischen Fisher und Churchill. Im Oktober 1914 war das Osmanische Reich auf Seiten Deutschlands und Österreich-Ungarns in den Ersten Weltkrieg eingetreten. Dadurch war den Ententemächten der wichtigste Versorgungsweg nach Russland durch die Dardanellen versperrt. Churchill schlug daher vor, durch den Einsatz von Land- und Seestreitkräften den Weg ins Schwarze Meer zu forcieren. Nachdem ein erster Flottenvorstoß unter erheblichen Schiffsverlusten gescheitert war, riet Fisher, den Plan aufzugeben. Er konnte sich jedoch gegenüber Churchill nicht durchsetzen und trat am 15. Mai 1915 aus Protest von seinem Amt als Erster Seelord zurück.

Wie von Fisher befürchtet, geriet das folgende Landungsunternehmen zum Desaster: Der Versuch, die Durchfahrt ins Schwarze Meer zu erzwingen, scheiterte katastrophal an der hartnäckigen Verteidigung der Halbinsel Gallipoli durch die von deutschen Kräften unterstützten Türken. Die blutige Niederlage führte zum Rücktritt Churchills als Marineminister und zum Sturz der Regierung Asquith. Zwar diente Fisher ab Juli 1915 eine Zeit lang als Vorsitzender eines technischen Komitees, doch all seine Versuche, in das Amt des Ersten Seelords zurückzukehren, scheiterten. Dies war das Ende seiner Marinekarriere.

Im Juli 1918 verstarb Fishers Frau Frances, die er 1866 geheiratet hatte und mit der er einen Sohn und zwei Töchter hatte. Zwei Jahre später, am 10. Juli 1920, starb auch Jackie Fisher. Nach der offiziellen Trauerfeier in der Westminster Abbey in London wurde sein Leichnam eingeäschert und seine Urne neben der seiner Frau auf seinem Landsitz Kilverstone in der Grafschaft Norfolk beigesetzt.

A 455
E. P. & Co. A.-G. L.

Felix
Schwormstädt
9. VI 1916

Zum deutschen Seesieg am Skagerrak.
Rettung schiffbrüchiger engl. Mannschaften
durch Torpedoboote.

REINHARD SCHEER
BEFEHLSHABER IN DER
SKAGERRAKSCHLACHT

Reinhard Scheer war der bedeutendste deutsche Admiral des Ersten Weltkrieges. 1916 befehligte er die deutsche Hochseeflotte in der Skagerrakschlacht, der einzigen großen Seeschlacht zwischen der Kaiserlichen Marine und der Royal Navy.

Arthur Reinhard Scheer wurde am 30. September 1863 in der heute zu Niedersachsen gehörigen Stadt Obernkirchen als Sohn eines Pastors und Schulmeisters geboren. Noch bevor er jemals das Meer oder ein Schiff gesehen hatte, beschloss er, Marineoffizier zu werden: Ein illustriertes Buch über die Marine hatte diesen Wunsch in ihm geweckt. Im Alter von 15 Jahren trat Scheer als Offiziersanwärter in die Kaiserliche Marine ein; 1882 wurde er zum Leutnant zur See und 1885 zum Oberleutnant zur See befördert.

Während seiner Auslandseinsätze in den folgenden Jahren wurde Scheer Zeuge der Gründung des deutschen Kolonialreichs. Mitte der 1880er-Jahre hatte Reichskanzler Otto von Bismarck nach anfänglichem Widerstand damit begonnen, den Erwerb von sogenannten Schutzgebieten in Afrika, China und im Pazifik zu fördern. Dieser Griff nach einem „Platz an der Sonne", so die prägnante Formulierung des späteren Reichskanzlers Bernhard von Bülow für das deutsche Streben nach Weltgeltung, verlief jedoch nicht unblutig. Sowohl die deutschen Kolonialtruppen als auch die Kaiserliche Marine wurden immer wieder in Kämpfe mit Eingeborenen verwickelt. Im Jahr 1888 nahm auch der junge Reinhard Scheer an einem Angriff auf ein befestigtes Dorf in der Nähe der Stadt Daressalam an der Küste des heutigen Tansania teil.

Nach seiner Rückkehr nach Deutschland wurde Scheer zur neuen Torpedowaffe abgestellt. Er besuchte die Torpedoschule, diente fünf Jahre als Torpedobootkommandant und wurde schließlich zum Kommandeur der Ersten Torpedobootflottille ernannt. Später arbeitete Scheer mehrere Jahre unter Admiral Tirpitz im Reichsmarineamt in Berlin, wo er ab 1904 als Chef der Zentralabteilung am Aufbau der Flotte beteiligt war. Seine Vorgesetzten hatten das Talent des begabten jungen Offiziers bald erkannt, und so stieg Scheer schnell in der Marinehierarchie auf: 1900 wurde er zum Korvettenkapitän, 1904 zum Fregattenkapitän und bereits 1905 zum Kapitän zur See befördert. 1909 wurde Scheer, inzwischen in den Rang eines Konteradmirals erhoben, zum Stabschef der Hochseeflotte, der aus Großkampfschiffen bestehenden Schlachtflotte, ernannt; 1913 erfolgte seine Beförderung zum Vizeadmiral.

Erst zu Beginn des 20. Jahrhunderts war das Deutsche Reich in den Kreis der großen Marinenationen getreten. Seit 1898 hatten der marinebegeisterte Kaiser Wilhelm II. und der für das deutsche Flottenbauprogramm verantwortliche Admiral Alfred von Tirpitz den Aufbau einer deutschen Schlachtflotte vorangetrieben. Es entstand ein maritimes Wettrüsten mit der damals führenden Seemacht Großbritannien, das erheblich zur außenpolitischen Isolierung des Deutschen Reichs vor dem Ersten Weltkrieg beitrug.

Beim Ausbruch des Krieges im August 1914 kommandierte Scheer das aus älteren Linienschiffen bestehende Zweite Schlachtgeschwader. Noch vor Jahresende wurde er Befehlshaber des Dritten Schlachtgeschwaders, in dem

Deutsche Torpedoboote nahmen in der Skagerrakschlacht auch schiffbrüchige Briten an Bord. Auf Feldpostkarten wie dieser feierten sich die Deutschen als Sieger, obwohl auch die Gegenseite den Sieg für sich beanspruchte.

Admiral Scheer.

 Reinhard Scheer sah die Erfolge der deutschen Hochseeflotte in der Skagerrakschlacht durchaus kritisch. Als Kaiser Wilhelm II. ihm für seine Leistungen die Adelswürde anbot, lehnte Scheer ab.

Minenangriffen wollte man die Briten zunächst schwächen, um dann mit der Hochseeflotte die Entscheidung zu suchen. Doch Admiral Sir John Rushworth Jellicoe, der Oberbefehlshaber der britischen Grand Fleet, war ein vorsichtiger Mann. Er zog es vor, die deutsche Flotte von seinem Liegeplatz in Scapa Flow an der Nordspitze Schottlands aus zu bedrohen. Fast zwei Jahre lang belauerten sich die beiden Flotten aus der Ferne, ohne dass es zu entscheidenden Gefechten kam.

Als der Oberbefehlshaber der Hochseeflotte, Admiral Hugo von Pohl, seinen Posten aus gesundheitlichen Gründen aufgeben musste, wurde Scheer im Januar 1916 zu seinem Nachfolger ernannt und im April zum Admiral befördert. Im Gegensatz zu seinem Vorgänger wollte Scheer in die Offensive gehen, statt untätig im Hafen zu liegen und auf den Gegner zu warten. Tatsächlich willigte Kaiser Wilhelm II., der als „oberster Kriegsherr" persönlich den Oberbefehl über die Marine führte, einige Wochen später ein, die Flotte in die Nordsee vorstoßen zu lassen.

Am 31. Mai 1916 erteilte Scheer der deutschen Hochseeflotte den Befehl zum Auslaufen. Als Erstes ging gegen zwei Uhr morgens die Aufklärungsabteilung unter dem Kommando von Vizeadmiral Franz Ritter von Hipper Anker auf. Sie bestand aus schnellen Schlachtkreuzern, Kreuzern und Zerstörern. Scheer selbst lief erst gegen halb vier Uhr morgens mit der Hauptflotte von Wilhelmshaven aus. Sobald seine Schiffe den Jadebusen verlassen hatten, befahl er der Flotte, Kurs nach Norden zu nehmen. Durch den Angriff auf den alliierten Schiffsverkehr wollte er die britische Flotte zum Auslaufen provozieren. Doch die Briten waren gewarnt, denn sie hatten am Vortag deutsche Funksprüche abfangen können und wussten daher, dass die deutsche Hochseeflotte einen Vorstoß plante. Als sich Scheers Flotte langsam über die Jade auf den Weg in die Nordsee machte, war Admiral Jellicoe mit seinen Schiffen bereits in See.

die modernsten und kampfkräftigsten Schiffe der Hochseeflotte zusammengefasst waren.

Die strategischen Vorstellungen der deutschen Marineführung waren stark von der klassischen Schlachtflotte geprägt. Der Kaiser und seine Admirale hatten erwartet, dass die britischen Schiffe gleich zu Beginn des Krieges vor der deutschen Küste auftauchen würden, um die Hochseeflotte in ihrem Stützpunkt Wilhelmshaven zu blockieren. Mit Torpedo- und

Keine der beiden Flotten wusste, dass der Gegner ebenfalls den Hafen verlassen hatte. Jellicoes Auslaufen war der deutschen Aufklärung entgangen, während die Briten einem einfachen, aber wirkungsvollen Trick der Deutschen aufgesessen waren. Um den Feind zu täuschen, hatte Scheers Flaggschiff *Friedrich der Große* sein Anrufsignal mit einer Funkstation an Land getauscht, sodass die Briten die deutsche Hochseeflotte immer noch in Wilhelmshaven wähnten.

Während die Briten ahnungslos Kurs nach Südosten nahm, dampften die Deutschen ebenso ahnungslos nach Norden. Dass sich die beiden Flotten schließlich am Nachmittag des 31. Mai 1916 in den Weiten der Nordsee begegneten, war reiner Zufall. Gegen 14.15 Uhr hatten zwei deutsche Torpedoboote den dänischen Frachter *N. J. Fjord* gesichtet und Kurs auf das neutrale Handelsschiff genommen. Zugleich hatte die schwarze Rauchfahne des Dampfers auch den britischen Kreuzer *Galatea* angelockt. Als sich die Briten dem Frachter näherten, entdeckten sie plötzlich die beiden deutschen Torpedoboote. Sofort gab die *Galatea* über Funk eine Warnmeldung an die Grand Fleet ab, während die beiden Torpedoboote unverzüglich die Hochseeflotte alarmierten.

So schnell wie möglich nahmen beide Flotten Kurs auf die angegebene Position. Gut zweieinhalb Stunden nach der ersten Sichtung trafen die Aufklärungsgeschwader etwa

65 Seemeilen westlich der Küste von Jütland aufeinander. Um 16.48 Uhr eröffneten die deutschen Schlachtkreuzer das Feuer. Ihre Gegner, die britischen Schlachtkreuzer unter Vizeadmiral David Beatty, lagen ungefähr 15 Kilometer entfernt in westlicher Richtung. Mit der Sonne im Rücken zeichneten sie sich deutlich vor dem Horizont ab, sodass sie den hervorragend ausgebildeten deutschen Artilleristen, die noch dazu über bessere Entfernungsmessgeräte verfügten, ein ideales Ziel boten.

Ein zweistündiges Feuergefecht entwickelte sich, in dem die Briten schwere Verluste erlitten. Nur rund 20 Minuten nach Beginn des Kampfes flog der britische Schlachtkreuzer *Indefatigable* nach einer Salve des deutschen Schlachtkreuzers *Von der Tann* in die Luft. Doch auch die Deutschen kamen nicht ungeschoren davon; der Schlachtkreuzer *Seydlitz*

wurde so schwer getroffen, dass er teilweise geflutet werden musste, um ein Kentern zu verhindern. Wenig später griffen zudem vier der modernsten britischen Schlachtschiffe in das Gefecht ein. Ihre 38-Zentimeter-Geschütze richteten schwere Schäden auf den deutschen Schiffen an, sodass Admiral Hipper in eine bedrohliche Lage geriet. Dennoch behielten die deutschen Schiffe den Gegner unter Feuer – mit vernichtendem Erfolg: Um 17.15 Uhr explodierte der britische Schlachtkreuzer *Queen Mary* unter den Salven der *Derfflinger* und der *Seydlitz*; lediglich 20 der 1266 Mann starken Besatzung überlebten. Nicht nur die Treffgenauigkeit, auch die Feuergeschwindigkeit der deutschen Schiffe war beachtlich: Allein die *Derfflinger* hatte innerhalb von 90 Sekunden fünf Salven gefeuert, von denen die letzte in die bereits explodierende *Queen Mary* ein-

Der deutsche Panzerkreuzer *Derfflinger* feuert eine Breitseite ab. Das Schiff übernahm vorübergehend den Befehl über die deutschen Schlachtkreuzer, als Hippers Flaggschiff *Lützow* kampfunfähig wurde.

geschlagen war. Dessen ungeachtet entwickelte sich das Gefecht zunehmend ungünstig für die deutsche Seite, und als Beatty seinen Zerstörern einen Torpedoangriff befahl, ließ Hipper seine Schiffe nach Osten abdrehen, um sich vom Feind zu lösen.

Kurz darauf wurde Admiral Beatty gemeldet, dass die deutsche Hauptflotte mit nördlichem Kurs gesichtet worden war. Sofort gab er seinen Schiffen den Befehl zur Kursänderung. Hipper seinerseits nahm die Verfolgung der britischen Schlachtkreuzer auf. Um 18.14 Uhr sichtete Beatty die deutsche Hauptflotte. Wenig später gerieten jedoch einige seiner Schiffe aufgrund eines Signalfehlers in den Schussbereich von Scheers Spitzenschiffen – aus den Jägern wurden Gejagte. Doch Beattys Schlachtkreuzer waren schneller als die deutschen Schlachtschiffe, und so gelang es ihnen, sich dem feind-

lichen Feuer zu entziehen. Zur gleichen Zeit näherte sich Jellicoe mit seinem Flaggschiff *Iron Duke* und 23 weiteren Schlachtschiffen sowie zwei Schlachtkreuzern der Position der deutschen Hochseeflotte. Unterdessen war Admiral Hipper mit einem weiteren britischen Schlachtkreuzergeschwader unter Konteradmiral Sir Horace Hood ins Gefecht geraten, dessen Flaggschiff *Invincible* gegen 18.30 Uhr nach mehreren schweren Treffern explodierte. Der Admiral und über 1000 Seeleute fanden dabei den Tod, nur drei Mann konnten von einem deutschen Torpedoboot gerettet werden. Auch Hippers Flaggschiff, die *Lützow*, wurde außer Gefecht gesetzt.

Kurz darauf trafen die Hauptstreitkräfte der britischen Grand Fleet und der deutschen Hochseeflotte aufeinander; den 24 modernen britischen Schlachtschiffen standen dabei

16 Schlachtschiffe und sechs ältere Linienschiffe auf deutscher Seite gegenüber. Bereits zu Anfang des Gefechtes geriet Scheer in die Defensive. Jellicoe gelang es, mit seinen Schlachtschiffen im Winkel von 90 Grad den Kurs der in Kiellinie laufenden deutschen Hochseeflotte zu kreuzen. Dank dieses klassischen taktischen Manövers, das als „Crossing the T" („den Strich über das T ziehen") bezeichnet wird, waren die Briten nun im Vorteil, da sie alle ihre Geschütze zum Tragen bringen konnten, während auf den deutschen Schiffen nur wenige Kanonen in der Lage waren, das Feuer zu erwidern.

Der britische Geschosshagel war so verheerend, dass Scheer nichts anderes übrig blieb, als eine sogenannte Gefechtskehrtwendung anzuordnen, um der sicheren Vernichtung zu entgehen. Die in Kiellinie laufenden deutschen Schiffe sollten unter feindlichem Beschuss in exakt festgelegter Reihenfolge auf Gegenkurs gehen. Obgleich dieses riskante Manöver in den meisten Marinen als undurchführbar galt, hatte Scheer es mit der Hochseeflotte oft geprobt. Schiff um Schiff wendete, und bald dampfte die deutsche Hochseeflotte in umgekehrter Reihenfolge aus der Gefahrenzone. Doch kurz darauf befahl Scheer eine zweite Gefechtskehrtwendung, die seine Flotte abermals in eine ausweglose Lage brachte, da Jellicoe sogleich erneut zum „Crossing the T" ansetzte.

Auch Scheer erkannte bald, dass die Kursänderung ein Fehler gewesen war, und ließ daher seine Flotte wenig später zum dritten Mal eine Gefechtskehrtwendung durchführen. Um sein Manöver zu decken, befahl er seinen Schlachtkreuzern und Torpedobooten den Angriff. Die Schlachtkreuzer hatten zwar bereits beträchtliche Schäden erlitten, dennoch attackierten sie beherzt die feindliche Schlachtlinie. Die *Derfflinger* wurde dabei schwer getroffen. Zugleich griffen die Torpedoboote an. Obgleich kein Torpedo traf und die Briten ein Torpedoboot versenkten und sechs weitere außer Gefecht setzten, zwang ihr Angriff Jellicoes Schlacht-

schiffe zum Abdrehen. Damit hatte das Verzweiflungsmanöver seinen Zweck erfüllt, denn es gelang Scheer, sich Jellicoes Zugriff zu entziehen. Gegen 20 Uhr kam es noch einmal zu einem kurzen Feuerwechsel zwischen der britischen und der deutschen Vorhut, doch brach Jellicoe den Kampf schließlich ab. Er wollte kein Nachtgefecht riskieren.

Nachdem sie den Kontakt zueinander verloren hatten, gingen beide Flotten auf Südkurs. Scheer wollte das Gefecht beenden und sich in den Schutz der deutschen Minenfelder vor der Küste Jütlands zurückziehen, während Jellicoe hoffte, den Deutschen mit seinen schnelleren Schiffen den Weg zu verlegen, um sie am nächsten Morgen erneut zur Schlacht zu stellen.

Kurz nach Mitternacht kam es noch einmal zu Kampfhandlungen, als die deutsche Flotte auf Jellicoes Zerstörer stieß, die die Nachhut der Grand Fleet bildeten. In der Dunkelheit hatten sie unbemerkt den Kurs der Hochseeflotte gekreuzt. Bis in die frühen Morgenstunden lieferten sich britische und deutsche Kreuzer und Zerstörer verlustreiche Einzelgefechte, die ihren Höhepunkt in der Explosion des englischen Panzerkreuzers *Black Prince* fanden.

Während seines Rückzuges hatte Scheer einige der am schwersten beschädigten Schiffe versenken lassen, damit sie nicht in die Hände der Briten fielen. Auch der Schlachtkreuzer *Lützow* wurde von den eigenen Schiffen torpediert, obgleich noch 27 Matrosen im Schiffsraum eingeschlossen waren. Im Morgengrauen des 1. Juni liefen Scheers Schiffe bei Horns Riff in der Höhe der nordwestlich von Sylt gelegenen dänischen Stadt Esbjerg in den Schutz der deutschen Minenfelder ein. Die Hochseeflotte war in Sicherheit.

Die Skagerrakschlacht war die größte und zugleich auch die letzte Schlacht der Seekriegsgeschichte, die ausschließlich von artillerietragenden Großkampfschiffen ausgefochten wurde. Insgesamt waren über 200 Schiffe an dem Gefecht beteiligt gewesen. Obgleich

Gorch Fock – Schriftsteller und Matrose

Unter den deutschen Gefallenen der Skagerrakschlacht befand sich auch der Schriftsteller Johann Kinau, besser bekannt unter seinem Künstlernamen Gorch Fock. Kinau war am 22. August 1880 auf der nahe Hamburg gelegenen Elbinsel Finkenwerder als ältestes von sechs Kindern des Fischers Heinrich Wilhelm Kinau geboren worden. Auch seine Brüder Rudolf und Jakob Kinau wurden als Schriftsteller bekannt.

Nach dem Schulabschluss absolvierte er ab 1895 in Geestemünde bei Bremen eine kaufmännische Lehre bei seinem Onkel August Kinau. 1904 zog er nach Hamburg, wo er unter den Pseudonymen Jakob Holst und Giorgio Focco erste Geschichten auf Niederdeutsch veröffentlichte 1907 nahm Kinau eine Stelle als Buchhalter bei der Hamburg-Amerika-Linie an. Die auch als HAPAG bekannte Reederei war damals die größte Schifffahrtsgesellschaft der Welt. Im folgenden Jahr heiratete er Rosa Elisabeth Reich.

Unter dem Pseudonym Gorch Fock setzte er seine Schriftstellerkarriere erfolgreich fort. In zahlreichen Erzählungen, von denen der 1913 veröffentlichte Roman „Seefahrt ist not!" bis heute das bekannteste Werk ist, beschrieb er in idealisierter Weise das entbehrungsreiche Leben der Finkenwerder Fischer, das er als Kind kennengelernt hatte.

Nach Ausbruch des Ersten Weltkrieges diente Kinau zunächst als Infanterist an der Ostfront. Auf seinen Wunsch hin wurde er Ende 1915 zur Marine versetzt. In der Skagerrakschlacht am 31. Mai 1916 kam Kinau beim Untergang des manövrierunfähig geschossenen Kleinen Kreuzers *Wiesbaden* ums Leben. Seine Leiche wurde später an der schwedischen Küste nahe der Grenze zu Norwegen angetrieben und gemeinsam mit anderen deutschen und britischen Gefallenen der Skagerrakschlacht auf der kleinen Insel Stensho men beigesetzt.

Bis heute gilt Johann Kinau als einer der bedeutendsten maritimen Schriftsteller deutscher Sprache. Unter anderem wurde das 1958 gebaute Segelschulschiff der Deutschen Marine, die Dreimastbark *Gorch Fock*, nach ihm getauft.

Die Aufnahme zeigt Gorch Fock 1916, kurz bevor er in der Skagerrakschlacht sein Leben verlor.

beide Seiten schwer gelitten hatten, waren die Verluste der Briten an Männern und Schiffen wesentlich höher als die der Deutschen. Die Briten hatten 6094 Tote zu beklagen, während auf deutscher Seite 2551 Seeleute gefallen waren – unter ihnen auch der Schriftsteller Gorch Fock, der Namensgeber des Segelschulschiffs der Deutschen Marine, der mit dem Kreuzer *Wiesbaden* untergegangen war. Ähnlich sah es

bei den Schiffsverlusten aus: Die Grand Fleet hatte insgesamt drei Schlachtkreuzer, drei Panzerkreuzer und acht Zerstörer, die Hochseeflotte dagegen nur einen Schlachtkreuzer, ein älteres Linienschiff, vier Kleine Kreuzer und fünf Torpedoboote eingebüßt. Es hatte sich gezeigt, dass die deutschen Schiffe widerstandsfähiger konstruiert waren als die britischen: Während drei britische Schlachtkreuzer bereits nach jeweils fünf Treffern explodiert waren, hatten die deutschen Schlachtkreuzer zahlreiche schwere Granateneinschläge verkraftet. Ein weiterer Grund für die hohen britischen Schiffsverluste war die überlegene Qualität der deutschen Geschosse. Dank ihrer zuverlässigen Verzögerungszünder waren sie im Schiffsinneren explodiert, während viele britische Granaten bereits beim Aufschlag detonierten.

Nach der Skagerrakschlacht wurde Scheer von Kaiser Wilhelm II. die Adelswürde angeboten, die er jedoch ablehnte. Für die Kaiserliche Marine war die Skagerrakschlacht ein großer Sieg und gab ihr neues Selbstvertrauen. Sie hatte sich gegen einen stark überlegenen Gegner behauptet und diesem erheblich schwerere Verluste zugefügt, als sie selbst erlitten hatte. Doch der Erfolg glänzte nur an der Oberfläche. Die deutsche Seekriegskonzeption hatte sich als Fehlschlag erwiesen. Scheer war klar, dass es der Hochseeflotte niemals gelingen würde, den Sieg über die britische Grand Fleet zu erringen. Fortan wagte es Kaiser Wilhelm nicht mehr, sein liebstes Spielzeug noch einmal der Gefahr einer Schlacht und damit einer Niederlage auszusetzen. Für den Rest des Krieges lagen die deutschen Schlachtschiffe

friedlich vor Anker, wobei der eintönige Dienst und die schlechte Behandlung durch die Offiziere allmählich die Moral der Besatzungen zerrütteten. Auch die Grand Fleet blieb nach der Skagerrakschlacht in ihren heimatlichen Stützpunkten, da die britische Admiralität gleichfalls das Risiko einer neuen Schlacht scheute.

Bis heute streiten Briten und Deutsche, wer die Skagerrakschlacht gewonnen hat. Beide Seiten nehmen dabei mit einigem Recht den Sieg für sich in Anspruch – die Deutschen aufgrund der höheren britischen Verluste, die Briten dagegen mit dem Hinweis auf die Untätigkeit der Hochseeflotte nach der Schlacht. Doch während die Deutschen unbestreitbar einen taktischen Sieg errungen hatten, konnten die Briten einen – weitaus wichtigeren – strategischen Erfolg verzeichnen, da die Hochseeflotte als Machtinstrument für den Rest des Krieges faktisch ausgeschaltet war. Außerdem schnitt die britische Seeblockade das Deutsche Reich von der Zufuhr mit kriegswichtigen Rohstoffen ab.

Auch Scheer vertrat fortan die Überzeugung, dass nicht die große Seeschlacht, sondern der uneingeschränkte U-Boot-Krieg, das heißt der Angriff auf jedes feindliche Schiff ohne vorherige

Warnung, den Sieg im Seekrieg gegen England bringen würde. Tatsächlich nahm die Kaiserliche Marine im Februar 1917 den uneingeschränkten U-Boot-Krieg wieder auf – mit dem zweifelhaften Erfolg, dass die USA nach wiederholten Angriffen deutscher U-Boote auf amerikanische Schiffe am 6. April 1917 dem Deutschen Reich den Krieg erklärten, wodurch die deutsche Niederlage schließlich unausweichlich wurde.

Im August 1918 wurde Scheer nach der Reorganisierung der bis dahin auf verschiedene Dienststellen zersplitterten deutschen Flottenführung zum Chef der Seekriegsleitung und des Admiralstabes und damit faktisch zum Oberbefehlshaber der Marine ernannt. Angesichts der militärisch hoffnungslosen Lage konnte er allerdings kaum noch Einfluss auf den Kriegsverlauf nehmen. Gleichwohl plante Scheer ohne Wissen der politischen Führung ein erneutes Auslaufen der Hochseeflotte, um „die Ehre der Waffengattung" zu retten, wie er selbst es ausdrückte. Doch weil sich die Matrosen und Heizer der Hochseeflotte nicht noch kurz vor Ende des ohnehin verlorenen Krieges in ein letztes, militärisch vollkommen sinnloses Seegefecht schicken lassen wollten, weigerten sie sich, dem Auslaufbefehl Folge

zu leisten. Vergeblich versuchte Admiral Scheer, die Meuterei in Wilhelmshaven niederzuschlagen, die in kürzester Zeit auf andere Stützpunkte der Marine, darunter auch Kiel, übergriff. Der Aufstand der Matrosen wurde zum Auslöser der Revolution vom November 1918. Der Kollaps des Kaiserreichs war nicht mehr aufzuhalten – am 9. November rief Philipp Scheidemann in Berlin die Republik aus. Fünf Tage später trat Admiral Scheer von seinem Posten zurück. Dies war das Ende seiner Marinelaufbahn.

Nach seinem Ausscheiden aus dem Dienst zog sich Reinhard Scheer nach Weimar zurück, wo er 1920 einen schweren Schicksalsschlag erlitt, als seine Frau Emilie, die er 1899 geheiratet hatte, zusammen mit ihrer 18-jährigen Tochter Opfer eines Raubmordes wurde. 1928 erhielt Scheer die Einladung von Admiral John Jellicoe, seit 1925 1. Earl Jellicoe, seinem Gegner in der Skagerrakschlacht, zu einem Besuch in England. Doch bevor er die Reise antreten konnte, starb Reinhard Scheer am 26. November 1928. Er wurde in Weimar beigesetzt, wo sein Grab bis heute erhalten ist. Sein Grabstein trägt außer seinem Namen und seinen Lebensdaten nur ein Wort: „Skagerrak".

Über 8500 Gefallene waren nach der Skagerrakschlacht insgesamt zu beklagen. In die britische Geschichtsschreibung ging sie ein als die „Schlacht von Jütland" („Battle of Jutland").

YAMAMOTO ISOROKU
DER KOPF HINTER DEM
ANGRIFF AUF PEARL HARBOR

Es war der wohl größte Schock in der amerikanischen Geschichte. Am Morgen des 7. Januar 1941 attackierten japanische Flugzeuge völlig unerwartet die US-Flottenbasis in Pearl Harbor auf Hawaii. Als sie zwei Stunden später wieder verschwanden, ließen sie ein Chaos aus gesunkenen und brennenden Schiffen zurück. Der Kopf hinter diesem brillant geplanten und minutiös durchgeführten Angriff war der japanische Admiral Yamamoto Isoroku.

Der spätere Marineoffizier war am 4. April 1884 als dritter Sohn des ehemaligen Samurai Takano Sadayoshi in Nugata in der Präfektur Niigata auf der japanischen Hauptinsel Honshu geboren worden. Der Junge erhielt den Vornamen Isoroku (japanisch für „56"), denn sein Vater war zum Zeitpunkt der Geburt 56 Jahre alt. Während der sogenannten Meji-Reform ab 1868, in der Japan innerhalb weniger Jahrzehnte nach europäischem Vorbild grundlegend modernisiert und auch der Samurai-Stand abgeschafft wurde, hatte Takano Sadayoshi gegen den Kaiser rebelliert und war in Ungnade gefallen. Gleichwohl wurde er kurz nach der Geburt Isorokus zum Direktor der Grundschule von Nagaoka ernannt.

Nach dem Ende seiner Schulzeit entschied sich Isoroku, der Samurai-Tradition seiner Familie folgend, für eine Karriere als Marineoffizier. 1901 trat er in die Kaiserlich Japanische Marineakademie ein und schloss drei Jahre später seine Ausbildung ab.

Im Zuge der Modernisierungsbemühungen hatte Japan in der zweiten Hälfte des 19. Jahrhunderts mit der Bildung moderner Streitkräfte begonnen. Die Briten leisteten Beistand beim Aufbau der Kaiserlich Japanischen Marine, während preußische Offiziere bei der Erneuerung des Heeres halfen. Zugleich begannen sich in Japan expansionistische Gelüste zu regen. Ähnlich wie die europäischen Großmächte begann das fernöstliche Inselreich, seine Hand nach China und Korea auszustrecken. Doch in den europäischen Hauptstädten verfolgte man den Aufstieg Japans mit Misstrauen. Vor allem die Russen betrachteten China als ihre eigene Interessensphäre. Bald schien ein Konflikt unvermeidbar.

In der Nacht vom 8. auf den 9. Februar 1904 eröffnete die japanische Marine mit einem überraschenden Torpedoangriff auf die ahnungslose russische Flotte in Port Arthur den Krieg gegen Russland. In den folgenden Wochen und Monaten brachte das voranstürmende japanische Heer den russischen Streitkräften im Fernen Osten Niederlage um Niederlage bei. Parallel dazu zerschlug die japanische Flotte unter Admiral Heihachiro Togo im August 1904 das russische Fernostgeschwader und errang so die Seeherrschaft im Fernen Osten.

Trotz der schweren Rückschläge betrachteten die russischen Militärs die japanischen Streitkräfte mit Geringschätzung. Und so wurde die Ausrüstung des sogenannten Zweiten Pazifischen Geschwaders, das die russische Pazifikflotte im Fernen Osten unterstützen sollte, zunächst nur mit wenig Nachdruck betrieben. Erst im Oktober 1904 verließ ein aus modernen und veralteten Schiffen zusammengewürfeltes Geschwader unter dem Befehl von Vizeadmiral Sinowi Petrowitsch Roschestwenski die russischen Ostseehäfen mit Kurs auf den Stillen Ozean. Es wurde eine Fahrt in die Katastrophe.

Der japanische Angriff auf die amerikanische Pazifikflotte im Hafen von Pearl Harbor versetzte die Vereinigten Staaten in einen Schock – und besiegelte den Kriegseintritt der USA.

Am 27. Mai 1905 kam es nahe der Insel Tsushima zwischen Japan und Korea zur Schlacht zwischen dem russischen Pazifikgeschwader und der japanischen Flotte unter Admiral Togo. Die Russen kämpften mit Todesverachtung gegen den artilleristisch und taktisch weit überlegenen Feind. Aber ihre Tapferkeit konnte nicht viel gegen die zielsicheren japanischen Schnellfeuergeschütze ausrichten. Nach und nach wurden die russischen Linienschiffe zusammengeschossen. Gegen 15 Uhr war die Schlacht faktisch entschieden und das Schicksal der russischen Flotte besiegelt.

Von den 36 Schiffen des russischen Geschwaders entkamen nur ein Kreuzer und zwei Zerstörer nach Wladiwostok; ein Kreuzer lief auf Grund, sieben weitere Schiffe konnten sich in neutrale Häfen retten. Die übrigen, unter ihnen alle zwölf Schlachtschiffe, wurden versenkt oder ergaben sich den Japanern. 4000 russische Seeleute hatten in der Schlacht den Tod gefunden. Dagegen hatten die Japaner nur den Verlust von drei Torpedobooten,

116 Tote und 538 Verwundete zu beklagen. Unter den Verwundeten war auch Isoroku; er hatte zwei Finger seiner linken Hand verloren. Dies hätte beinahe zu seiner Entlassung aus der Marine geführt.

Die Schlacht von Tsushima markierte den endgültigen Durchbruch Japans als Seemacht. Sie gilt aber auch als Wendepunkt der Seekriegsgeschichte und besiegelte den Triumph des gepanzerten, mit schwerer Artillerie bestückten Schlachtschiffs. Die großen Seemächte änderten daraufhin ihre Flottentaktik und beschleunigten die Modernisierung ihrer Schlachtflotten. Ein neues Wettrüsten zur See begann, das schließlich in den Ersten Weltkrieg mündete, in dem Japan auf Seiten der Alliierten gegen das Deutsche Reich kämpfte.

Im Jahr 1912 starben kurz nacheinander Isorokus Eltern. Einige Jahre später wurde er von der einflussreichen und angesehenen Samurai-Familie Yamamoto adoptiert, die keine männlichen Nachkommen hatte. Fortan nannte er sich Yamamoto Isoroku. 1918 heiratete er die Bauerntochter Mihashi Reiko; mit ihr hatte er zwei Söhne und zwei Töchter.

Von 1919 bis 1921 wurde Yamamoto zum Studium an die Universität Harvard entsandt. Er war von den USA und vor allem von deren wirtschaftlichen Leistungsfähigkeit sehr beeindruckt. Schon bald gelangte er zu der Überzeugung, dass ein Krieg mit den Vereinigten Staaten unweigerlich in eine Niederlage Japans münden würde. Bereits früh erkannte er auch die Bedeutung der damals noch neuen Marineluftwaffe und lernte sogar selbst fliegen. 1924 wurde er, inzwischen zum Kapitän zur See befördert, Stellvertretender Kommandeur des Marinefliegerstützpunktes Kasmiga Ura. Ein Jahr später entsandte die Regierung Yamamoto als Marineattaché nach Washington.

Im Jahr 1930 sollte er, inzwischen zum Konteradmiral aufgestiegen, wegen seiner guten Englischkenntnisse in der Londoner Flottenkonferenz die japanischen Interessen vertreten.

Während seiner Ausbildung erwies sich Isoroku als fleißig und begabt. So wurde auch die einflussreiche Familie Yamamoto auf ihn aufmerksam und beschloss, ihn zu adoptieren. Das beförderte zusätzlich seinen Aufstieg in die höchsten Kreise der Marine.

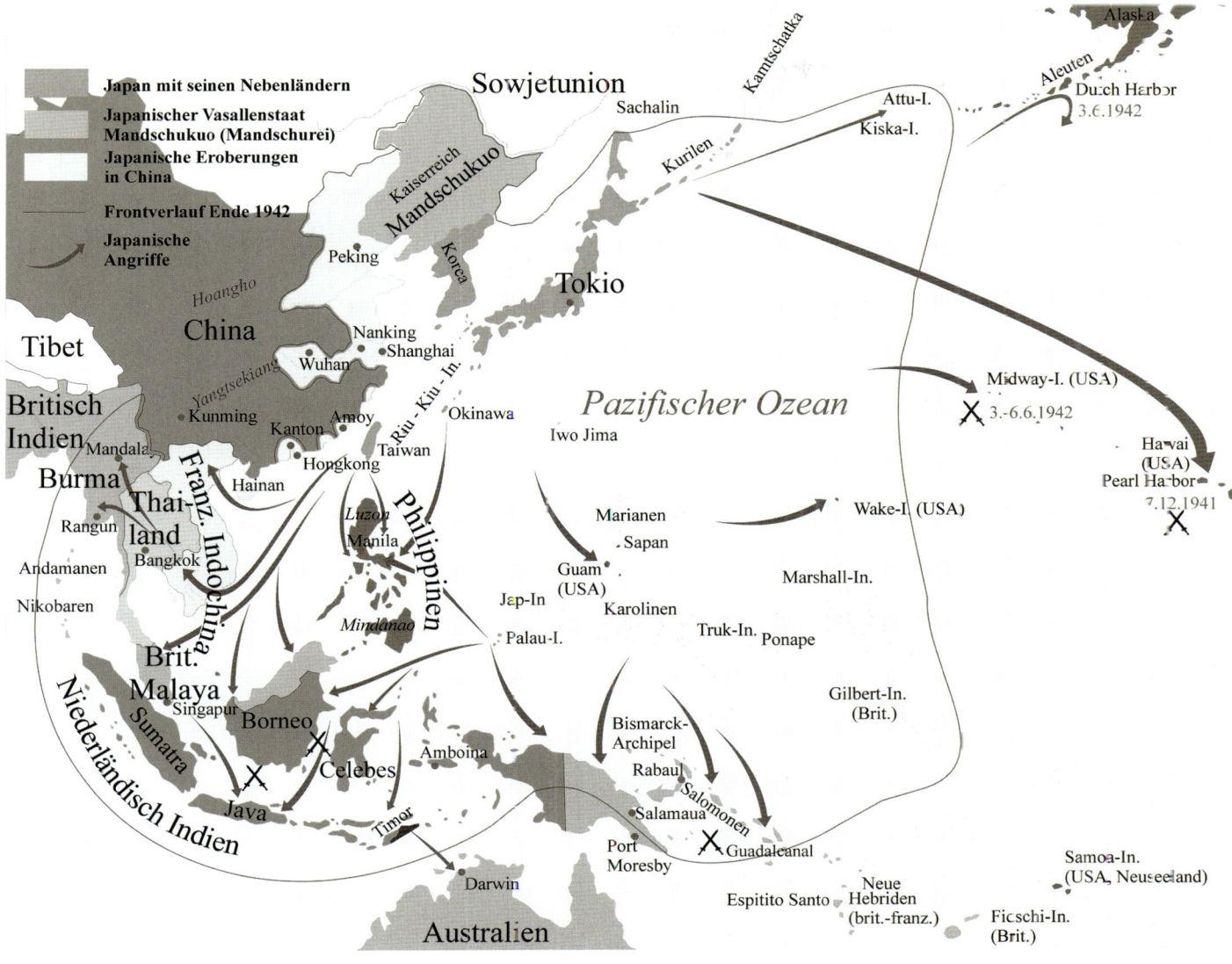

Die Eroberungen Japans 1941/42

In den 1920er-Jahren war in vielen Ländern der Ruf nach einer Reduzierung der Rüstungsausgaben laut geworden, denn der Erste Weltkrieg hatte alle beteiligten Staaten finanziell stark belastet. Daher hatten die USA, Großbritannien, Japan, Frankreich und Italien 1922 in Washington einen Vertrag unterzeichnet, der das Verhältnis der jeweiligen Flottenstärken im Verhältnis von 5 : 5 : 3 : 1,75 : 1,75 festlegte. Zugleich wurde ein zehnjähriger Baustopp für Großkampfschiffe beschlossen und Höchstgrenzen für Wasserverdrängung und Bewaffnung der einzelnen Schiffsklassen definiert. 1930 kam es in London erneut zu Verhandlungen. Japan strebte nun eine Gleichberechtigung mit Großbritannien und den USA an. Obgleich

Yamamoto den Aufrüstungs- und Expansionsplänen der japanischen Nationalisten skeptisch gegenüberstand, setzte er in den Verhandlungen befehlsgemäß die offizielle japanische Politik durch und versuchte, das Flottenverhältnis zugunsten Japans zu verändern. Allerdings wurde der japanischen Flotte am Ende nur eine Stärke von 70 Prozent der amerikanischen und der britischen Flotte zugestanden.

Zugleich wurden die japanischen Expansionsbestrebungen immer offensichtlicher. Im Herbst 1931 besetzte Japan die zu China gehörende Mandschurei und errichtete eine Marionettenregierung. 1934 kündigte Japan das bis 1936 geltende Flottenabkommen auf. Und am 25. November 1936 schloss das Land den

Antikominternpakt, durch den es sich mit dem nationalsozialistischen Deutschland gegen die Sowjetunion verbündete.

Yamamoto stieg unterdessen weiter die Karriereleiter hinauf: 1933 wurde er zum Befehlshaber der Ersten Flugzeugträgerdivision und zwei Jahre später zum Chef der Marineluftwaffe ernannt. In dieser Position ging er daran, aus den Marinefliegern eine schlagkräftige Offensivwaffe zu formen. Von 1936 bis 1939 diente Yamamoto, inzwischen zum Vizeadmiral befördert, als Marineminister. Er versuchte, die nationalistischen und militaristischen Kräfte innerhalb der Regierung zu beschwichtigen, die

eine gewaltsame Durchsetzung der japanischen Hegemonieansprüche in Ost- und Südostasien planten. Aber seine Bemühungen blieben erfolglos: 1937 nutzten extremistische japanische Militärs eine Schießerei zwischen chinesischen und japanischen Truppen bei Peking als Vorwand, um China den Krieg zu erklären.

Durch seine expansionistische Politik geriet Japan jedoch zunehmend in Konfrontation mit den Vereinigten Staaten, die ihre Wirtschaftsinteressen im pazifischen Raum gefährdet sahen. Die USA froren im Juli 1941 die japanischen Guthaben ein und verhängten ein Öl- und Schrottembargo, mit dem sie die

⛵ Präsident Roosevelt bezeichnete in einer berühmten Rede vor dem amerikanischen Kongress den 7. Dezember 1941, den Tag des Überfalls auf Pearl Harbor, als einen „Tag der Schande" („Day of Infamy") für das amerikanische Volk. Die Abgeordneten stimmten daraufhin mit nur einer Gegenstimme für den Kriegseintritt der USA.

Wirtschaft des ressourcenarmen Landes empfindlich trafen. Das war Wasser auf die Mühlen der Kriegsbefürworter, die sich unter den Militärs nun endgültig durchsetzten. Um sich die Rohstoffe zu sichern, die für den Ausbau der japanischen Machtstellung nötig waren, planten sie die Eroberung der europäischen Kolonien in Südostasien. In ihren Augen war die Situation günstig: Frankreich und die Niederlande waren von der Wehrmacht besetzt, während Großbritanniens Kräfte in einem verzweifelten Abwehrkampf gegen das Deutsche Reich gebunden wurden. Einen Kriegseintritt der USA nahm man billigend in Kauf.

Yamamoto, inzwischen zum Admiral befördert und zum Oberbefehlshaber der Vereinigten Flotte ernannt, wurde in die Planungen dieses Angriffskrieges eingebunden. Aber er wollte den militärischen Konflikt mit den USA vermeiden. Seiner Meinung nach würde Japan in einem länger dauernden Waffengang gegen die wirtschaftlich weit überlegenen Vereinigten Staaten zwangsläufig unterliegen. Dennoch machte sich Yamamoto als loyaler Offizier an die Vorbereitungen für einen Angriff auf die amerikanische Flotte.

Die einzige Chance, einen langen Krieg zu vermeiden, sah er darin, den Amerikanern gleich zu Beginn einen so schweren Schlag zu versetzen, dass sie in einen Verhandlungsfrieden einwilligen mussten. So wurde die Idee für den Angriff auf Pearl Harbor geboren. Die auf Hawaii stationierte Pazifikflotte der USA sollte mit Flugzeugen überraschend von See her attackiert werden. Yamamoto wollte die amerikanische Seemacht im Pazifik mit einem einzigen Handstreich ausschalten. Dabei hatte er es besonders auf die drei modernen, kampfstarken US-Flugzeugträger abgesehen, denn er war überzeugt, dass sie in den kommenden Auseinandersetzungen die entscheidende Waffe sein würden. Nur mit Hilfe von Flugzeugträgern wäre es möglich, großräumige Operationen in den Weiten des Pazifiks durchzuführen.

Gegen erhebliche Widerstände innerhalb der militärischen Führung konnte sich Yamamoto mit seinem Plan durchsetzen. Doch auch er selbst hegte Zweifel, ob er das Richtige tat: „Meine augenblickliche Lage ist seltsam. Weil ich die Mission, ganz gegen meine eigene Meinung, initiiert habe und weil man das Beste von mir erwartet. Ach, vielleicht ist das mein Schicksal", schrieb er in einem Brief im Oktober 1941. Den eigentlichen Angriff befehligte aber nicht Yamamoto selbst, sondern Vizeadmiral Nagumo Chuichi.

Am Morgen des 7. Dezember 1941 griffen japanische Kampfflugzeuge die im Hafen von

Pearl Harbor auf der hawaiianischen Insel Oahu friedlich vor Anker liegende Pazifikflotte an. Es war ein Sonntag, die Insel und ihre Bewohner wähnten sich im tiefsten Frieden, als die aus 180 Flugzeugen bestehende erste Angriffswelle ihre wehrlosen Opfer überrollte. Die Pazifikflotte war völlig unvorbereitet. Frühere Warnungen aus Washington hatte man als Panikmache abgetan, die vom Radar georteten anfliegenden Feindmaschinen als eigene Flugzeuge identifiziert. Die Japaner richteten gewaltigen Schaden an. Eine zweite Angriffswelle von 173 Flugzeugen vollendete das Zerstörungswerk. Fünf amerikanische Schlachtschiffe wurden versenkt, drei weitere schwer beschädigt. Ebenso wurden je drei Kreuzer und Zerstörer sowie mehrere kleinere Schiffe getroffen. 2403 amerikanische Soldaten kamen ums Leben, und es gab 1178 Verwundete. Dagegen verloren die Japaner nur 29 Flugzeuge, 5 Klein-U-Boote und rund 65 Mann.

Doch was als vernichtender Schlag geplant war, erwies sich als Pyrrhussieg. Ein Teil der amerikanischen Pazifikflotte war vernichtet oder beschädigt, doch die Flugzeugträger waren unversehrt geblieben. Zum Zeitpunkt des Angriffs hatten sie sich auf See befunden. Auch die Docks und Öllager in Pearl Harbor hatten die Angriffe unbeschadet überstanden. Unter den acht getroffenen Schlachtschiffen gab es nur zwei Totalverluste, drei beschädigte Schiffe waren schon Ende Dezember wieder einsatzfähig, die restlichen wurden innerhalb der folgenden Monate repariert.

Überall in den USA sorgte der Überfall auf Pearl Harbor für einen Aufschrei des Entsetzens. Eigentlich hatte die japanische Kriegserklärung unmittelbar vor dem Überfall erfolgen sollen, tatsächlich wurde sie jedoch erst nach dem Angriff übergeben. Damit galt Japan nach dem Kriegsvölkerrecht als Angreifer. Am folgenden Tag verkündete US-Präsident Franklin D. Roosevelt im amerikanischen Kongress: „Gestern, am 7. Dezember 1941 – ein Tag, der

als Schande in Erinnerung bleibt –, wurden die Vereinigten Staaten von Amerika plötzlich und absichtlich von den Luft- und Seestreitkräften Japans überfallen." Präsident Roosevelt nutzte den heimtückischen Angriff, um die bis zu diesem Zeitpunkt noch zögerliche amerikanische Bevölkerung in den Zweiten Weltkrieg zu führen. Bis heute gibt es Gerüchte, dass die US-Regierung den Angriff provoziert oder zumindest billigend in Kauf genommen habe, um den Kriegseintritt gegen Japan und Deutschland zu rechtfertigen. Der wahre Grund für diese Katastrophe war jedoch wie so oft in der Geschichte eine banale Verkettung von Nachlässigkeiten und unglücklichen Umständen. So hatte die amerikanische Regierung zwar Kenntnis von einer unmittelbar bevorstehenden japanischen Kriegserklärung gehabt, doch wurde das Telegramm mit der offiziellen Warnung des amerikanischen Generalstabschefs Marshall aufgrund von Verzögerungen erst zugestellt, nachdem der Angriff bereits erfolgt war.

Pearl Harbor hatte weitreichende Folgen. Am 11. Dezember 1941, vier Tage nach dem Überfall, erklärte auch Hitler den USA den Krieg. Damit weitete sich der bislang auf den europäischen und nordafrikanischen Kriegsschauplatz beschränkte Konflikt endgültig zum Weltkrieg aus.

Zunächst verlief für die Japaner alles nach Plan. Auf dem asiatischen Festland überrannte die japanische Armee in kurzer Zeit Thailand, Malaysia und Burma. Yamamoto konnte mit einer Reihe von brillant geplanten, blitzartigen Feldzügen die japanische Machtsphäre außerdem im pazifischen Raum ausdehnen. Mitte 1942 beherrschte Japan ein gewaltiges Gebiet, das im Westen bis nach Burma und im Süden bis nach Neuguinea reichte. Dank dieser Eroberungen hatte die japanische Wirtschaft nun auch Zugriff auf Rohstoffquellen, die für die weitere Kriegführung dringend benötigt wurden. Der ursprüngliche japanische Plan sah vor, nun in die Defensive zu gehen. Die Regierung

hoffte, dass sich dadurch letztlich die Chance auf Frieden mit den USA und Großbritannien bieten würde.

Doch dann griffen die Amerikaner im April 1942 überraschend Tokio an. Das veranlasste die japanische Militärführung, die vorgeschobene Sicherungslinie bis zu den Midway-Inseln auszudehnen, um weitere Überfälle zu verhindern. Yamamoto hatte auch dieses Unternehmen geplant. Dem amerikanischen Geheimdienst war es jedoch gelungen, den Funkcode des Gegners zu entschlüsseln. So hatte man auch in Washington von der Operation erfahren, und die US Navy bereitete einen Gegenschlag vor.

Am 4. Juni überraschten drei amerikanische Flugzeugträger die Japaner 250 Meilen nordwestlich von Midway. In der folgenden Seeschlacht, die bis zum 7. Juni dauern sollte, brachten die Amerikaner der japanischen Marine eine erste vernichtende Niederlage bei. Auf eine Entfernung von mehr als 100 Meilen zerstörten sie bei Verlust eines eigenen Trägers, der *Yorktown*, den größten Teil des japanischen Verbands. Vier unersetzliche Flugzeugträger und damit ein Großteil der Offensivfähigkeit der japanischen Flotte wurden versenkt, die Blüte der japanischen Marineluftwaffe vernichtet. Von diesem vernichtenden Schlag soll-

te sich die japanischen Flotte nie erholen – und Yamamoto auch nicht. Die Niederlage hatte sein Selbstvertrauen erschüttert, sodass er während der Besetzung der Salomonen-Inseln und dem darauf folgenden amerikanischen Gegenstoß, der ersten US-Offensive im Pazifik nach dem Überfall auf Pearl Harbor, zögerlich und wenig entschlussfreudig agierte.

Die Seeschlacht von Midway markierte die Wende im Pazifikkrieg. Nun gingen die Amerikaner zur Offensive über. Mit der Strategie des sogenannten Inselspringens arbeiteten sie sich Zug um Zug an das japanische Mutterland heran. Doch erst nach dem Abwurf der Atombomben auf Hiroshima und Nagasaki kapitulierte Japan am 11. August 1945.

Yamamoto erlebte die Niederlage Japans nicht mehr. 1943 fing der amerikanische Nachrichtendienst Informationen über eine Inspektionsreise Yamamotos ab. Am 18. April 1943 wurde sein Flugzeug in der Nähe der Insel Bougainville von amerikanischen Jagdmaschinen abgeschossen. So starb der Mann, der Japan seinen größten militärischen Triumph, aber auch die erste entscheidende Niederlage im Zweiten Weltkrieg beschert hatte. Zugleich war der Tod ihres brillantesten Strategen ein weiterer schwerer Schlag für die japanische Marine.

Die Streikräfte der USA nutzten den Überfall auf Pearl Harbor propagandistisch aus, um Rekruten für den Krieg gegen Japan anzuwerben. So wurden beispielsweise mit diesem Plakat Freiwillige für die Küstenwache der Vereinigten Staaten gesucht.

JOHN TOVEY
DER MANN, DER
DIE BISMARCK JAGTE

Die Schlacht war geschlagen, das brennende Wrack des deutschen Schlachtschiffs *Bismarck* in den Fluten des Atlantiks versunken, als Admiral John Tovey, Befehlshaber der britischen Home Fleet, an die Admiralität meldete: „Es ist mir ein wahres Anliegen, diesen Männern zu ihrem heldenhaften Kampf gegen eine erdrückende Übermacht meine höchste Anerkennung auszusprechen." Die wenig überraschende Antwort aus London lautete: „So sehr auch wir einen heldenhaften Kampf bewundern, ist es aus politischen Gründen erforderlich, dass die von Ihnen geäußerten Gefühle in keiner Form an die Öffentlichkeit dringen." Die großherzige Respektsbezeugung gegenüber den Männern der *Bismarck* inmitten des verheerendsten Krieges der Geschichte wirft ein bezeichnendes Licht auf diesen britischen Marineoffizier, zu dessen herausragenden Charaktereigenschaften neben seinem feinen Sinn für Humor und einem unerschütterlichen christlichen Glauben vor allem ein unabhängiger Geist zählte, der ihn auch nicht vor Konflikten mit seinen Vorgesetzten zurückschrecken ließ, wenn er sich im Recht glaubte.

John Cronyn Tovey war am 7. März 1885 in Borley Hill, in der englischen Grafschaft Kent, als Sohn des Oberstleutnants Hamilton Tovey und seiner Frau Maria Elisabeth Goodhue geboren worden. Bedingt durch den Dienst des Vaters verbrachten die Eltern viel Zeit im Ausland, sodass John Tovey, der es selbst vorzog, „Jack" genannt zu werden, seine Jugendjahre in einem Internat, der Durnford School im südenglischen Langton Matravers, verlebte. Hier fühlte er sich offenbar sehr wohl und zeichnete

sich insbesondere als Sportler aus. Der Schulleiter Thomas Pellat wurde für den jungen Tovey zu einem väterlichen Freund.

Kurz vor seinem 15. Geburtstag trat Tovey im Januar 1900 als Offiziersanwärter in das Royal Naval College in Dartmouth ein. Er beendete seine Ausbildung vorzeitig und trat im Juni 1901 seinen Dienst als Fähnrich zur See auf dem zur Kanalflotte gehörigen Linienschiff *Majestic* an. Ein Jahr später wechselte er auf den Kreuzer *Ariadne*, dem Flaggschiff der amerikanischen und westindischen Flottenstation. Seine Beurteilungen aus diesen Jahren waren positiv, aber nicht ohne Kritik. Bereits in jungen Jahren zeigte sich zudem Toveys Hang zur Eigensinnigkeit. Als er als junger wachhabender Offizier einmal ein Bootsmanöver überwachte, begann einer seiner Vorgesetzten, den Booten Befehle zu erteilen. Toveys Reaktion auf diese Einmischung war typisch für ihn: Ohne ein Wort zu sagen, legte er die Insignien seiner Dienststellung als Wachoffizier, die weißen Handschuhe und den Säbel, ab und ging unter Deck.

1904 wurde Tovey zum Leutnant zur See befördert. Nach weiteren Lehrgängen in Navigation und Waffenkunde diente er an Bord des Linienschiffs *Exmouth,* dem Flaggschiff der Kanalflotte. 1906 wurde er zum Oberleutnant zur See befördert. Später verbrachte er zwei Jahre an Bord des Panzerkreuzers *King Alfred* auf der China-Station.

Ab 1913 diente Tovey als Erster Offizier an Bord des Kreuzers *Amphion*. Am 15. Juli 1914, wenige Tage vor Beginn des Ersten Weltkrieges, wurde Tovey zum Kapitänleutnant befördert. Nur zweieinhalb Wochen später, am 6. August 1914, lief die *Amphion* auf eine Mine und sank. Es war der erste Kriegsschiffsverlust der Royal Navy im Ersten Weltkrieg. Im Januar 1915 wurde Tovey zum Kommandanten des Zerstörers *Jackal* ernannt, mit dem er unter anderem an der Schlacht auf der Doggerbank am 24. Januar 1915 teilnahm, in der die deutschen Schlachtkreuzer eine empfindliche Niederlage erlitten.

Im Mai 1916 übernahm er den Befehl über den Zerstörer *Onslow*. In der Skagerrakschlacht am 31. Mai 1916, der wohl größten Seeschlacht aller Zeiten, zeichnete er sich durch Mut und Angriffslust aus. Obgleich die *Onslow* bei einem Torpedoangriff auf den manövrierunfähig geschossenen deutschen Kreuzer *Wiesbaden*, zu dessen Besatzung der Schriftsteller Rudolf Kinau, besser bekannt unter seinem Pseudonym Gorch Fock, gehörte, schwer beschädigt worden war, griff er mit seinen letzten Torpedos beherzt die deutschen Schlachtschiffe an. Unter schwerem Beschuss musste die übel mitgenommene *Onslow* von dem ebenfalls beschädigten Zerstörer *Defender* in Sicherheit geschleppt werden. Toveys „hartnäckige und entschlossene Art und Weise, in der er die feindlichen Schiffe angegriffen hatte", so der offizielle Bericht, wurde mit der Erwähnung im Kriegsbericht und der Beförderung zum Fregattenkapitän belohnt; nachträglich erhielt er zudem 1919 mit dem Distinguished Service Order eine hohe Tapferkeitsauszeichnung. Nur wenige Tage vor der Schlacht hatte er Aida Rowe geheiratet.

1923 wurde Tovey zum Kapitän zur See und Kommandeur einer Zerstörerflottille ernannt. Er galt als strenger, aber fürsorglicher Vorgesetzter. Nach verschiedenen Lehrgängen und Landverwendungen, unter anderem im Stab des Zweiten Seelords der Admiralität, erhielt Tovey 1932 mit dem zur Home Fleet gehörigen Schlachtschiff *Rodney* zum ersten Mal das Kommando über ein großes Schiff. Es gelang ihm, die Männer seiner Besatzung zu einer hoch motivierten und effizienten Mannschaft

zu formen. Das war keine leichte Aufgabe, zumal ein Großteil seiner Besatzung kurz zuvor in die Invergordon-Meuterei verwickelt gewesen war. Auslöser dafür war die Ankündigung der britischen Regierung gewesen, den Sold um zehn Prozent zu kürzen, um die Folgen der Weltwirtschaftskrise zu bewältigen. In diesen Jahren zeigten sich immer deutlicher Toveys herausragende Qualitäten bei der Führung seines Schiffes und seiner Männer, aber auch seine Neigung zu einem gewissen Eigensinn, der ihn immer wieder veranlasste, nachdrücklich seine Meinung zu vertreten und gegebenenfalls auch seinen Vorgesetzten offen zu widersprechen. So schrieb der Befehlshaber der Home Fleet, Admiral John Kelly, in einer Beurteilung über ihn: „Kapitän zur See Tovey und ich haben eine Charaktereigenschaft gemeinsam. In meinem Fall würde ich sie zielstrebige Hartnäckigkeit nennen, im Fall von Kapitän Tovey kann ich sie nur als verdammten Starrsinn bezeichnen", nicht aber ohne hinzuzufügen: „Diese Eigenheit hat jedoch nie seine ausgeprägte Loyalität mir gegenüber beeinträchtigt." Im August 1935 wurde Tovey zum Konteradmiral befördert. Nach Lehrgängen am Naval War College und dem Dienst als königlicher Marineadjudant wurde er Anfang 1938 zum Befehlshaber der Zerstörer im Mittelmeer ernannt.

Da nach Ausbruch des Zweiten Weltkrieges im Mittelmeer zunächst keine Kampfhandlungen stattfanden, wurde ein Großteil der hier stationierten Flotteneinheiten abgezogen, sodass Tovey, seit Mai 1939 Vizeadmiral, zeitweise nur fünf ältere Zerstörer zur Verfügung standen. Dies änderte sich nach dem Kriegseintritt Italiens im Juni 1940. Tovey, der jetzt als Befehlshaber der leichten Seestreitkräfte und Stellvertreter des Oberbefehlshabers der Mittelmeerflotte, Admiral Andrew Cunningham, fungierte, unterstanden nun neben den Zerstörern auch die Leichten Kreuzer. Er zeichnete sich in mehreren Gefechten gegen die italienische Flotte aus, etwa in der Seeschlacht bei

Punta Stilo am 9. Juli 1940, dem ersten größeren Aufeinandertreffen der italienischen und britischen Flotte, oder bei der Versenkung des italienischen U-Bootes *Bartolomeo Colleoni* wenige Tage später.

Im November 1940 wurde Tovey, zwischenzeitlich zum Admiral ernannt, neuer Befehlshaber der Home Fleet, der zum Schutz der britischen Heimatgewässer abgestellten Flotteneinheiten. Obgleich er wiederholt in heftige Auseinandersetzungen mit Flottenadmiral Sir Dudley Pound, dem Ersten Seelord und Oberbefehlshaber der Royal Navy, und auch mit Premierminister Winston Churchill – nicht zuletzt über seine Entschlossenheit, seine Einheiten von seinem Flaggschiff in See und nicht vom Hauptquartier an Land aus zu befehligen – verwickelt wurde, blieb er die übliche Dauer von zweieinhalb Jahren auf diesem äußerst bedeutenden Dienstposten. Nach der Kapitulation Frankreichs stand Großbritannien allein im Kampf gegen das Deutsche Reich. Seine wichtigste Aufgabe war die Verhinderung einer deutschen Invasion. Als Ende 1940 die Gefahr einer Lan-

dung auf den Britischen Inseln beseitigt war, legte Tovey die Priorität auf den Schutz der lebenswichtigen Konvois im Atlantik.

In diese Zeit fiel mit der Jagd auf das deutsche Schlachtschiff *Bismarck* auch die größte Bewährungsprobe der Home Fleet im Zweiten Weltkrieg. Eines der Hauptziele der deutschen Seekriegsstrategie war die Bekämpfung der atlantischen Versorgungswege Großbritanniens. Neben U-Booten wurden zunächst auch Schlachtschiffe und Schwere Kreuzer im Handelskrieg eingesetzt. Der Einsatz der schweren Überwassereinheiten war zudem von strategischer Bedeutung, da auf diese Weise eine große Zahl britischer Kriegsschiffe im Geleitschutz gebunden wurde.

Eine Anfang 1941 unter dem Decknamen „Berlin" erfolgreich durchgeführte Handelskriegsoperation der beiden Schlachtschiffe *Scharnhorst* und *Gneisenau* schien die Ansicht der deut-

Die *Bismarck* war der Stolz der deutschen Marine im Zweiten Weltkrieg. Nach der Versenkung der *Hood* setzte die Royal Navy alles daran, das deutsche Schlachtschiff zu vernichten.

schen Marineführung zu bestätigen, dass der Einsatz der schweren Überwassereinheiten gegen die britischen Versorgungslinien von kriegsentscheidender Bedeutung sei. Und so wurde bald ein neues Unternehmen vorbereitet: Am 18. Mai 1941 liefen das neue Schlachtschiff *Bismarck* und der Schwere Kreuzer *Prinz Eugen* unter dem Befehl von Admiral Günther Lütjens von Gotenhafen, dem heutigen Gdynia, zur Operation „Rheinübung" in den Atlantik aus. Ursprünglich hatten auch die *Scnarnhorst* und die *Gneisenau* an diesem Unternehmen teilnehmen sollen, doch waren beide Schlachtschiffe nicht auslaufbereit.

Kurz nachdem die *Bismarck* und die *Prinz Eugen* die Ostsee verlassen hatten, erhielten die Briten Kenntnis vom Auslaufen der beiden deutschen Schiffe. Sogleich schickte Admiral Tovey ihnen Vizeadmiral Lancelot Holland mit dem Schlachtkreuzer *Hood* – als damals größtem Kriegsschiff der

Welt der ganze Stolz der Royal Navy – und dem neuen, noch in der Erprobung befindlichen Schlachtschiff *Prince of Wales* entgegen. Er sollte den deutschen Verband abfangen, bevor es diesem gelingen konnte, in den Weiten des Nordatlantik zu verschwinden.

Als Tovey am Morgen des 22. Mai die Nachricht erhielt, dass die beiden deutschen Schiffe den norwegischen Hafen Bergen verlassen hatten, ging er mit seinem Flaggschiff *King George V.* und dem Rest der Home Fleet Anker auf und nahm Kurs auf Island. Am Morgen des 23. Mai meldeten die in der Dänemarkstraße zwischen Grönland und Island patrouillierenden Kreuzer *Suffolk* und *Norfolk* Kontakt mit den deutschen Schiffen.

Als die *Bismarck* und die *Prinz Eugen* am Morgen des 24. Mai 1941 in der Dänemarkstraße auf die *Hood* und die *Prince of Wales* trafen, kam es zu einem kurzen, nur sechs Minuten dauernden Gefecht, in dem das deutsche Schlachtschiff die *Hood* nach wenigen Salven durch einen Treffer in die hintere Munitions-

Der britische Schlachtkreuzer *Hood* wurde am 24. Mai 1941 von den deutschen Schlachtschiffen *Bismarck* und *Prinz Eugen* innerhalb von nur sechs Minuten versenkt.

kammer versenkte. Lediglich drei von den insgesamt 1419 Männern an Bord des Schlachtkreuzers überlebten die gewaltige Explosion. Die *Prince of Wales* drehte ab und zog sich zurück. Tovey war zu diesem Zeitpunkt mit seinen Schiffen mehr als 300 Seemeilen entfernt und konnte daher nicht rechtzeitig eingreifen.

Auch die *Bismarck* war in dem Gefecht beschädigt worden, wodurch ihre Geschwindigkeit herabgesetzt wurde. Ungeachtet dessen beschloss Admiral Lütjens, die Operation fortzusetzen. Er befahl der *Prinz Eugen*, selbstständig Handelskrieg zu führen, und nahm mit der *Bismarck* Kurs um die Britischen Inseln herum auf das von den Deutschen besetzte Frankreich.

Die Nachricht von der Versenkung der *Hood* sorgte in Großbritannien für ungläubiges Entsetzen. Premierminister Churchill befahl: „Sink the *Bismarck*!" („Versenkt die *Bismarck*!"). Sobald die britische Admiralität den ersten Schock überwunden hatte, begann sie, alle verfügbaren Schiffe zusammenzuziehen, um die *Bismarck* zu stellen und zu vernichten. Den Oberbefehl über diese wohl größte maritime Hetzjagd der Geschichte erhielt Admiral Tovey. Während er mit der Home Fleet im Norden nach den deutschen Schiffen suchte, wurde von Gibraltar aus ein weiterer starker britischer Verband, die Force H unter Vizeadmiral James Somerville, in Bewegung gesetzt, um der *Bismarck* den Weg von Süden her abzuschneiden. Zunächst gelang es dem deutschen Schlachtschiff, seinen Verfolgern zu entgehen, doch beging Admiral Lütjens einen verhängnisvollen Fehler, als er am Morgen des 25. Mai zwei lange Funkmeldungen absetzen ließ, die die Briten schließlich erneut auf die Spur des deutschen Schiffs führten.

Tags darauf wurde die *Bismarck* von einem britischen Flugboot gesichtet. Sogleich nahmen starke britische Verbände Kurs auf die gemeldete Position des deutschen Schlachtschiffs: Von Süden näherten sich die Schiffe der Force H, von Norden schwere Einheiten der Home Fleet. Doch angesichts des großen Vorsprungs der *Bismarck* bestand immer noch die Möglichkeit, dass das deutsche Schlachtschiff seinen Verfolgern entkommen könnte. Die Force H war für ein Eingreifen zu weit entfernt, und Toveys Schiffen drohte der Brennstoff auszugehen. Die einzige Chance war, mit einem Luftangriff die Geschwindigkeit des deutschen Schlachtschiffs zu verringern.

Am Abend des 26. Mai griffen Torpedoflugzeuge vom Typ „Swordfish" des zur Force H gehörenden Flugzeugträgers *Ark Royal* die *Bismarck* an und beschädigten ihr Ruder, sodass der stählerne Koloss fast manövrierunfähig war. Damit war das Schicksal der *Bismarck* besiegelt.

In der Nacht vom 26. auf den 27. Mai wurde das deutsche Schlachtschiff von britischen Zerstörern angegriffen, die aber abgewehrt werden konnten. Am Morgen des 27. Mai 1941 wurde die *Bismarck* westlich von Brest von Admiral Tovey mit seiner weit überlegenen, aus den Schlachtschiffen *Rodney* und *King George V.* sowie den schweren Kreuzern *Norfolk* und *Dorsetshir* bestehenden britischen Streitmacht gestellt. Um 8.45 Uhr eröffneten die beiden britischen Schlachtschiffe aus kürzester Entfernung das Feuer. Innerhalb einer Stunde war der Stolz der deutschen Flotte nur noch ein brennendes Wrack. Gegen 10.40 Uhr am Morgen des 27. Mai 1941 legte sich das mächtige Schlachtschiff langsam auf die Seite und versank. Von der mehr als 2000 Mann starken Besatzung der *Bismarck* überlebten nur 116 Seeleute. Auch Admiral Lütjens und der Kommandant des Schlachtschiffs, Kapitän zur See Ernst Lindemann, zählten zu den Gefallenen. Im Gegensatz zur *Bismarck* gelang es dem schweren Kreuzer *Prinz Eugen*, seinen britischen Verfolgern zu entgehen und am 1. Juni 1941 wohlbehalten den Hafen von Brest zu erreichen.

Die NS-Propaganda stilisierte den katastrophalen Ausgang des Unternehmens „Rheinübung" zum heroischen Opfergang, zum „Untergang mit wehender Flagge". Tatsächlich markierte der Untergang der *Bismarck* das Ende des

Einsatzes der schweren Überwasserschiffe im Handelskrieg und damit das Scheitern der Offensivstrategie der deutschen Marineführung. Der Kampf gegen die britischen Konvois wurde fortan vor allem mit U-Booten geführt.

Für Tovey war die Versenkung der *Bismarck* einer der wichtigsten Momente seiner Karriere. Doch trotz aller Erleichterung über das Ende dieser Bedrohung für die britischen Versorgungswege vergaß er auch in seinem offiziellen Gefechtsbericht nicht, den gefallenen Gegnern erneut seinen Respekt zu erweisen: „Die *Bismarck* hat einen außerordentlich mutigen Kampf gegen eine erdrückende Übermacht geführt und sich der besten Tradition der alten Kaiserlichen Marine würdig erwiesen."

Nach der Versenkung wurde Admiral Tovey als KBE (Knight Commander of the Order of the British Empire) in den Ritterstand erhoben und durfte sich fortan Sir John Tovey nennen. Als die Marineführung gegen Konteradmiral Frederic Wake-Walker, den Befehlshaber der Kreuzer *Norfolk* und *Suffolk*, und John Leach, den Kommandanten der *Prince of Wales*, wegen ihres Verhaltens nach der Versenkung der *Hood* ein Kriegsgerichtsverfahren einleiten wollte, stellte Tovey sich uneingeschränkt vor seine Untergebenen. Er erklärte, dass die beiden Offiziere richtig gehandelt hätten und er im Falle eines Prozesses sein Kommando aufgeben wolle, um den Angeklagten unterstützend zur Seite zu stehen. Damit war die Sache erledigt; das Verfahren wurde nie eröffnet.

Als Befehlshaber der Home Fleet war Tovey ebenfalls für den Schutz der arktischen Konvois zuständig, die nach dem deutschen Überfall im Juni 1941 die Sowjetunion mit Nachschub versorgten. Gegen seine Empfehlung wurden diese Geleitzüge auch im Sommer durchgeführt. Nach Toveys Meinung stellten die hellen arktischen Sommernächte und das Fehlen eines wirkungsvollen Luftschirms ein zu großes Risiko dar. Die Vernichtung des Konvois PQ17 im Juni 1942 sollte schließlich zeigen, wie begründet

seine Einwände waren. Wider seinen Rat hatte der Konvoi angesichts eines drohenden Angriffs des deutschen Schlachtschiffs *Tirpitz* den Befehl erhalten, sich zu zerstreuen. Die einzelnen, ungeschützten Schiffe wurden leichte Beute für die deutschen Flugzeuge und U-Boote. Von 34 Schiffen erreichten nur 11 Murmansk. Nach diesem Desaster wurden die Geleitzüge nach Russland ausgesetzt und erst im September 1942 wieder aufgenommen.

Im Juni 1943 übernahm Tovey das Amt des Befehlshabenden Admirals im Bereich Nore. Auch dieser Dienstposten war von herausragen-

der Bedeutung, da zu Toveys Aufgaben nicht nur die Organisation des Konvoischutzes an der englischen Ostküste, sondern auch die Vorbereitung der alliierten Landungen in Sizilien und in der Normandie gehörte. Im August 1942 wurde er zum Flottenadmiral befördert, dem höchsten Dienstgrad der Royal Navy, vergleichbar dem deutschen Großadmiral. Im Januar 1945 wurde er zudem in das ehrenvolle Amt des obersten Marineadjutanten des Königs erhoben.

1946 schied Sir John Tovey nach 45 Jahren aus dem aktiven Dienst aus und wurde wenig später als Baron Tovey of Langton Matravers in den Hochadelsstand erhoben. Die Wahl seines Titels zeugte von seiner lebenslangen Verbundenheit mit seiner alten Schule. Ungeachtet der zahlreichen Ehrungen blieb er bescheiden. Nach seiner Pensionierung widmete sich Lord Tovey der Arbeit in zahlreichen karitativen Organisationen, zog sich jedoch wegen des schlechten Gesundheitszustands seiner Frau schließlich von allen Ämtern zurück. Er starb nur wenige Monate nach seiner Frau am 12. Januar 1971 im Alter von 86 Jahren in Funchal auf der Insel Madeira. Da das Paar keine Kinder hatte, erlosch der Adelstitel mit seinem Tode.

Am 27. Mai 1941 wurde die infolge eines Torpedotreffers manövrierunfähige *Bismarck* im Nordatlantik von der britischen Home Fleet gestellt und nach zweistündigem Kampf versenkt.

WILHELM CANARIS
ZWISCHEN FAHNENEID
UND WIDERSTAND

Nicht auf der Brücke seines Flaggschiffs, sondern im Zwielicht der Geheimdienste focht Admiral Canaris seine bedeutendste Schlacht aus – und verlor. Als Leiter des Amtes Ausland/Abwehr im Oberkommando der Wehrmacht hatte er jahrelang im Geheimen gegen das nationalsozialistische Regime gearbeitet, bevor er wegen seiner Verbindungen zum militärischen Widerstand kurz vor Kriegsende im KZ Flossenbürg gehängt wurde.

Die militärische Karriere des aus bürgerlichen Verhältnissen stammenden Wilhelm Canaris hatte bereits in der Kaiserzeit begonnen. Am 1. Januar 1887 war er als ältester Sohn des Industriellen Carl Canaris und dessen Frau Auguste (geb. Popp) in Aplerbeck/Westfalen geboren worden. Die Familie stammte ursprünglich aus Italien. Während der Vater, selbst Reserveoffizier, seinen ältesten Sohn gern bei der Kavallerie gesehen hätte, schlug das Herz des jungen Wilhelm jedoch für die Kaiserliche Marine. Nach dem Tod des Vaters 1904 stand diesem Wunsch nichts mehr im Weg, und so trat er nach seinem Abitur im Jahre 1905 als Offiziersanwärter in die Kaiserliche Marine ein.

Der Beruf des Marineoffiziers genoss in der militaristisch geprägten Gesellschaft des wilhelminischen Deutschlands hohes Ansehen. Doch die Ausbildung war mit erheblichen Kosten verbunden, denn von den Eltern wurde erwartet, dass sie ihre Söhne finanziell unterstützten. Insgesamt musste Canaris' Mutter für die mehrjährige Ausbildung 9000 Mark aufbringen – rund das Siebenfache des durchschnittlichen Jahreseinkommens eines einfachen Arbeiters. Auf diese Weise sollte sicher-

gestellt werden, dass nur Kandidaten aus sozial erwünschten Kreisen, wie Adel und Bürgertum, den Offiziersberuf ergreifen konnten. Erst mit der Beförderung zum Oberleutnant zur See erhielten die Marineoffiziere einen Sold, der zum Leben ausreichte.

Schon bald erkannten seine Ausbilder, dass der verschlossene und schweigsame Junge nicht nur technisch begabt, sondern auch von „eisernem Fleiß" war. Als junger Leutnant nahm Canaris an Bord des Kleinen Kreuzers *Bremen* an einer Reise nach Mittel- und Südamerika teil, später diente er auf Torpedobooten und seit 1912 auf dem in Westindien stationierten Kleinen Kreuzer *Dresden*. Ende 1913 wurde die *Dresden* zum Schutz deutscher Staatsbürger in den mexikanischen Bürgerkriegen nach Mittelamerika entsandt, wo sie der Ausbruch des Ersten Weltkrieges überraschte. Pläne, gegen die alliierte Handelsschifffahrt Kaperkrieg zu führen, scheiterten am Kohlenmangel. Immerhin gelang es der *Dresden*, um Kap Hoorn herum in den Pazifik zu dampfen und sich im Oktober 1914 vor der Osterinsel dem ostasiatischen Kreuzergeschwader anzuschließen, das nach dem Kriegseintritt Japans auf der Seite der Entente unter dem Kommando von Vizeadmiral Maximilian Reichsgraf von Spee Kurs auf Südamerika genommen hatte. Zum Schutz der deutschen Kolonien im Fernen Osten hatte die Kaiserliche Marine in der seit 1898 zum deutschen Marinestützpunkt ausgebauten chinesischen Hafenstadt Tsingtau ein Kreuzergeschwader stationiert. Weil Graf Spee wusste, dass seine Position angesichts der feindlichen Überlegenheit im Pazifik unhaltbar war, wollte er um Kap Hoorn in den Atlantik dampfen, um mit etwas Glück nach Deutschland zurückzukehren.

Im November 1914 trafen die deutschen Kreuzer vor Kap Coronel an der Küste Chiles auf ein britisches Geschwader unter dem Kommando von Konteradmiral Sir Christopher Cradock. Innerhalb von zwei Stunden hatten die Deutschen zwei britische Schiffe, darunter auch Cradocks Flaggschiff, versenkt und den Rest in die Flucht geschlagen. Doch nur einen Monat später wandte sich das Kriegsglück. Nach seinem Sieg hatte das Ostasiengeschwader Kurs auf Kap Hoorn genommen, um auf diesem Weg nach Deutschland zurückzukehren. Am 8. Dezember trafen die deutschen Kreuzer bei den Falklandinseln auf eine weit überlegene britische Streitmacht unter Vizead-

miral Sir Frederick Doveton Sturdee. Graf Spee, zwei seiner Söhne und 2000 deutsche Seeleute fanden den Tod.

Nur die *Dresden* entging der Vernichtung. Dem Kleinen Kreuzer gelang es, in den Pazifik zurückzukehren, doch wurde das auf sich allein gestellte deutsche Kriegsschiff im März 1915 im neutralen chilenischen Hafen Mas a Fuera von britischen Kreuzern überrascht. Kapitän zur See Lüdecke, der Kommandant der *Dresden*, schickte seinen Adjutanten, Oberleutnant zur See Wilhelm Canaris, zu Verhandlungen an Bord der britischen Schiffe. Doch es gab nichts zu verhandeln; die Briten waren entschlossen, den deutschen Kreuzer um jeden Preis und nötigenfalls auch unter Missachtung der chilenischen Neutralität zu vernichten. An-

Der britische Kreuzer *Glasgow* feuert auf den Kleinen Kreuzer *Dresden,* der sich nach der Schlacht bei den Falklandinseln in neutrale chilenische Gewässer zurückgezogen hatte. Angesichts der drohenden Vernichtung entschied sich der Kommandant der *Dresden* zur Selbstversenkung seines Schiffes. An Bord des Kleinen Kreuzers war auch Wilhelm Canaris.

gesichts der aussichtslosen Lage entschloss sich der Kommandant der *Dresden* daher zur Selbstversenkung des Schiffs; die Mannschaft wurde von den Chilenen interniert.

Mit der Erlaubnis seines Kommandanten wagte Canaris den Ausbruch. Seine abenteuerliche Flucht führte ihn als Bauer verkleidet auf dem Rücken eines Pferdes über die Anden und mit einem gefälschten chilenischen Pass an Bord eines neutralen holländischen Dampfers über den Atlantik zurück nach Deutschland. Hier wusste man die besonderen Talente des jungen Offiziers zu nutzen: Zum Kapitänleutnant befördert, wurde er 1916 mit einem Geheimauftrag nach Spanien geschickt, wo er die Versorgung deutscher U-Boote, die heimlich das neutrale Spanien anliefen, und ein Spionagenetz zur Beobachtung des alliierten Schiffsverkehrs organisieren sollte. Das war der erste Kontakt des späteren Abwehrchefs mit der Welt der Geheimdienste. Auf eigenen Wunsch wurde Canaris ab 1917 wieder an der Front, als U-Boot-Kommandant im Mittelmeer, eingesetzt. Durch seine Versenkungserfolge zählte der stille und zurückhaltende Canaris schon bald zur Elite der deutschen U-Boot-Waffe.

Der deutsche Zusammenbruch im November 1918 traf den überzeugten Monarchisten Canaris, ähnlich wie viele seiner Offizierskameraden, wie ein Schlag. Während der Novemberrevolution gewährte er als Verbindungsoffizier Hilfe bei der Bildung von Einwohnerwehren zur Niederschlagung der revolutionären Bewegungen. 1919 wurde er wegen des Verdachts der Fluchthilfe für die Mörder von Rosa Luxemburg und Karl Liebknecht inhaftiert. Doch obwohl Canaris die Weimarer Republik ablehnte, trat er nach seiner Rehabilitation in den persönlichen Stab des SPD-Reichswehrministers Gustav Noske ein. Noch im gleichen Jahr heiratete er die Industriellentochter Erika Waag; 1920 wurde er in die stark verkleinerte Reichsmarine übernommen.

Trotz seiner Tätigkeit im Reichswehrministerium agierte Canaris auch weiterhin gegen die Weimarer Republik. Im März 1920 unterstützte er den Putschversuch des ostpreußischen Generallandschaftsdirektors Wolfgang Kapp. Mit Waffengewalt versuchten rechts-konservative Republikgegner und unzufriedene Teile der Reichswehr unter General Walther von Lüttwitz in Berlin, die Regierungsgewalt an sich zu reißen. Doch nach nur vier Tagen mussten die Umstürzler aufgeben – der Kapp-Putsch war am Generalstreik der deutschen Arbeiterschaft kläglich gescheitert. Wie andere an dem Umsturzversuch beteiligte Militärs wurde auch Canaris inhaftiert, aber nach kurzer Zeit wieder freigelassen. Auf seine Karriere hatte die Verstrickung in den Kapp-Putsch keinen negativen Einfluss: Seit Juli 1920 diente er als Admiralstabsoffizier in der Ostseeflotte, Mitte 1923 wurde er Erster Offizier auf dem Kreuzer *Berlin*. Hier begegnete er erstmals dem damaligen Seekadetten an Bord der *Berlin* Reinhard Heydrich, den er zwölf Jahre später in Berlin wiedertreffen sollte. 1931 wurde Heydrich nach einem Ehrengerichtsverfahren wegen „Unwürdigkeit" aus der Marine entlassen und trat der SS bei.

In den folgenden Jahren erklomm Canaris Sprosse für Sprosse die Karriereleiter der deutschen Marine. Als Abteilungsleiter in der Marineleitung war Canaris von 1924 bis 1928 mit der Umgehung der Rüstungsbeschränkungen des Versailler Vertrags betraut. Anschließend erhielt er wieder ein Seekommando als Erster Offizier auf dem Linienschiff *Schlesien*; bald darauf wurde er zum Fregattenkapitän befördert und schließlich zum Chef des Stabs beim Kommando der Marinestation Nordsee. 1932 erfolgte die Beförderung zum Kapitän zur See und die Ernennung zum Kommandanten des Linienschiffs *Schlesien*, 1934 dann die Versetzung nach Swinemünde als Festungskommandant, ein typischer „Verabschiedungsposten" – gleichbedeutend mit dem ehrenvollen Ende einer unauffälligen Karriere und der baldigen Versetzung in den Ruhestand.

Trotz glänzender Beurteilungen, die ihm „Schneid und Umsicht" bescheinigten, war die Karriere von Canaris bis zu diesem Zeitpunkt eher unspektakulär verlaufen. Umso überraschender war für viele seine Beförderung zum Konteradmiral und die Ernennung zum Chef des militärischen Nachrichtendienstes der Wehrmacht, der Abteilung Abwehr im Kriegsministerium.

Canaris war nicht nur wegen seines wachen Verstands, sondern auch wegen seiner – zumindest anfänglichen – Sympathie für das NS-Regime für diesen wichtigen Posten ausgewählt worden. Seine Aufgaben waren neben der Spionageabwehr die Nachrichtenbeschaffung aus dem Ausland. Dafür waren Marineoffiziere wie der sprachbegabte Canaris, der Englisch, Französisch, Russisch und fließend Spanisch sprach, geradezu prädestiniert, denn im Gegensatz zu ihren Kameraden vom Heer verfügten sie oft über eine weitreichende Auslandserfahrung. Zu den ersten Aufgaben für den neuen Abwehrchef gehörte die Organisation der deutschen Hilfe für General Franco im Spanischen Bürgerkrieg, wobei Canaris seine Sprachkenntnisse, wie auch Kontakte aus seiner Zeit in Spanien zugutekamen. Seit 1936 herrschte in Spanien ein blutiger Bürgerkrieg zwischen der republikanischen, von der Sowjetunion unterstützen Volksfrontregierung und den Truppen des aufständischen Generals Francisco Franco, der wiederum von Adolf Hitler und dem italienischen Diktator Benito Mussolini politischen und militärischen Beistand erhielt.

Lange galt Wilhelm Canaris als Anhänger Hitlers. Ebenso wie viele andere Offiziere hatte er die Machtübernahme der Nationalsozialisten 1933 begrüßt und auch seine Besatzung durch Vorträge mit der nationalsozialistischen Ideologie vertraut gemacht. Doch als Chef der Abwehr und ab 1938 als Chef der Amtsgruppe Allgemeine Wehrmachtsangelegenheiten (AWA) im Oberkommando der Wehrmacht (OKW) bekam Canaris schon bald Gelegenheit zu einem Blick hinter die Kulissen der nationalsozialistischen Herrschaft. Zugleich erfuhr er von den Kriegsvorbereitungen Hitlers. Beides ließ seine anfänglichen Sympathien für die Nazis rasch verfliegen.

1938 erhielt Canaris' anfängliche Begeisterung für Hitler erneut einen schweren Dämpfer. Der Oberbefehlshaber der Wehrmacht Fritsch und der Oberbefehlshaber des Heeres Blomberg hatten gleich nach der internen Eröffnung der Kriegspläne Anfang November 1937 gewagt, militärische und auch politische Einwände zu erheben. Beide wurden innerhalb weniger Wochen abgesetzt: Blomberg, indem seiner Frau eine Vergangenheit als Prostituierte nachgewiesen wurde. Fritsch dagegen beschuldigte man ungerechtfertigterweise, eine homosexuelle Beziehung unterhalten zu haben, Zeugen und Beweismaterial soll Reinhard Heydrich beigesteuert haben. Obgleich Wilhelm Canaris diese Machenschaften nicht persönlich betrafen, war er einer der wenigen Offiziere, die sich aktiv für Fritsch einsetzten und dabei halfen, die falschen Anschuldigungen gegen ihn aufzuklären. Nach diesen Erfahrungen, gepaart mit einer weitreichenden Kriegsskepsis, nahm Canaris Kontakt zum militärischen Widerstand gegen Hitler auf. Er ließ Material gegen die Gestapo sammeln, leitete es an führende Offiziere der Wehrmacht weiter und übermittelte mehreren Widerstandsgruppen Informationen für einen geplanten Staatsstreich. Zugleich deckte Canaris die Aktivitäten seines Mitarbeiters Oberst Hans Oster, der zu den führenden Köpfen des militärischen Widerstands gegen Hitler zählte. Parallel dazu versuchte der Admiral, das Nazi-Regime von seinen Kriegsplänen abzubringen – vergeblich. Unter Tränen soll er beim Kriegsausbruch gesagt haben: „Das ist das Ende Deutschlands."

Innerhalb der Abwehr regierte Canaris fast autokratisch. Die meisten Führungspositionen hatte er mit persönlichen Bekannten oder älteren Offizieren besetzt, die wie er aus der kaiserlichen Armee oder Marine hervorgegangen waren und sich ihrem Chef gegenüber als über-

Die Kriegsmarine und das NS-Regime

Zu Beginn des Zweiten Weltkrieges hielt die deutsche Kriegsmarine unter der Führung von Großadmiral Erich Raeder – zumindest äußerlich – eine gewisse Distanz zum NS-Regime. Ab 1943 geriet sie jedoch unter ihrem neuen Oberbefehlshaber Großadmiral Karl Dönitz immer mehr in den Bann der NS-Ideologie. Die Kriegsmarine verstrickte sich auch in die NS-Verbrechen. Zwangsarbeiter wurden für den Bau von U-Booten und U-Boot-Bunkern eingesetzt. Ebenso gehörten Ende 1944 Marinesoldaten zum Wachpersonal eines Konzentrationslagers im nordfriesischen Ladelund. Viele Marineangehörige kämpften im guten Glauben, ihre Heimat zu verteidigen, oder fühlten sich trotz ihres Wissens um die NS-Verbrechen an ihren Eid gebunden.

Es gab unter den Marinesoldaten sowohl Anhänger als auch Gegner des Nationalsozialismus, wobei letztere ihre Ablehnung des NS-Unrechtssystems teilweise mit dem Leben bezahlen mussten. Ein Beispiel ist das Schicksal von Oberleutnant zur See Oskar Kusch. Der erfolgreiche U-Boot-Kommandant wurde Ende 1943 von seinem Ersten Wachoffizier wegen einiger abfälliger Bemerkungen über Hitler denunziert, von einem Kriegsgericht zum Tode verurteilt und am 12. Mai 1944 in Kiel hingerichtet.

Bis zuletzt gehorchte die Kriegsmarine Hitlers Befehlen. Eine Wiederholung der Revolution von 1918 sollte unbedingt vermieden werden. Daher legte die Kriegsmarine Wert auf gute Menschenführung. Gleichzeitig wurde die Disziplin unerbittlich durchgesetzt. Erbarmungslos ging die Marinejustiz gegen „Fahnenflucht" und „Wehrkraftzersetzung" vor. Wie auch in der übrigen Wehrmachtsjustiz wurden oft selbst verhältnismäßig geringfügige Straftaten mit unangemessener Härte geahndet. Je näher die Niederlage rückte, desto drakonischer wurden die Strafen. Im Laufe des Krieges wurden mehrere Tausend Marinesoldaten exekutiert.

⛵ Auch die Marine huldigte dem NS-Regime, wie hier bei der Eröffnung des Marine-Ehrenmals in Laboe am Ostufer der Kieler Förde. Im Vordergrund zu sehen sind Adolf Hitler und Generaladmiral Erich Raeder. Das Marine-Ehrenmal ist heute eine internationale Gedenkstätte, gewidmet den auf See Gebliebenen aller Nationen.

Mit Reinhard Heydrich (Mitte), dem Chef des Sicherheitsdienstes der SS, verband Canaris ein eigenartiges Verhältnis. Privat pflegten sie regen Umgang, beruflich belauerten sie sich. Ebenfalls auf dem Foto zu sehen ist auch Walter Schellenberg (Zweiter von links), der Canaris 1944 verhaftete.

aus loyal erwiesen. Diese personelle Besetzung war neben den unbestreitbaren geheimdienstlichen Erfolgen Canaris' sicherlich ein wesentlicher Grund für die lange erfolgreiche Untergrundtätigkeit des Abwehrchefs. Zudem gelang es ihm über einen langen Zeitraum, die Abwehr innerhalb der nationalsozialistischen

Machtstrukturen als ein vor allen fremden Eingriffen geschütztes Refugium zu bewahren. Trotz einer partiellen Zusammenarbeit mit anderen Stellen, wie Himmlers Reichssicherheitshauptamt (RSHA) oder dem Auslandsnachrichtendienst des Sicherheitsdienstes (SD) der SS, wurden die jeweiligen Zuständigkeiten nie endgültig geregelt. Seine besondere Position schützte ihn auch lange Zeit vor dem Zugriff des SD unter Reinhard Heydrich, mit dem ihn ein eigentümlich zwiespältiges Verhältnis verband. Einerseits trafen sich die beiden in unmittelbarer Nähe wohnenden Familien regelmäßig; unter anderem musizierten Canaris' Frau Erika und Reinhard Heydrich des Öfteren miteinander. Andererseits war das berufliche Verhältnis der beiden Männer von großem gegenseitigem Misstrauen geprägt. Jeder der beiden Einzelgänger war darum bemüht, Material zu sammeln, das er im Zweifelsfall gegen den anderen verwenden konnte. Das hinderte Heydrich und Canaris aber nicht daran, regelmäßig am Morgen gemeinsam im Berliner Tiergarten auszureiten. Für den Abwehrchef lag in diesem Wettstreit nicht nur ein persönliches, eitles Moment, sondern auch eine politische, ja moralische Aufgabe. Unter dem Eindruck eines Besuchs im KZ Sachsenhausen, bei dem Canaris die Unmenschlichkeit der Nationalsozialisten vor Augen geführt wurde, soll er im Herbst 1937 zu seinem Amtsvorgänger Patzig gesagt haben, die Nazis seien von oben bis unten alle Verbrecher, die Deutschland zugrunde gerichtet haben. Auf die Frage, wie er dann noch weiter im Amt sein könne, soll er geantwortet haben: „Es ist mein Schicksal geworden. Wenn ich gehe, kommt Heydrich, und dann ist alles verloren. Ich muss mich opfern."

Dank seiner Machtstellung konnte es sich Canaris erlauben, ohne Angst vor Repressionen, wenn auch erfolglos, gegen die Gewaltexzesse der SS in Polen und Russland zu protestieren. Ebenso gelang es ihm, Hitlers Versuch zu vereiteln, den spanischen Diktator Franco auf deutscher Seite in den Krieg zu ziehen. Darüber hinaus setzte sich Canaris auch persönlich für Verfolgte ein. So gelange es ihm beispielsweise, Juden durch eine Pro-forma-Eingliederung in die Abwehr vor der Verfolgung zu schützen.

Kurz nach dem deutschen Überfall auf die Sowjetunion reiste Canaris im Juli 1941 an die Ostfront. Erneut wies er darauf hin, dass die Behandlung der Kriegsgefangenen nicht nach den Grundsätzen des Völkerrechts erfolge. Ebenso erfuhr er dort von einem Massaker, bei dem 5000 Juden ermordet worden und an dessen Planung auch Mitarbeiter der Abwehr beteiligt gewesen waren. Fortan sammelten Canaris und eine Reihe seiner Mitarbeiter Augenzeugenberichte über Verbrechen an Kriegsgefangenen und Juden. Im Führerhauptquartier „Wolfsschanze" nahe der ostpreußischen Stadt Rastenburg las Canaris Hitler Augenzeugenberichte über Massenerschießungen vor. Der Diktator antwortete ungerührt: „Sie wollen wohl weich werden. Ich muss das tun. Nach mir tut es kein anderer."

Weitaus erfolgreicher war Canaris' auch persönlich riskanter Einsatz für einzelne Verfolgte. Nicht nur verhalf er der Frau des polnischen Militärattachés in Berlin, Halina Szymańska, zur Flucht, er war ebenso Drahtzieher eines weiteren Rettungsunternehmens, in das auch sein Mitarbeiter Hans von Dohnanyi und der Theologe Dietrich Bonhoeffer mit hineingezogen wurden. Canaris gab im Herbst 1941 Anweisung, eine Gruppe von 12 bis 15 Juden als getarnte Mitarbeiter der Abwehr in die Schweiz zu retten. Auf diese Weise wollten Canaris und Dohnanyi unter anderem einige Freunde und deren Angehörige in Sicherheit bringen. Weil es ursprünglich um sieben Personen ging, erhielt die Operation den Decknamen „Unternehmen 7". Die Aktion erwies sich als überaus kompliziert. Nicht nur die Ausreise aus Deutschland gestaltete sich schwierig, weil immer wieder Personen durch Winkelzüge von Deportationslisten gelöscht werden mussten, auch die Einreise in die Schweiz bereitete erhebliche Probleme, da diese keine Juden mehr aufnehmen wollte. Erst im Sommer 1942 konnte die Aktion erfolgreich zum Abschluss gebracht werden.

Sein Doppelspiel – gegen Hitler, für Deutschland – konnte jedoch nur glücken, solange er Erfolge in der Spionageabwehr und

Aufklärung vorweisen konnte. Tatsächlich gelang es ihm, die ursprünglich kleine Abteilung, die seit März 1938 die Bezeichnung „Amt Ausland/Abwehr" trug, zu einem erfolgreichen Nachrichtendienst auszubauen. Für seine herausragenden Leistungen bei der Spionageab-

wehr wurde Canaris am 1. Januar 1940 zum Admiral befördert. Canaris spielte seine Rolle als Verschwörer im Hintergrund so virtuos, dass innerhalb des RSHA noch im Herbst 1944 gerätselt wurde, auf welcher Seite der Abwehrchef denn nun wirklich stehe. Canaris wusste

Das OKW-Amt Ausland/ Abwehr residierte am Tirpitzufer in Berlin. Hier befand sich auch Canaris' Büro.

wohl selbst nicht genau, wie er sich positionieren sollte: Innerlich hin- und hergerissen, schwankte er zwischen Treue und Gewissen, zwischen Pflichterfüllung und Konspiration.

Doch je länger der Krieg dauerte, desto häufiger wurden die Misserfolge. So war etwa die Landung der Alliierten in Nordafrika im November 1942 von der Abwehr nicht rechtzeitig erkannt worden. Zudem geriet 1943 Hans Oster, seit 1941 Canaris' Stabschef, durch die Verhaftung seines Mitarbeiters Hans von Dohnanyi unter Verdacht, Verbindungen zur Widerstandsbewegung zu unterhalten. Auch Canaris stand von nun an unter ständiger Beobachtung. Dadurch geriet Canaris' bis dato unerschütterliche Position immer mehr ins Wanken, bis er schließlich, nach dem Überlaufen deutscher Agenten zu den Briten, im Februar 1944 durch Eingliederung der Abwehr in das RSHA endgültig kaltgestellt wurde.

Drei Tage nach dem fehlgeschlagenen Hitler-Attentat vom 20. Juli 1944 wurde der Admiral verhaftet. Canaris, der den Anschlag von Oberst Stauffenberg persönlich missbilligte und sich stets für eine Verhaftung und gegen eine Ermordung Hitlers ausgesprochen hatte, war durch Informationen belastet worden, die man bei Angehörigen von Widerstandsgruppen gefunden hatte. Obwohl ihm keine direkte Beteiligung an der Vorbereitung des Hitler-Attentats nachgewiesen werden konnte, blieb er in Haft. Der Hass Hitlers war unversöhnlich: Kurz vor dem Eintreffen der amerikanischen Truppen wurde Canaris im KZ Flossenbürg vor ein SS-Standgericht gestellt und nach einem hastigen Verfahren zum Tod verurteilt. Gemeinsam mit Hans Oster und dem evangelischen Theologen Dietrich Bonhoeffer wurde er am 9. April 1945 hingerichtet. Die Toten wurden verbrannt und ihre Asche verstreut.

Wilhelm Canaris hatte drei deutschen Staaten, dem Kaiserreich, der ungeliebten Republik sowie lange Zeit auch dem NS-Regime, gedient, in zwei Weltkriegen gekämpft und war bis zum Admiral aufgestiegen. Gegen Hitlers Herrschaft hatte er seine letzte Schlacht, oft im Schatten verborgen, gefochten und war unterlegen. Dennoch bleibt eine klare Bewertung seines Handelns schwierig. Bis heute umweht der Hauch des Mysteriösen diesen widerspruchsvollen Mann.

Die Antike

750–550 v. Chr.	Griechische Kolonisation
ca. 524 – ca. 460 v. Chr.	**Themistokles**
500–494 v. Chr.	Ionischer Aufstand gegen die Perser
490–479 v. Chr.	Perserkriege
480 v. Chr.	**Seeschlacht von Salamis: Sieg der Griechen unter Themistokles über die Perser**
479 v. Chr.	Ende der Perserkriege nach der persischen Niederlage bei Plataä
478/77 v. Chr.	Gründung des Attisch-Delischen Seebunds, in der Folge steigt Athen zur führenden griechischen Seemacht auf
431–404 v. Chr.	Peloponnesischer Krieg, Zusammenbruch des Attisch-Delischen Seebunds
um 350 v. Chr.	**Seereise des griechischen Kaufmanns Pytheas in den europäischen Norden**
336–323 v. Chr.	Herrschaft Alexanders des Großen
330 v. Chr.	Ende des Perserreiches
323 v. Chr.	Tod Alexanders in Babylon, Nachfolgekonflikte
264–241 v. Chr.	Erster Punischer Krieg
218–201 v. Chr.	Zweiter Punischer Krieg
149–146 v. Chr.	Dritter Punischer Krieg endet mit der Zerstörung Karthagos
63 v. Chr.	Gaius Octavius, der spätere Augustus, wird geboren
um 63–12 v. Chr.	**Marcus Vipsanius Agrippa**
58–52 v. Chr.	Eroberung Galliens durch Gaius Julius Caesar
44 v. Chr.	Ermordung Caesars
36 v. Chr.	**Seesiege Agrippas bei Mylae und Naulochos über Sextus Pompeius**
31 v. Chr.	**Sieg der von Agrippa geführten Flotte Octavians bei Actium**
31 v. Chr. – 14 n. Chr.	Alleinherrschaft des Augustus
9 n. Chr.	Niederlage des Varus im Teutoburger Wald
um 375	Beginn der germanischen Völkerwanderung
476	Ende des Weströmischen Reiches

Das Mittelalter

482–511	Herrschaft des Frankenkönigs Chlodwig
622	Flucht Mohammeds von Mekka nach Medina
634–644	Herrschaft Kalif Omars, Begründer des arabischen Weltreiches
768–814	Herrschaft Karls des Großen
800–1050	Wikingerzeit
um 975 – um 1020	**Leif Eriksson**
um 1000	**Leif Eriksson erreicht als erster europäischer Seefahrer Amerika**
1096–1099	Erster Kreuzzug, Eroberung Jerusalems
1212–1250	Herrschaft Kaiser Friedrichs II.
1279	Eroberung Chinas durch die Mongolen
1291	Fall der Stadt Akkon, des letzten Stützpunkts der Kreuzfahrer im Heiligen Land
1370	Der Friede von Stralsund markiert den Höhepunkt der Hanse
um 1371–1433	**Zheng He**
1389–1398	**Kaperzüge der Vitalienbrüder in der Ostsee**

1397	Gründung der Kalmarer Union der drei nordischen Reiche
1398	**Der Deutsche Orden vertreibt die Vitalienbrüder von der Insel Gotland**
um 1401	**Hinrichtung Störtebekers**
1405–1433	**Der chinesische Admiral und Diplomat Zheng He unternimmt sieben ausgedehnte Entdeckungsfahrten**
1410	Sieg Polens und Litauens über den Deutschen Orden
1415	Portugal erobert Ceuta, Beginn der portugiesischen See-Expansion
1453	Osmanen erobern Konstantinopel, Ende des Byzantinischen Reiches
um 1451–1506	**Christoph Kolumbus**
1466–1560	**Andrea Doria**
um 1480–1521	**Ferdinand Magellan**
um 1480–1530	**Søren Norby**

Die Frühe Neuzeit

1492	**Christoph Kolumbus entdeckt Amerika**
1494	Teilung der neu entdeckten Welt zwischen Spanien und Portugal im Vertrag von Tordesillas
1517	Martin Luthers 95 Thesen, Beginn der Reformation
1519–1522	**Erste Weltumsegelung unter Ferdinand Magellan**
1519–1556	Herrschaft Kaiser Karls V.
1523	Vertreibung König Christians II. von Dänemark; Ende der Kalmarer Union
1526	**Zerstörung der Kaperflotte Søren Norbys in der Ostsee**
1528	**Andrea Doria vertreibt die Franzosen aus seiner Heimatstadt Genua**
1556–1598	Herrschaft Philipps II. von Spanien
1558–1603	Herrschaft Elisabeths I. von England
1568–1648	Achtzigjähriger Krieg: Freiheitskampf der Niederlande gegen Spanien
1571	Sieg einer christlichen Koalition über die osmanische Flotte in der Seeschlacht von Lepanto
1588	Vernichtung der spanischen Armada durch die englische Flotte
1618–1648	Dreißigjähriger Krieg
1651–1849	Die Navigationsakte schränkt den Seehandel ausländischer Nationen mit Großbritannien zugunsten der englischen Handelsschifffahrt massiv ein
1661–1714	Regierungszeit Ludwig XIV.
1682–1725	Herrschaft Peters des Großen in Russland
1688–1689	Glorious Revolution in England
1700–1721	Großer Nordischer Krieg: Dänemark, Russland und Sachsen-Polen kämpfen gegen Schweden
1701–1714	Spanischer Erbfolgekrieg: England, Holland und das Deutsche Reich kämpfen gegen Frankreich und Spanien
1708–1754	**Harck Olufs**
1724–1735	**Gefangenschaft Harck Olufs' in Nordafrika**
1728–1779	**James Cook**
1740–1786	Herrschaft Friedrich II. der Große von Preußen
1747–1792	**John Paul Jones**
1754–1817	**William Bligh**
1756–1763	Siebenjähriger Krieg

1758–1805	**Horatio Nelson**
1763–1806	Pierre Charles Jean Baptiste Silvestre Villeneuve
1768–1771	**James Cooks erste Südseereise**
1769	Erfindung der Dampfmaschine durch James Watt, Beginn der industriellen Revolution in England
1772–1775	**James Cooks zweite Südseereise**
1775–1783	Nordamerikanischer Unabhängigkeitskrieg
1775–1860	**Thomas Cochrane, 10. Earl of Dundonald**
1776–1780	**James Cooks dritte Südseereise**
1779	**John Paul Jones erobert die britische Fregatte *Serapis***
1789	**Meuterei auf der *Bounty*,** Französische Revolution
1797	**Horatio Nelson kämpft in der Seeschlacht von St. Vincent gegen die spanische Flotte, William Bligh kämpft in der Seeschlacht von Camperdown gegen die niederländische Flotte,** britische Flottenmeutereien
1798	**Horatio Nelson besiegt die französische Mittelmeerflotte bei Aboukir,** Scheitern von Napoleons Ägyptenfeldzug

Das 19. Jahrhundert

1801	**William Bligh kämpft unter Lord Nelson in der Schlacht von Kopenhagen**
1804	Kaiserkrönung Napoleons
1805	**Sieg der Engländer bei Trafalgar, Tod Nelsons,** Sieg Napoleons bei Austerlitz
1806	Gründung des Rheinbunds, Auflösung des seit 962 bestehenden Deutschen Reiches
1806	Napoleon verhängt Kontinentalsperre über England
1808–1810	**William Bligh dient als Gouverneur von New South Wales und wird von rebellierenden Offizieren abgesetzt**
1810–1825	Südamerikanische Unabhängigkeitskriege unter Simon Bolivar
1812	Scheitern des napoleonischen Russlandfeldzuges
1813–1815	Befreiungskriege
1814	**Lord Cochrane wird unehrenhaft aus der Royal Navy entlassen**
1815	Wiener Kongress
1817–1823	**Lord Cochrane dient als Oberbefehlshaber der chilenischen Marine**
1821–1829	Griechischer Befreiungskampf gegen die Türken
1827–1828	**Lord Cochrane dient als Oberbefehlshaber der griechischen Marine im Kampf**
1832	**Lord Cochrane kehrt in den Dienst der Royal Navy zurück**
1837–1901	Herrschaft Königin Victorias von England, Goldenes Zeitalter für England
1841–1920	**John Arbuthnot Fisher**
1848	Märzrevolution in Deutschland
1853–1856	**John Fisher kämpft im Krimkrieg**
1856–1860	**John Fisher kämpft im Zweiten Opiumkrieg**
1859	Stapellauf der *Gloire*, des ersten hochseetüchtigen Panzerschiffs
1861–1865	Amerikanischer Bürgerkrieg (Sezessionskrieg)
1862	Otto von Bismarck wird preußischer Ministerpräsident
1863–1928	**Reinhard Scheer**
1870–1871	Deutsch-Französischer Krieg, Gründung des Deutschen Reiches
1880–1916	Johann Kinau (Gorch Fock)

1882	John Fisher kämpft mit der *Inflexible* im Britisch-Ägyptischen Krieg
1884–1943	Yamamoto Isoroku
1885–1971	John Tovey
1887–1945	Wilhelm Canaris
1890	Entlassung Bismarcks
1892–1897	John Fisher dient als Dritter Seelord in der britischen Admiralität
1897–1899	John Fisher befehligt die westindische Flottenstation
1898	Spanisch-Amerikanischer Krieg, die USA steigen zur Großmacht auf
1898/1900	Erstes und Zweites Flottengesetz, Beginn der maritimen Aufrüstung des Deutschen Reiches
1899	John Fisher nimmt an der ersten Friedenskonferenz in Den Haag teil
1899–1901	John Fisher befehligt die britische Mittelmeerflotte

Das 20. Jahrhundert

1902–1904	John Fisher reformiert als Zweiter Seelord die Offiziersausbildung
1904/1907	Ententen Englands mit Frankreich und Russland
1904–1910	John Fisher modernisiert als Erster Seelord die Royal Navy
1905	Stapellauf der *Dreadnought*, des ersten modernen Schlachtschiffs
1905	Yamamoto Isoroku kämpft in der Seeschlacht bei Tsushima gegen die russische Flotte
1914–1918	Erster Weltkrieg
1914	John Fisher übernimmt erneut das Amt des Ersten Seelords
1914	Wilhelm Canaris kämpft in den Seeschlachten von Coronel und Falkland gegen die britische Flotte
1915	Der britische Versuch, die Durchfahrt durch die Dardanellen zu erzwingen, scheitert, John Fisher tritt als Erster Seelord zurück
1916	John Tovey kämpft in der Skagerrakschlacht zwischen der von Admiral Reinhard Scheer geführten deutschen Hochseeflotte und der britischen Grand Fleet
1917	Wilhelm Canaris wird U-Boot-Kommandant
1917	Russische Revolution, Kriegseintritt der USA
1918	Matrosenmeuterei, Novemberrevolution, deutsche Niederlage im Ersten Weltkrieg
1918–1933	Weimarer Republik
1919	Versailler Vertrag
1933	Hitler wird Reichskanzler, Errichtung der nationalsozialistischen Diktatur
1935	Wilhelm Canaris wird Chef der Abteilung Abwehr, des militärischen Nachrichtendienstes der Wehrmacht
1935	Allgemeine Wehrpflicht, Deutsch-Britisches Flottenabkommen, Nürnberger Gesetze
1939	Hitler-Stalin-Pakt, der deutsche Überfall auf Polen führt zum Ausbruch des Zweiten Weltkrieges
1940	Admiral John Tovey kämpft in der Seeschlacht bei Punta Stilo zwischen der britischen und der italienischen Flotte
1941	Admiral John Tovey führt die britische Home Fleet in der Jagd auf das deutsche Schlachtschiff *Bismarck*, Überfall Japans auf Pearl Harbour, Kriegseintritt der USA
1942	Die Niederlage Japans in der Seeschlacht von Midway markiert die Wende im Pazifikkrieg
1943	Deutsche Niederlage in Stalingrad, Wende im U-Boot-Krieg im Atlantik
1944	Invasion der Alliierten in der Normandie, **Verhaftung von Canaris nach dem gescheiterten Hitler-Attentat vom 20. Juli**
1945	**Hinrichtung Canaris'**, bedingungslose Kapitulation der Wehrmacht, US-Atombomben auf Hiroshima und Nagasaki

Allgemeine Literatur

Anthony Bruce/William Cogar:

An Encyclopaedia of Naval History, New York 1998.

John B. Hattendorf (Hg.):

The Oxford Encyclopaedia of Maritime History, Oxford/New York 2007.

John R. Hill (Hg.):

The Oxford Illustrated History of the Royal Navy, Oxford 1995.

Donald S. Johnson/Juha Nurminen:

Die große Geschichte der Seefahrt. 3000 Jahre Expeditionen, Handel und Navigation, Hamburg 2008.

John Keegan:

The Price of Admiralty. The Evolution of Naval Warfare, London 1988.

Peter Kemp:

The Oxford Companion to Ships and the Sea, Oxford 1988.

Michael Lewis:

The History of the British Navy, Harmondsworth 1957.

Michel Mollat du Jourdin:

Europa und das Meer, München 1993.

Chester W. Nimitz/Elmar B. Potter:

Seemacht. Eine Seekriegsgeschichte von der Antike bis zur Gegenwart, Herrsching 1982.

Nicholas A. M. Rodger:

The Command of the Ocean. A Naval History of Britain, Volume 2, 1649–1815, London 2004.

Guntram Schulze-Wegener:

Deutschland zur See. Illustrierte Marinegeschichte von den Anfängen bis heute, 2., vollst. überarb. und erw. Aufl., Hamburg 2007.

Philip de Souza:

Seefahrt und Zivilisation, Hamburg 2003.

Jann M. Witt:

Von Schwarz-Rot-Gold zu Schwarz-Rot-Gold. Eine kurze Geschichte der deutschen Marinen von 1848 bis heute, hg. vom Deutschen Marinebund e. V., Berlin/Laboe 2011.

Hans-Jürgen Witthöft:

Lexikon zur deutschen Marinegeschichte, 2 Bände, Herford 1977.

Porträts

Themistokles

Manfred Beike: Kriegsflotten und Seekrieg der Antike, 2. Aufl., Berlin 1990.

Lionel Casson: The Ancient Mariners. Seafarers and Sea Fighters of the Mediterranean in Ancient Times, 2. Aufl., Princeton 1991.

Herodot: Historien, hg. von Josef Feix, Düsseldorf 2004.

Pytheas

Lionel Casson: The Ancient Mariners. Seafarers and Sea Fighters of the Mediterranean in Ancient Times, 2. Aufl., Princeton 1991.

Raimund Schulz: Die Antike und das Meer, Darmstadt 2005.

Agrippa

Manfred Beike: Kriegsflotten und Seekrieg der Antike, 2. Aufl., Berlin 1990.

Werner Eck: Marcus Agrippa. Der selbstbewußte Parteigänger des Augustus, in: Karl-Joachim Hölkeskamp und Elke Stein-Hölkeskamp (Hg.): Von Romulus zu Augustus. Große Gestalten der römischen Republik, München 2000.

Reinhold Meyer: Marcus Agrippa. A Biography, Genf/New York 1933.

Leif Eriksson

Torsten Capelle: Die Eroberung des Nordatlantik. Archäologie am Rande des Meeres, Neumünster 1987.

James Graham-Campbell: Das Leben der Wikinger. Krieger, Händler und Entdecker, München 1980.

Birgit Sawyer/Peter Sawyer: Die Welt der Wikinger, Berlin 2002.

Die Vitalienbrüder

Matthias Puhle: Die Vitalienbrüder: Klaus Störtebeker und die Seeräuber der Hansezeit, 2. Aufl., Frankfurt am Main 1994.

Jann M. Witt: Die Ostsee. Schauplatz der Geschichte, Darmstadt 2009.

Jann M. Witt: Piraten. Eine Geschichte von der Antike bis heute, Darmstadt 2011.

Zheng He

Louise Levathes: When China Ruled the Seas. The Treasure Fleet of the Dragon Throne, 1405–1433, New York 1994.

Gavin Menzies: 1421: Als China die Welt entdeckte, München 2004.

Andrea Doria

Salvatore Bono: Piraten und Korsaren im Mittelmeer: Seekrieg, Handel und Sklaverei vom 16. bis 19. Jahrhundert, Stuttgart 2009

Fernand Braudel: Das Mittelmeer und die mediterrane Welt in der Epoche Philipps II., Frankfurt am Main 1990.

Roger Crowley: Entscheidung im Mittelmeer. Europas Seekrieg gegen das Osmanische Reich 1521–1580, Stuttgart 2009.

Søren Norby

Rudolf Häpke: Die Regierung Karl V. und der europäische Norden, Lübeck 1914.

Jann M. Witt: Die Ostsee. Schauplatz der Geschichte, Darmstadt 2009.

Christoph Kolumbus

Corina Bucher: Christoph Kolumbus. Korsar und Kreuzfahrer, Darmstadt 2006.

Robert Grün (Hg.): Christoph Columbus. Das Bordbuch 1492. Leben und Fahrten des Entdeckers der Neuen Welt in Dokumenten und Aufzeichnungen, Stuttgart 1983.

Horst Gründer: Eine Geschichte der europäischen Expansion. Von Entdeckern und Eroberern zum Kolonialismus, Darmstadt 2003.

Porträts

Ferdinand Magellan

Horst Gründer: Eine Geschichte der europäischen Expansion. Von Entdeckern und Eroberern zum Kolonialismus, Darmstadt 2003.

Richard Humble: Die Entdecker. Time-Life: Die Seefahrer, Amsterdam 1979.

Antonio Pigafetta: Mit Magellan um die Erde. Ein Augenzeugenbericht der ersten Weltumsegelung 1519–1522, Wiesbaden 2009.

Harck Olufs

Stephen Clissold: The Barbary Slaves, New York 1977.

Martin Rheinheimer: Der fremde Sohn. Harck Olufs Wiederkehr aus der Sklaverei, Neumünster 2001.

Jann M. Witt: Seefahrtsgeschichte Schleswig-Holsteins in der Neuzeit, Heide 2012.

James Cook

John Cawte Beaglehole: The Life of Captain James Cook, Stanford 1974.

Vanessa Collingridge: Captain Cook: The Life, Death and Legacy of History's Greatest Explorer, London 2003.

James Cook: Entdeckungsfahrten im Pazifik. Die Logbücher der Reisen 1768–1779, hg. von A. Grenfell Price, Stuttgart 2005.

Frank McLynn: Captain Cook: Master of the Seas, Yale 2011.

John Paul Jones

Stephen Howarth: To Shining Sea. A History of the United States Navy, 1775–1991, London 1991.

Samuel Eliot Morison: John Paul Jones. A Sailor's Biography, Boston 1985.

William Bligh

Caroline Alexander: Die Bounty. Die wahre Geschichte der Meuterei auf der Bounty, Berlin 2004.

Leonard F. Guttridge: Meuterei. Rebellionen an Bord, Berlin 1998.

Gavin Kennedy: Captain Bligh. The Man and His Mutinies, London 1989.

Horatio Nelson

Terry Coleman: Nelson. The Man and the Legend, London 2001.

Tom Pocock: Horatio Nelson, London 1994.

Jann M. Witt: Horatio Nelson. Triumph und Tragik eines Seehelden, Hamburg 2005.

Thomas Cochrane

David Cordingly: Cochrane the Dauntless. The Life and Adventures of Thomas Cochrane, 1775–1860, London 2008.

Ian Grimble: The Sea Wolf. The Life of Admiral Cochrane, Edinburgh 2000.

Donald Thomas: Cochrane: Britannia's Sea Wolf, 2. Aufl., London 2001.

John Arbuthnot Fisher

Andrew Lambert: Admirals. The Naval Commanders who Made Britain Great, London 2008.

Nicholas A. Lambert: Sir John Fisher's Naval Revolution, Columbia 1999.

Robert K. Massie: Die Schalen des Zorns. Großbritannien, Deutschland und das Heraufziehen des Ersten Weltkrieges, Frankfurt am Main 1993.

Reinhard Scheer

George Bonney: The Battle of Jutland 1916, Stroud 2006.

Michael Epkenhans/Jörg Hillmann/Frank Näg er (Hg.): Skagerrakschlacht. Vorgeschichte – Ergebnis – Verarbeitung, Schriftenreihe des Militärgeschichtlichen Forschungsamtes, München 2009.

John Keegan: Der Erste Weltkrieg. Eine europä sche Tragödie, 4. Aufl., Reinbek 2006.

Hew Strachan: Der Erste Weltkrieg. Eine neue Ilustrierte Geschichte, München 2006.

Yamamoto Isoroku

Hiroyuki Agawa: The Reluctant Admiral: Yamamoto and the Imperial Navy, Tokyo 1979.

John Deane Potter: Admiral of the Pacific: The Life of Yamamoto, London 1965.

Gerhard L. Weinberg: Eine Welt in Waffen. Die globale Geschichte des Zweiten Weltkriegs, Stuttgart 1995.

John Tovey

François-Emmanuel Brézet: Die deutsche Kriegsmarine, München 2003.

John Keegan: Der Zweite Weltkrieg, Rastatt 1992.

Ludovic Kennedy: Versenkt die Bismarck! Triumph und Untergang des stärksten Schlachtschiffes der Welt, München 2003.

Burkard Freiherr von Müllenheim-Rechberg: Schlachtschiff Bismarck. Ein Überlebender in seiner Zeit, 3. Auf ., München 2002.

Wilhelm Canaris

Heinz Höhne: Canaris. Patriot im Zwielicht, München 1984.

Gerd R. Ueberschär (Hg.): Hitlers militärische Elite. 68 Lebensläufe, 2. Aufl., Darmstadt 2011.